学位论文写作

XUEWEI
LUNWEN XIEZUO

李润洲◎著

本书获浙江师范大学出版基金资助（Publishing Foundation of Zhejiang Normal University）。

本书系浙江省哲学社会科学重点培育研究基地"浙江师范大学高质量教育发展研究院"成果。

北京师范大学出版集团
BEIJING NORMAL UNIVERSITY PUBLISHING GROUP
北京师范大学出版社

图书在版编目（CIP）数据

学位论文写作 / 李润洲著. —北京：北京师范大学出版社，2024.12
ISBN 978-7-303-29132-8

Ⅰ.①学… Ⅱ.①李… Ⅲ.①学位论文—写作 Ⅳ.①G643.8

中国国家版本馆 CIP 数据核字（2023）第 089438 号

出版发行：北京师范大学出版社 https://www.bnupg.com
　　　　　北京市西城区新街口外大街 12-3 号
　　　　　邮政编码：100088
印　　刷：北京虎彩文化传播有限公司
经　　销：全国新华书店
开　　本：787 mm×1092 mm　1/16
印　　张：13.5
字　　数：260 千字
版　　次：2024 年 12 月第 1 版
印　　次：2024 年 12 月第 1 次印刷
定　　价：39.00 元

策划编辑：冯谦益　　　　　责任编辑：赵鑫钰
美术编辑：李向昕　　　　　装帧设计：李向昕
责任校对：陈　荟　　　　　责任印制：马　洁

自 序

学术研究是有规矩的。踏入研究领域，自己因不太懂得学术研究的规矩，难免会受到别人的批评。面对这些批评，自己更多的时候是感到困惑不解的，不知自己错在何处、为什么错了。记得当老师指出在"本研究主要解决教学是什么？为什么？如何做？等问题"中，"是什么""为什么""如何做"后不能用问号时，自己当时就想不明白，"等问题"前明明是各种问题，为什么不能用问号；当老师说"教师有三种类型：职业型、事业型与志业型"表述不准确时，自己当时也不太清楚准确的表述是什么样的。当然，这些是学术表达的细枝末节的问题，纵然自己现在对这些问题仍未彻底搞明白、想清楚，对学术研究的影响也不会太大。但倘若研究生在选题、文献阅读、开题报告撰写与学位论文写作中秉持一种日常的理解，犯价值论、认识论或方法论上的错误而浑然不知，那么轻者会造成劳而无功的重新选题、阅读的文献难以派上用场，重者则会影响到自己的学业，写不出合格的学位论文，最终不能按时毕业甚至拿不到学位。那么，从学位论文写作来看，学术研究到底有哪些规矩？在学术研究中，研究生面临着哪些困惑？作为导师，该如何指导研究生写好学位论文？

正是带着上述问题，直面研究生在选题、文献阅读、开题报告撰写与学位论文写作中所遭遇的困惑，采用自问自答的方式，分专题进行思考与研究，才有了现在呈现在大家面前的内容。比如，就开题报告而言，自己先是揭示了研究生开题报告撰写的"三个误区"，但发现即使告知研究生开题报告撰写存在着"三个误区"，有些研究生在写开题报告时，也难以避免陷入其中，于是又从正面阐述了研究生开题报告"问题空间"的建构。即使如此，阅读每年研究生提交的开题报告时，仍能发现其中存在着偏差或错误，进而反躬自问，或许是自己未能写清楚开题报告撰写的要领，故又写了开题报告的"三题模型"。值得庆幸的是，自己有关研究生学位论文写作的思考，大多曾以单篇论文的形式得以公开发表。诸如《学位论文选题的自我追问与确证——一种教育学的视角》，载《学位与研究生教育》，2021(4)；《研究生叙事写作的方法论反思——一种教育学的视角》，载《学位与研究生教育》，2020(10)；《研究生思辨写作的内在逻辑——一种教育学的视角》，载《学位与研究生教育》，2020(7)；《博士学位论文开题报告"问题空间"的建构》，载《学位与研究生教育》，2019(9)；《研究生个案写作的方法论反思——一种教育学的视角》，载《学位与研究生教育》，2019(5)；《研究生实证论文写作的进阶之路——一种教育学的视角》，载《学位与研究生教育》，2019(1)；《走出开题报告撰写的三个误区——一种教育学的视角》，载《学位与研究生教育》，2014(2)；《学位论文核心概念界定的偏差与矫正——一种教育学的视角》，载《学位与研究生教育》，2012(6)；《阅读的知识创新之维》，载《学位与研究生教育》，2010(1)；《教育学学位论文的目录检视》，载《中国研究生》，2015(4)；《形式完美背后的"贫困"——对教育学科学位论文绪论的思考》，载《中国研究生》，2013(10)；《文献综述的逆向求证与顺向表达——以教育学学位论文考察为中心》，载《中国研究生》，2020(3)；《"主编编织"抑或"问题先导"——对教育学科学位论文文献综述的思考》，载《研究生教育研究》，2014(3)；《学位论文摘要撰写偏差的案例分析——一种教育学视角》，载《研究生教育研究》，2013(1)等。

的确，人做事大多要经历一个不断试错的过程，研究生在学位论文写作中出现这样或那样的偏差或错误，也很正常。但事先知道学位论文写作中可能存在的偏差或错误，明了其缘由，再有针对性地避免，无疑会减少一些不必要的试错，少走一些弯路。带着此想法，将自己对有关学位论文写作的思考汇聚成书，以便研究生在遭遇有关困惑时能有所参照、有所警醒，少犯些不应有的错误。由于本书是在单篇论文的基础上修改、完善而成的，因此，阅读本书时既可以通读，也可以针对某问题进行专题阅读。当下，本科生的学位论文也逐渐受到重视，且学位论文写作具有相同的学理。从此意义上说，本书虽主要以研究生为写作对象，以教育学为写作视域，但其他学科的研究生或本科生在学位论文写作中也不妨将本书作为参考。

目　录

第一章　学位论文写作的前期准备 ·············· 1

　　第一节　学位论文选题的自我追问 ·············· 3

　　第二节　文献阅读的知识创新之维 ·············· 10

　　第三节　开题报告撰写的学理澄清 ·············· 22

　　小　结 ························· 51

第二章　学位论文写作的要素分析 ·············· 53

　　第一节　学位论文标题的编制 ·············· 55

　　第二节　学位论文摘要的撰写 ·············· 63

　　第三节　学位论文绪论的写法 ·············· 68

　　第四节　学位论文核心概念的界定 ·············· 74

　　第五节　学位论文文献综述的思路 ·············· 89

　　第六节　学位论文本论的展开 ·············· 101

　　小　结 ························· 110

第三章　学位论文写作的类型透视 ·············· 113

　　第一节　实证写作的进阶之路 ·············· 115

　　第二节　思辨写作的内在逻辑 ·············· 123

　　第三节　叙事写作的方法论反思 ·············· 132

　　第四节　个案写作的方法论反思 ·············· 142

　　第五节　比较写作的方法论反思 ·············· 152

　　小　结 ························· 161

第四章　学位论文写作的内功修炼 ·················· 163

　　第一节　课程论文变身为期刊论文的路径 ·················· 165

　　第二节　学位论文写作的体系意识 ·················· 172

　　第三节　学位论文与期刊论文融创的内在机制 ·················· 180

　　第四节　学术论文深度写作的三跃迁 ·················· 190

　　小　　结 ·················· 197

结　语　学术论文写作的专业指导 ·················· 199

/

第一章

/

学位论文写作的前期准备

/

问题是研究的起点。学位论文是研究成果的呈现，学位论文写作是从选择问题开始的，并带着所选择的问题阅读相关文献，再构思一个研究计划，撰写开题报告。因此，选题、文献阅读与开题报告撰写就成了学位论文写作的前提准备。

那么，对于学位论文写作而言，研究生如何选题？如何阅读文献？开题报告撰写常常存在着哪些误区？又该如何撰写一份合格的开题报告呢？

/

第一节　学位论文选题的自我追问

学位论文选择什么样的问题，既直接决定着学位论文的质量，也间接影响着研究生的后续研究。因此，对学位论文选题进行慎重的求索与充分的论证就在情理之中，也是研究生和导师煞费苦心、颇费周折之事。不过，对于学位论文的选题而言，无论是研究生与导师协商确认，还是研究生自主选择，最终皆需研究生进行自我追问与确证；否则，后续的研究将会步履维艰乃至半途而废。那么，在学位论文选题时，研究生应自我追问什么？通过自我追问，研究生如何确证学位论文选题的价值？

一、切己之问：确定学位论文选题的议题

你翻阅研究方法之类的论著，这些论著大多会告诉你好的学位论文选题既要具有理论或实践价值，也要具有创新性与可行性，但这种放之四海而皆准的道理却并不能让你选择到你要研究的问题。因为人选择什么问题既受制于人的理性判断，也取决于人的情感关注。因此，任何好的学位论文选题既要满足理论或实践的需要，且具有创新性与可行性；也要融入研究生的生命世界，契合研究生的情感欲求。仅仅满足理论或实践需要的具有创新性、可行性的选题，倘若未能与研究生的生命世界、情感欲求产生关联与融合，这种"异己"的问题也难以激发研究生研究的热情，甚至阻碍研究生研究的内驱力，使研究生难以做出好的研究。况且，具有理论或实践价值、创新性与可行性的选题有无数个，究竟选择哪个问题进行研究仍需研究生自己来取舍与定夺。在此意义上，研究生应进行切己之问，并通过切己之问，确定学位论文选题的议题。

切己之问既是研究生急需思考、解决的问题，也是研究生自己感受、体验到的困惑，是与研究生的人生经历和当下的现实诉求密切相关的疑问。这种切己之问的着眼点是自己的"乐点"（感兴趣的问题）、"困点"（感到疑难或困惑之处）与"盼点"（自己的理想追求），其目的在于通过解决自己的问题而启发、促进他人对此问题的理解、认识与豁亮。当然，这种切己之问并不是纯粹个人的问题、疑难或困惑，因为纯粹个人的问题、疑难或困惑，其解决对他人或社会没有价值，也就没有研究的意义。切己之问应是个人问题与专业公共问题的交集，研究生既可从专业公共问题中寻找自己感兴趣、愿研究的问题，也可基于个人问题将个人问题延伸、拓展到专

业公共问题中，从而实现个人问题与专业公共问题的融合。记得自己硕士学位论文的选题——"我国现阶段教育公平问题的理论探讨"的确定，先是张良才老师将2000年中国教育学会中青年教育理论工作者专业委员会（简称"中青会"）第十次会议的会议主题——"社会转型期的教育公平问题"告诉我，问我是否有兴趣研究该主题；我联系自身十几年的基础教育工作，深感"教育公平问题"确实存在，有深入研究的必要，于是，就将这个专业公共问题融入自己的教育经历中，进而实现了专业公共问题与个人问题的融合，结合教育学原理这一学科特点，先后发表了《关于教育公平问题的理论思考》《教育公平刍议》《试论教育公平的基本特征》《课堂教学中公平问题的理性思考》《教师教育权行使的公平问题初探》等学术论文。自己博士学位论文的选题——"论教育学研究的价值生成"，则是因自己深感教育学研究备受歧视、抱怨乃至指责而自主选择的议题，正如石中英老师在我的博士学位论文出版时写的序中所言："说实话，当年他（作者）选择这个题目作为博士论文题目时，我的内心并不是很赞同。当时我主要的考虑是不想让他犯我当年犯的同样'错误'……但是，他（作者）是一个态度上很诚恳、行为上也很执着的人，一心想在自己所选定的问题上走下去。我猜想，他的执着的甚至有些固执的心态也许正如我当年：一方面是解决自己内心的困惑与问题，另一方面也是基于对教育学科及其研究的无限热爱和自觉责任。"[1] 此博士学位论文的选题则是将个人问题拓展、延伸到专业公共问题，我主要探讨了"意识形态、异域教育理论、其他学科知识与教育学研究"和"教育理论与教育实践"的关系及教育学研究价值生成的路径，先后发表了《实践逻辑：审视教育理论与实践关系的新视角》《新课程改革呼唤怎样的教育学》《教育理论如何表达教育实践》《论教育研究的价值及其限度》《教育学原创性研究何以可能——一种教育学经典的阐释》《异质教育理论如何本土化——以陶行知生活教育理论为例》等学术论文。

的确，确定学位论文选题是一件令人头疼、一时难以定夺之事。研究生并不是不知道好的学位论文选题要具有价值性、创新性与可行性等，而是在面对学位论文选题的多种可能性时，不知道选择哪个问题。此时，研究生的头脑里，会不时地冒出各种各样的问题，研究生也常反复地向导师或同学征询意见或建议；但一旦要确定某个主题，他们就会犹疑不决、拿不定主意。进行切己之问就是希望研究生能反身以求，问一问自己对某问题是否确实有解决的愿望，自己对某问题有何认识，其解决对自己的学术成长、职业发展具有何种价值等。因为问题是主体与客体交互建构、互为生成的困惑，既具有客观性，也具有主观性。作为知识生产的研究既是人运用知识求解的过程，也是人自我认识、自我理解与自我完善的历练，是与人的生命成长密切相关之事。况且，确定学位论文选题后，研究生还要经历一段相当艰难的创新求解的过程。倘若研究生自己对选题缺乏情感认同与意志坚守，那么后续研究将会成为生命难以承受之重。有时，即使研究生勉为其难地做了研究，且幸运地通过了学位论文的答辩，恐怕也难以体验到"痛且快乐"的创新求解，而在此主题研究中遭遇的劳神伤身之苦痛或将成为研究生终生的梦魇，让研究生从此之后不再愿意触碰、涉身于研究。这也许是有些研究生毕业后走向工作岗位不再愿意、期望从事研究的原因之一。而研究生一旦对选题进行了切己之问，就能事先为后续研究的艰难求解提供情感支撑与内在动力，从而无怨无悔、全身心地投入研究求解中，享受问题求解带来的创新、发现的乐趣。

诚然，进行切己之问并不能问出学位论文的所有问题，而只能问出学位论文选题的议题，此议题类似于学术会议事先拟定的会议主题；而学位论文选题的问题澄清则需在切己之问的基础上再进行学理之问。

二、学理之问：澄清学位论文选题的问题

作为有目的、有意识的生命，人皆会发问。在此意义上，提出或选择一个问题并不难，对于学位论文选题而言，难的是提出或选择一个别人没有研究或研究得不够透彻的问题。因为人类知识积累得越多、越丰厚，巨人的肩膀就会越高，后人站在巨人的肩膀上进行相关研究的创新难度就会越大。何况，任何研究成果皆是研究者苦心钻研的结果，别人不会轻易地发现其存在的"问题"。但无论是对理论问题的研究，还是对实践问题的研究，倘若没有创新，那么研究就没有意义。因此，通过切己之问，研究生确定了学位论文选题的议题后，就应进行学理之问。

进行学理之问是指将自己选择的议题放置于相关主题的理论脉络中，追问就该主题已有研究都说了些什么，其前提假设是什么，其观点是如何展开论证的，具有何种意义，且在分析、比较的基础上发现已有研究成果中可能存在的遗漏或未阐明的问题，以便进一步澄清学位论文选题的问题。因此，学理之问至少包含两个层次的问题：一是问自己是否读懂了已有研究成果，二是问自己是否发现了已有研究成果中存在的问题。要读懂已有研究成果，至少要问已有研究成果写了什么、如何写与为什么写三个问题。问写了什么，重在对已有研究成果内容的把握，明确其论证的基本观点；问如何写，重在把握研究成果的语言运用、修辞手法与论证思路，清楚其内在的逻辑结构；问为什么写，则重在洞察研究成果所蕴含的价值旨趣或写作意图，洞悉作者所面对的问题情境。不过，读懂已有研究成

果的目的并不是熟记、呈现已有的研究成果，用于显示自己的博闻强识；而是发现已有研究成果中可能存在的缺陷，寻找自己继续研究的起点。明于此，在阅读议题相关的研究成果时，则需做到心中有我，带着自己的问题去阅读，让阅读成为丰富、充实或质疑、批判自己想法的过程。在此过程中，只有通过学理之问，才能不断地澄清学位论文选题的问题。

比如，在确定研究"教育学研究的价值"这一议题后，就需不断地澄清该研究究竟要探究哪些有关教育学研究价值的问题。对此问题，通过闭目塞听的拍脑袋显然想不出其答案，只能通过学理之问，在发现已有研究成果所存在的缺陷或问题中来求解。借助相关文献的阅读，通过学理之问，笔者发现有关教育学研究价值的相关研究成果，主要聚焦在"意识形态、异域教育理论、其他学科知识与教育学研究"及"教育理论与教育实践"的关系辨析上。在"意识形态与教育学研究"上，学者们大多持一种拒斥意识形态、彰显学术立场的价值取向。在"异域教育理论与教育学研究"上，学者们大多从理论上抽象地阐述异域教育理论的本土化，论证异域教育理论本土化的必要性及其意义，而相对忽略了对异域教育理论如何本土化的路径探讨。在"其他学科知识与教育学研究"上，学者们虽然正确地阐明了教育学研究要进行原创性研究，但对教育学原创性研究何以及如何可能的问题却鲜有阐述。在"教育理论与教育实践"的关系上，各种关系说众说纷纭、相互驳斥，每一种关系说看似皆有一定的道理，但对教育理论与教育实践的关系却未达成一个相对统一的共识，仍有进一步探讨的必要。而一旦通过学理之问，找出了已有研究成果所存在的缺陷，那么在一定程度上就澄清了学位论文选题的问题。

时下，越来越多的导师鼓励研究生自主选题，在探讨学位论文选题时，常常询问研究生"你对什么议题感兴趣"或"你打算研究什么议题"，并与研究生一起讨论哪个议题相对而言更有价值、更值得研究。从此意义上说，学位论文选题的切己之问就受到了应有的关注。不过，当导师问起"你对研究的议题持什么基本观点"或"从已有的研究成果来看，你拟研究的议题还存在着哪些有待研究的问题"时，大多数研究生却回答不上来，不是支支吾吾，就是仅仅谈及自己的感想。实际上，多数研究生初定的学位论文选题常常仅表现为一个主题，且主题所包含的概念只是一个名称，是对一些现象或事实的指称，而不是拥有丰富规定性的概念；对主题的理解仅仅停留在对一些现象或事实的"熟知"上，却没有将对一些现象或事实的"熟知"上升到对具有丰富规定性的概念的"真知"上。此乃其一。其二，不清楚在自己选定的议题上已有研究都回答了哪些问题，还有哪些问题尚待进一步研究。在此情况下，无论研究生如何挖空心思、冥思苦想，在学位论文的选题上都不会有一个满意的结果。

因此，要想做好学理之问，澄清学位论文选题的问题，至少要做两件事。一是界定核心概念。概念既是人认识的结果，也是人认识的起点。作为认识的结果，概念是基于事实、逻辑而创生的认识结晶；作为认识的起点，概念则是助推人继续研究的"支点"与"阶梯"。而界定核心概念就意味着将对一些现象或事实的指称转化为具有丰富规定性的概念，从而为后继的研究提供一个牢固的"支点"和拾级而上的"阶梯"。二是综述文献。综述文献是做好学位论文选题的前提之一，这是常识。而文献综述的要义则在于围绕拟研究的问题追问、探讨已有研究成果回答了哪些问题，还有哪些问题尚待深化或探究，其基本思路是"述""评""创"。先根据拟研究的问题客观地陈述已有研究成果的回答，把握其主旨；再评价已有研究成果的得失，明了其意义与局限；最后提出自己对拟研究问题的设想，为学位论文选题提供研究假设。一旦清楚了研究什么及其问题和预设的答案，那么学位论文选题就会以观念的形态呈现在眼前。从此意义上说，研究生要想做好学位论文选题，就得事先做好核心概念的界定与相关文献的综述；否则，学位论文选题就会模棱两可、凌空蹈虚，表现为宽泛、空洞而难以着手研究。

三、创新之问：构思学位论文选题的假设

学位论文选题之难既难在对未研究或研究得不够透彻的问题的选择上，也难在对未研究或研究得不够透彻的问题的回答上。如果说学理之问主要澄清了学位论文选题的问题，明确了要研究哪些问题；那么创新之问则旨在构思学位论文选题的假设，为拟研究的问题寻找答案。可以说，任何研究的价值皆在于论证自己对拟研究问题的独特观点，而不是呈现自己对拟研究问题知道些什么。尽管对拟研究问题知道些什么是论证自己观点的前提，但没有自己对拟研究问题的独特观点，所有的"知道些什么"皆会蜕化为一些材料的堆积与拼凑，对研究而言是毫无意义的。要想拥有对拟研究问题的独特观点，则需进行创新之问，问一些已有研究没问以及研究者未想到或未搞明白的问题。

对于创新之问来说，关键不在于知道创新之问问什么问题，而在于洞悉创新之问如何问。因为创新之问问什么问题，通过学理之问已基本解决，而创新之问如何问则直接关联着创新的内容。从类型上看，创新之问主要有逆向之问、前提假设之问、变角度之问、多角度之问等。

逆向之问是指已有研究成果认为正确的，你不妨假设其是错误的或是有缺陷的，是批判性思维在提问中的表现。比如，在"意识形态与教育学研究"的关系上，改革开放后，鉴于以往意识形态的"控制"使教育学研究蜕化为"权力之代言"，一些学者就主张教育学研究要"去意识形态化"，将意识形态与教育学研究的关系视为控制与被控制或束缚与被束缚的对立关系。运用逆向之问，则可以问："教育学研究能去意识形态化吗？"若不能，那么意识形态与教育学研究就只能是控制与被控制或束缚与被束缚的关系吗？若不是，二者将是何种关系？在逆向追问下，笔者发现意识形态与教育学研究是一种共存与博弈的关系，认为那种简单地拒斥意识形态的做法既不现实，也不可能，教育学研究与其虚幻地"去意识形态化"，毋宁现实地处理好学术与政治、述学与咨政的关系，并写了《意识形态与教育研究》《论教育研究的意识形态关联性》两篇论文阐述自己的观点。

前提假设之问是指对那些不言而喻、不证自明、看似天经地义的假设发问。比如，石中英教授对"教育学是一门科学"的发问，通过对"教育学是一门科学"这一前提假设的发问，基于中外教育学发展、演变的历程，揭示出"教育学是一种文化存在"，论证了"教育学的文化性格"。[2]应该说，在改革开放初期，甚至时至今日，在有些人看来，教育学就是一门科学，这是不言而喻、无须证明的共识。而有时对这种大多数人不认为是问题的问题发问，就会形成一种振聋发聩、醍醐灌顶的真知灼见。

变角度之问是指不直接否定已有的研究结论，而是变换角度从另一个视角发问。比如，在探讨学位论文选题时，众多的论述常常从客观的视角阐述学位论文选题，认为学位论文选题要具有价值性、创新性与可行性等。此观点固然有其合理之处，但问题具有的主客双重属性告诉我们，问题除了具有客观性外，也具有主观性，因为问题毕竟是人问出的问题，离开了人的主观欲求、想法，即使问题摆在面前，人也会视而不见、充耳不闻。鉴于此，就不妨像本文那样变角度，从主体的视角确定学位论文选题的议题。

多角度之问是指在变角度之问的基础上，多侧面、多层次地发问，以便获得对某问题比较全面的认识。以"盲人摸象"为例，从整体上看，每个盲人所摸出的"象"是荒诞的，诸如"象"像一根柱子、一堵墙或一条绳子等，但将每个盲人摸象所获得的认识进行综合，所获得的综合的"象"何尝不更像整体的"象"呢？比如，对于何谓"核心素养"，当不同的学者已从不同的角度（人、学习与知识等）进行了阐述，而自己又难以寻找到一个更加合理的角度时，就不妨多角度、多层次地发问，分析不同视角下核心素养观的优长与局限，为人们勾画出一幅相对完整的核心素养的图景。据此，笔者就从"人—学习—知识"的视角出发，通过多角度发问，撰写了《何谓核心素养——一种"人—学习—知识"视角的回答》一文，并基于对核心素养的全面认识，撰写了《核心素养视域下的知识教学》《学科核心素养的培育：知识结构的视域》《指向学科核心素养的教学变革》《指向学科核心素养的教学逻辑》《指向学科核心素养的教学样式》等学术论文。倘若研究生的学位论文撰写能建立在自己对某议题的研究成果上，那么其撰写的学位论文就不会出现大的问题，研究生也能在一定程度上佐证自己学位论文的研究价值。

如果说创新之问的最终目的在于构思、设想学位论文选题的假设，为拟研究的问题提供一种暂时的可能回答，那么通过创新之问构思、设想学位论文选题的假设，则需冲破已有知识、观念的束缚，摆脱既有理论范式、思维定势的影响，使自己的思想处于一种无拘无束的自由状态，敢于、善于从无人染指的处女地进行开辟与耕耘，诚如赵汀阳所言："当思想操作无法摆脱观点的束缚，思想就不再智慧。知识的积累使事情越来越清楚，而观点的堆积却使思想越来越糊涂。思想总要制造出观念，因此观念的积累是正常的，但思想却应当从问题出发而不是从观点出发，受制于观点就没有思想的自由，也就没有智慧。"[3]而"从问题出发而不是从观点出发"的思想创新则需冲破已有知识、观念的束缚，摆脱既有理论范式、思维定势的影响，从而使自己的思想抵达一种自由的创新境界。

从教育学术发展史来看，选题创新的背后，皆蕴含着理论范式的转换、思维方式的变革与思想观点的更新，诸如从夸美纽斯的《大教学论》到赫尔巴特的《普通教育学》再到杜威的《民主主义与教育》。从理论范式上看，教育定位经历了从艺术到科学再到哲学的转换；从思维方式上看，教育论证经历了从经验类比到二元对立再到二元融合的变革；从思想观点上看，教育主张则经历了从泛知论到知识论再到经验论的更新。因此，进行创新之问就是在已有知识的基础上问出未知的问题，并通过构思、设想学位论文选题的假设，在将未知的问题转化为已知的问题中论证自己的观点，不断地推动人类知识的进步。

当然，通过创新之问所构思、设想的学位论文选题的假设，既可能正确，也可能错误，还可能对错混杂；但假设无论正确，还是错误，抑或是对错混杂，皆需在学位论文选题时有所构思与设想。否则，接下来的学位论文写作将会茫然无绪、无的放矢，即使收集到再多的相关材料，最终也会发现自己不知如何将这些材料符合逻辑地连缀成篇。

之所以将学位论文选题的自我追问细分为切己之问、学理之问与创新之问，是因为三问有着先后的顺序，起着各自不同的作用，并呈现出跃迁的层级。但也应注意在实际的学位论文选题中，三问是互为激发、彼此关联的，而不能被人为地撕裂、分割开来。只不过，没有切己之问，就难以保证学位论文选题求解的坚定性与意志力；没有学理之问，就难以澄清学位论文选题究竟要研究哪些问题；没有创新之问，就难以解答学位论文选题所需解决的问题。从此意义上说，切己之问，确定学位论文选题的议题是学位论文选题的根基，贯穿、渗透学位论文选题的始终；学理之问，澄清学位论文选题的问题是学位论文选题的延伸，需借助文献阅读和人生经验予以证实与确认；创新之问，构思、设想学位论文选题的假设则是学位论文选题的敞亮，是学位论文选题的具体确证。切己之问、学理之问与创新之问的功能充分发挥、实现之时，也是学位论文选题最终得以确认、确证之时。

参考文献：

[1] 李润洲. 教育学研究的价值生成[M]. 太原：山西教育出版社，2010：序1.

[2] 石中英. 教育学的文化性格[M]. 太原：山西教育出版社，2001：184-191.

[3] 赵汀阳. 一个或所有问题[M]. 南昌：江西教育出版社，1998：引论5.

第二节　文献阅读的知识创新之维

学位论文是写给某专业学术共同体同行阅读的，而不是写给普通大众看的。学位论文作为学术研究成果，其写作需参照、借鉴、反思其他学者的已有成果，并在与已有成果的对话中阐释自己的观点，否则就有"自说自话""独断专行"之嫌疑。在此意义上，学位论文写作就是问题新解的对话展示。在撰写学位论文之前或期间，需翻阅、研读大量的文献。虽然研究生的文献阅读存在着感想、阐释与原创三境界的差异，但对于研究生而言，文献阅读皆旨在知识的创新。那么，如何基于文献阅读创新知识？如何提升文献阅读的境界？

一、文献阅读的知识创新

精读中外经典论著，跟踪本学科的知识前沿，是提升研究生学术能力的有效方略。不过，对于提升学术能力而言，研究生的文献阅读不仅要吸收、承继既有的知识，而且要创生、建构未有的新知。从一定意义上说，文献阅读的知识创新才是研究生教育的价值所在。因此，关注文献阅读的知识创新不仅牵涉着研究生的个人成长，而且关联着研究生教育的质量，这是一个急需探讨的现实问题。

(一)文献阅读的三个层次

在现代社会里，几乎人人皆能识文断字，阅读也是一件习以为常的事。有人为获得资讯而读，有人为丰富内心世界而读，有人为排忧解难而读。不同的阅读目的自然会导致不同的结果。对于研究生而言，文献阅读更多的时候是为了研究某个问题，以求对某个问题获得一种更加全面、深刻的认识与理解，并在这种认识与理解的基础上提出自己的看法与观点，即追求知识创新。

从知识创新的维度来看，研究生的文献阅读大致要经过三个层次：知道式阅读、前提式阅读与生发式阅读。"知道式阅读"是指熟知一本书的内容，知道该书都讲了些什么。换言之，这种阅读不仅要把握整本书的论述结构，而且要能够用自己的语言概括、叙述其大意或主旨，讲出其所欲解决的问题及其答案。"前提式阅读"是指每本书都有其论述、诠释的前提假设，而这些论述、诠释的前提假设，有的作者认为是不言而喻的道理，从而不予解释与说明，有的作者则没有意识到其论述、诠释的前提假设，想当然地认为本应如此，但不管哪种情况，作者所提出的问题及其解答通常深受其预设的前提假设的导引与控制，因此，找出作者未言明或隐藏起来的前提假设是透彻地理解一本书的关键，这种阅读则可以简称为"前提式阅读"。比如，阅读柏拉图的《理想国》《对话录》等论著，贯穿其论述、诠释的一个前提假设就是"有关哲学主题的对话，可能是人类所有活动中最重要的一个活动"[1]，因为柏拉图信奉未经反思的生活是不值得过的生活。"生发式阅读"是指在搞清楚了一本书已解决了哪些问题、还有哪些问题未解决的基础上，试图对已解决的问题变换角度给予论证或对未解决的问题给予解答。这种"生发式阅读"也可以看作让不同的作者对某一个问题给予解答，此时的某一个问题是阅读者自己的问题，而作者对某一个问题的解答就成了阅读者解答自己的问题的论证依据与素材。

由此可见，从知识创新的维度而言，文献阅读的三个层次是一个螺旋式推进的过程，第一层次的"知道式阅读"包含于第二层次的"前提式阅读"中，而第二层次又包含于第三层次的"生发式阅读"中。实际上，第三层次是最高的阅读层次，它既包含了前两个阅读层次，又超越了它们。

(二)文献阅读的思维策略

思维策略是人们思考问题的具体方式，是人心智水平的凝结与表征。文献阅读的思维策略是人们对待、运用已有知识的思维方式，是活化已有知识的催化剂。从一定意义上说，"理论创新的关键在思维方式"。[2] 比如，培根的科学实验方法催生了近代科学。牛顿对归纳法与演绎法的结合，实现了科学史上的第一次大综合。康德通过把认识论从以往的以客体为轴心，让主体围绕客体来旋转，改造成以主体为轴心，使客体围绕主体来旋转，在哲学上发动了一次"哥白尼式的革命"。马克思从现实的人、人的实践活动出发，揭露了资本主义社会的内在矛盾，创立了科学社会主义。叔本华对黑格尔绝对理性的背离，滋生了现代人本主义。海德格尔对久被遗忘的本原性存在和在世之人的追寻，建构了影响深远的存在主义。因此，人思维方式的改变是产生新知识的前提条件。

在阅读中，为了探寻、生成新知，研究者可以运用移植借鉴与反向对立策略。移植借鉴是指借用某学科的理论、方法来研究其他学科的问题。从一定意义上说，知识分化是一种人为的产物，无论是自然学科，还是社会人文学科，它们既有相互区别的一面，也有互为贯通的一面。在阅读中，借用、移植某学科的概念、理论与方法观照、审视自己所学的学科，往往能够产生一种新的视野，生发出一种新的观点。正如英国剑桥大学贝弗里奇教授所言：移植是科学发现的一种主要方法，将已有成果通过移植应用于所在领域以外的领域，往往有助于进一步发现。[3] 当下兴起的交叉学科就是两个或多个学科相互借鉴、移植概念、理论与方法的结果。当然，这种移植、借鉴并不是简单的套用与照搬，而是在区分各学科知识概念的相对边界的基础上的合理互补与彼此融通。反向对立是指从已有的理论、观点的对立面进行思考，在阅读中"反弹琵琶"，反向求新，质疑作者的论点。具体而言，在搞清楚作者讲了些什么的基础上，从作者的知识是否充分、其知识是否有误、其论证是否合乎逻辑等方面进行深思与追问。倘若说某位作者知识不充分，也就是说他缺少某些与他想要解决的问题相关的知识，那么你就可以阐述出作者所缺少的知识，并告诉他这些知识如何与其阐述的问题有关，如果他拥有了这些知识，就会得出一个不同的结论。比如，达尔文的《物种起源》，其最大的缺点就是达尔文对遗传机能的知识一无所知，而这些知识则是由孟德尔及后继者研究证实的知识。倘若说某位作者的知识有误，也就是说他的理念不正确，其论点与存在的客观事实相反，那么你需说明、指出这些事实，如亚里士多德误以为在动物的传宗接代中，雌性因素扮演着重要的角色，结果导致了一个难以自圆其说的生殖过程的结论。倘若说某位作者的论证不合逻辑，也就是说他的推论荒谬，那么你就要能列举出更加精确的证据，指出作者论述的逻辑矛盾[4]，进而拓展、修正某些既有的知识，提出自己的观点。

(三)文献阅读的实践创新

研究生之所以被称为研究生，就在于其不仅要在阅读中吸收、掌握已有的知识，而且要生发、创造未有的新知。从阅读实践来看，研究生要想读出书中没有的新知则需着重关注以下两个环节。

首先，设问索解，累积素材。"巧妇难为无米之炊。"研究生思考、探究任何问题，先要占有一定的素材(包括有关某问题的各种论点、论证与论据等)。比如，探究人性问题，就需掌握中外所提出的有关人性的各种论点、论证与论据。就中国人性讨论而言，古人就先后提出过人性无善无恶(告子)、人性善(孟子)、人性恶(荀子)与人性有善有恶(扬雄)等论点，并分别进行了论证，且人性善在传统文化中居于主导地位。而西方基督教文化则有原罪、人性恶的假设，并由此出发寻求人由恶向善转化的途径、手段和拯救之道。就研究素材的获取而言，读书自然是一个重要的途径；但问题是，有的研究生读了不少书却反被书所累，只是把自己的头脑变成了一个知识库，鲜有个人的独特见解与观点，正所谓"尽信书，则不如无书"。个中缘由有许多，不过，问题意识的缺失也许是一个主要原因。可以说，读书而没有问题，不仅难以读懂、读透书，而且即使获取了某种知识也是死知识，难以派上用场。通常来说，带着问题去阅读，犹如带着需要进超市购物一样，这样才能获取你所需的研究素材，才能激活书本上的死知识，把外在的知识变成你论证自己观点的素材。因此，累积素材并不是"捡到篮里就是菜"式的储存，而是在设问索解中有目的地进行甄别与选取。

宽泛地讲，在阅读时，研究生至少应带着两类问题：一是作者要解决的问题，二是自己要解决的问题。带着作者要解决的问题，有助于把握作者言说的意图与主旨。诚如赵汀阳所言："一旦搞清楚问题和目的(作者要解决的问题及其论述的目的——笔者注)，书就好读了。"而他初读康德的论著《纯粹理性批判》时，"不是字面上看不懂，而是不明白他为什么要讨论这些问题而不是那些问题，为什么这样分析而不是那样分析"[5]。不过，倘若只是带着作者要解决的问题，即使精通了该书，"使其言皆若出于吾之口……使其意皆若出于吾之心"(朱熹语)，此时也不过是读懂、读透了该书，透彻地掌握了该书的内容。而对于研究生而言，不仅要知道"别人都说了些什么"，更重要的是要"接着说""变着说""另外说"，说出自己的独特见解，讲出别人没有讲出的东西，这就需要有自己的研究问题。带着自己要解决的问题去阅读，就是要做书的主人，让书为你服务，而不是把书当作主人，供它使唤；就是要让众多的作者为你解决问题提供思路与论据，而不是简单地记忆、复述他人的论点与论证。

其次，厘清概念，探觅新论。当阅读同一主题的书时，你通常会发现就某一问题会有两种以上的答案。而答案之所以不同，既可能源于作者审视问题的视角不同，也可能源于作者对问题本身的理解差异。当然，这两方面是相互联系、密切相关的。审视问题的视角不同自然会导致对问题的不同理解，而对问题的不同理解通常也蕴含着审视问题的视角差异。但是不论哪种情况，作者对某一问题的论述与阐释最终都表现为由核心概念组成的概念体系，其答案的不同就表现为核心概念与概念体系的差异。比如，物质、力、运动、惯性、引力等核心概念组成了经典物理学的概念体系，而量子、以太、四维空间、光的偏折与时钟悖论等核心概念则构成了现代物理学的概念体系。因此，阅读的知识创新最终表现为新概念及概念体系的生成。

一般而言，新观点的提出与更替，总是伴随着新概念及概念体系的建构。正如劳丹所言："许多重大的科学革命（如狭义相对论的出现，行为主义心理学的诞生）都在很大的程度上取决于对一个领域的理论在概念上的含混性的认识以及其后对它们作出的改进。"[6] 倘若果真如此，那么在阅读中，一旦发现既有的概念之间存在着边界含糊不清、模棱两可，或者旧有的概念体系不能包容、解释新的自然或社会现象，就需重新厘清旧有的概念，或解构既有的概念体系，进而建构出新理论。比如，物体下落现象是亚里士多德的《物理学》要解决的中心问题，其答案是越重的物体下落得越快。而伽利略通过实验发现，物体下落的速度是相同的，亚里士多德的理论无法解释这一现象，由此才有了伽利略—牛顿物理学的概念体系对亚里士多德的概念体系的推翻与更替。因此，在厘清概念、探觅新论时，要着重注意密切相关的两个向度：一是搞清楚旧有概念的边界是否模糊，其含义是否清楚，其界定是否与研究对象在内涵与外延上相一致。如果不一致，又是在哪些地方存在着不一致。一句话，要明确旧有概念在哪些方面存在着问题。二是检视既有的理论能否解释新的自然、社会现象，或阐释新的问题。如果不能，又是什么原因造成的，是概念的边界问题，还是概念与概念之间的关系问题，抑或是其他问题。只有搞清楚了这些问题，厘清概念、探觅新论才有可能。

当下，人们日益认识到研究生阅读的重要意义，并伴以读书笔记严格检查阅读情况，这是提升研究生教育质量的幸事。但倘若忽略了阅读的知识创新，仅仅强调阅读了多少本经典，熟记了多少权威论点，恐怕与研究生学术能力的提升南辕北辙，因为读书并不一定能读出属于自己的新知，这也是"尽信书，则不如无书"的原因。而只有区分阅读的层次，注重阅读的思维策略，并在阅读实践中践行知识创新，方能在提升研究生教育质量的同时，不断地推动学术进步与推进人类文明。

二、文献阅读的三重境界

文献阅读是一个循序渐进的过程，不仅是撰写文献综述、开题报告的前提，而且贯穿、渗透于研究的各个阶段，并最终体现在论文写作中。如果说对于研究生而言，文献阅读意味着知识创新，那么指向知识创新的文献阅读则是精读专业论著、旨在思想创新的阅读，它始于研究的需要，终于专业论文的写作。确切地说，指向知识创新的文献阅读，就表现为文献阅读与论文写作的相互激发与互为融生，是阅读中有写作、写作中有阅读的研究活动。如果说研究是有境界的，那么文献阅读作为研究活动自然也是有境界的。当文献阅读的境界不同时，其所得也将呈现出不同的形态。那么，从教育学论文写作来看，研究生文献阅读呈现出哪些境界？研究生如何提升文献阅读的境界？

（一）感想境界

对于研究生而言，阅读大多具有明确的价值指向，少了只要开卷就会有益的随意性。因为研究生阅读的内容常常指向专业的学术论著，其阅读目的更多的是丰富自己的专业知识，为今后的研究做必要的知识储备。抱着这种心态阅读时，研究生大多关注作者写了什么，持有何种观点，而对作者因何而写或如何论证自己的观点等问题有所忽略。不过，对于热爱学术的研究生而言，在阅读中，他们也能"虚心涵泳，切己体察"，时常会读到自己心中有、口中无却被作者说出的观点，或者体验到自己想过却没有想明白的问题被作者指点迷津的喜悦，于是产生一种怦然心动或豁然开朗的感受或体验，并乐于将自己这种怦然心动或豁然开朗的感受或体验行诸文字、记录下来，从而形成了感想性论文。

从感想性论文来看，在这种感想境界的文献阅读中，研究生大多被作者的观点深深打动，读出了自己心中有却口中无的内容，并被作者的见解所折服。在敬佩、赞叹作者的精彩观点的同时，研究生能联系自己的人生经历进行适当的联想与阐发，由此进行了阅读是启、写作是发的写作。比如，有研究生阅读了戴尔·卡耐基的《人性的弱点》，就深深地被其"尖锐的批评和攻击所得的效果等于零""保住他人的面子其实是一件相当重要的事情。但是我们却很少会考虑这些问题。纵使别人犯了错，而且我们又是对的，如果没有为别人保留面子，也往往会毁了一个人""我们每个人都喜欢指责别人的过错，但对于别人给我们的指正却不那么乐意接受""生活中，绝对没有一个人喜欢接受别人给他的指责与批评，甚至指正"[7]等观点所触动。于是，联系自己的教育教学，回想自己在面对学生的各种不良行为或学习问题时，总是习惯于批评乃至责备学生，而遗忘了"一味的批评与抱怨解决不了任何问题"，更重要的是掌握批评的艺术，在学生犯错时，积极寻找一些巧妙的方法来达到教育目的。接下来，该研究生用实例阐述了各种巧妙引导学生的办法，诸如暗示法、论己及人法、褒贬并用法与故事法等，并逐渐养成了用鼓励、欣赏的态度促使学生改正自己错误的习惯。正如戴尔·卡耐基所言："如果你一定要给他人挑错，那就从赞扬、鼓励的方式开始。用鼓励的方式开始，就像牙科医生用麻醉剂一样，尽管病人仍会受钻牙之苦，但却能消除许多疼痛的感觉。"[8]在这种感想性写作中，该研究生深深地被某种观点所触动，并激发出某种情感(恍然大悟或喜出望外等)，其文字饱含着真挚、浓厚的情感色彩，着重通过描述自己的自我感知而阐述某种道理，其所写的论文主要是联系自己的生活或工作经历，用自己亲历的事实或体征的经验来佐证别人观点的正确。

在感想境界的阅读中，研究生确实能读懂、认同作者的观点，也能将作者的观点与自己的经验和认识联系起来，谈一些感想性认识，但这种阅读所形成的感想性认识大多按照演绎的方式印证已有观点或理论的正确，而研究生在自己的思想创新上却存在着明显的不足。比如，阅读了戴尔·卡耐基的《人性的弱点》，获悉了其表达的主要观点，诸如"委婉地指出他人的错误""勇于承认自己的错误""不让批评之箭重伤你"等，即使再联系自己的生活或工作经历，进一步阐述上述观点的实践应用，也不过是对戴尔·卡耐基观点的证明。这种感想境界的阅读，从一定意义上说，有助于研究生积累与某问题相关的知识，为后继的研究打下一个坚实的文献基础；但从研究的视角来看，此感想境界的阅读还只是读书的"入"，难以说得上是读书的"出"。阅读自然先要读懂作者的观点，明了其写了什么、如何写及为什么写等问题，此为读书的"入"；但读书还需读"出"来，能站在作者之外的立场，从不同的视角或侧面客观、公允地分析、评价作者观点的长短与优劣，从而为阐述自己的观点提供前提。正如南宋学者陈善所言："读书须知出入法。始当求所以入，终当求所以出。见得亲切，此是入书法；用得透脱，此是出书法。盖不能入得书，则不知古人用心处；不能出得书，则又死在言下。惟知出知入，乃尽读书之法。"[9]的确，大多数学术论著都运用了很多专业术语，即便语言表达朴实，有时也难免让读者感到晦涩与难懂。而研究生在感想阅读中，既领会了作者的观点、习得了其主旨，也能产生共鸣、引发联想，至少表明此种阅读增长了研究生的见识、开阔了研究生的视野。相比于那些不认真读书或读不进书的研究生而言，研究生若能进行感想阅读，也算找到了学术研究登堂入室的门径。不过，感想阅读也存在着一些不容忽视的缺陷，诸如侧重个人情感的抒发，而缺乏独立思考的意识；注重呈现已有的观点，而缺乏新思想的阐述；凸显具体的研究结论，而忽略其分析论证的过程；其学术性表达和思想性创生皆有待进一步增强与提升。

（二）阐释境界

研究生在阅读学术论著之前，大多持有一种意义期待。这种意义期待是指研究生在阅读之前对文本价值的事先预设。如果说感想境界的阅读是将文本作为推崇、信服的对象，在阅读之前，就已明确阅读文本在本专业具有的价值；那么阐释境界的阅读则既知道阅读文本的专业价值，也清楚阅读是为了回答自己的问题，而不是仅仅获悉作者讲了什么。阐释境界的阅读是先知道自己要什么，然后通过阅读获得证实。也就是说，如果说感想境界的阅读是因自己不知而阅读，因有所触动而欣欣然，其逻辑是阅读是启、写作是发；那么阐释境界的阅读则是知道自己要什么，然后再阅读，其逻辑是写作是问、阅读是答，阅读就成了寻找答案的过程。

对于研究生而言，文献阅读显然不能满足于读出作者写了什么及其对自己的意义，而应带着自己的问题，让学术阅读成为解答自己问题的过程。如此阅读，阅读就成了验证自己的判断、建构自己的思想的过程。比如，笔者曾带着"教育学原创性研究何以可能"这一问题，重新阅读了夸美纽斯的《大教学论》、赫尔巴特的《普通教育学》与杜威的《民主主义与教育》。此时，阅读这些原创性教育专著，已不仅是为了知道作者都写了些什么、持有哪些观点，更是为了回答自己预设好的问题，即"教育学原创性研究何以可能"。通过阅读，笔者归纳、论证了自己的观点，认为"教育学原创性研究的实现是教育实践的困境、研究视角、方法与思维方式的更新与社会变革、个人独特的经历等因素聚合的产物。当下，直面教育实践的困境，更新教育学研究的视角、方法与思维方式，在投身教育变革之中增进教育学素养，或许是进行教育学原创性研究的可能之道"[10]。遵循此思路，笔者写了多篇论文，诸如《异质教育理论如何本土化——以陶行知生活教育理论为例》《教育科学研究的价值偏好及其澄清——解读〈教育的科学研究〉》《先秦原创性教育思想探微》《转识成智：何以及如何可能——基于杜威实用知识观的回答》等。因这类阐释境界的阅读是为了回答预设的问题，因此在阅读中进行的是归纳推理，即从阅读的专著中寻找、归纳能够回答问题的观点和证据。从过程来看，阐释境界的阅读是用问题为线串起的主题阅读，即围绕着问题来选择要阅读的书籍，它不同于无指向、无方向的盲目阅读。而主题阅读的意义体现与否自然既要看研究问题选择得是否有价值、有意义，也要看问题回答得是否有新意、有突破。在问题选择上，就学科发展来说，愈是具有基础性、现实性的问题，其研究的价值就愈大。在问题回答上，与已有研究成果相比，其创新性愈强，那么其研究的价值就愈大。由于阐释境界的阅读已事先对拟研究的问题有了大致的预设，因此，阐释境界的阅读之难就不是问题的选择之难，而是对问题的创新解答之难。而在对拟研究问题进行创新解答时，倘若研究生苦读、冥想仍得不到问题的创新解决，那么不妨暂时放飞心情，翻阅一些看似与此主题无关的论著。此时，从表面上看，主题阅读似乎脱离主题，变成了捡到篮子皆是菜的盲目阅读。不过，因为研究生心中始终想着自己的问题，翻阅任何书籍的过程皆会因心中的问题而成为主题阅读的过程。尤其值得注意的是，知识之间具有互文、互释性，而仅读某一本书或某类主题书，有时并不能获得真正的理解，正所谓"读一书而不足以知一书"。从这个意义上说，当心中的问题迟迟得不到创新解答时，研究生翻阅一些其他书籍，去寻找、孕育创新的灵感，也不失为一种明智的选择。

阐释境界的阅读之所以可能，用诠释学的观点来看，就在于文本视域与读者视域的融合。文本作为一个意义结构，有其特定的视域，它是作者通过语言文字建构起来的，由言语形式、言语内容与言语意图构成；而读者也有自己的视域，它是由"前见"和对文本的理解构成的。"前见"，在海德格尔看来，则由"先有"（历史与文化）、"先见"（语言、观念及其运用方式）与"先知"（个人的知识储备、价值取向等）构成[11]；而对文本的理解既受制于读者的前见，也取决于读者对文本的标题、内容、结构、主旨与逻辑等的把握与洞悉。因此，文本视域与读者视域既相互关联，也彼此区别，从而为阐释提供了前提与可能；而阐释境界的阅读则旨在使研究生基于自己的"前见"在与文本的对话中实现文本视域与自己视域的融合。一旦研究生的视域与文本的视域达成了一定的融合，也就意味着研究生找到了预设问题的答案，此时就会涌现"英雄所见略同"的感慨与豁亮，好像作者的某种观点是自己心中的所思与所想。从这个意义上说，这种阐释境界的阅读虽然看似是在阐释某学者的观点，但实际上却是在借"他人之口"表达自己的见解。

不过，在阐释境界的阅读中，研究生因事先就设想到所阅读的文本能够解答自己的问题，其所阐述的思想就或多或少地蕴含在拟要阅读的文本中，其思想的表达有可能囿于、局限在文本所能提供的视域里。倘若研究生在阐释境界的阅读中完全被某一学者或理论所折服与俘获，拜倒在某"一家之言"下，只会站在某一家的立场看问题、想事情，难以跳出某一既定的框架，那么研究生的学术视野将会变得狭窄与逼仄，甚至张口闭口就讲某人是怎么说的，将其观点奉为圭臬，就走向了阐释阅读的反面。如此看来，阐释境界的阅读虽然能呈现研究生一定的思想，但总归有限，且还有可能使研究生深陷"一家之言"中。阅读的境界仍需进一步提升为原创境界，研究生仍需致力于批判性阅读，在获得思想自由的同时，建构自己的原创思想。

（三）原创境界

在学术界，有人追求学术，有人推崇思想，二者皆具有一定的合理性。不过，从学理上讲，虽然学术更侧重于对事实的把握，表现为言必有据与可检验性，而思想更倾向于表达价值观念与价值选择，表现为应然、当然的逻辑言说；但是研究的学术性与思想性是不可分离的，因为没有思想的学问家无异于两脚书橱，而没有学术的思想者则会走向抒情的文学表达。而研究的理想状态是做"有思想的学术"或创"有学术的思想"。[12] 如果说阐释境界的阅读更侧重于追求研究的学术性，那么原创境界的阅读则在彰显研究的思想性的同时，努力实现学术与思想的融合。而要做"有思想的学术"或创"有学术的思想"，实现学术与思想的融合，就不能再以认同、接纳已有的研究结论为前提，而应将已有的研究结论视为可批判、有问题的存在，并基于对已有研究成果缺陷或不足的分析，阐发、论证一种新的思想。在此意义上，如果说阐释境界的阅读是写作是问、阅读是答，那么原创境界的阅读则是阅读是问、写作是答。

之所以说原创境界的阅读是阅读是问、写作是答，是因为原创境界的阅读以寻找已有研究成果的缺陷或未回答的问题为目的，而一旦发现、寻找到已有研究成果的缺陷或未回答的问题，接下来的写作则是在回答为什么作者会存在这样的问题，针对此问题，我该如何创新解答，由此成就一种原创性思想。比如，在新课程改革之初，学术界发生过关于"中国国情与课程改革"的论争：一方认为新课程改革脱离了中国国情；另一方则认为新课程改革恰恰是针对中国国情的改革。那么，在阅读、了解了这两种对立的观点后，对于原创境界的阅读来说，就不是选择某一立场来进行辩护或解释，而是寻找此论争中蕴含着怎样的问题，并基于阅读所发现的问题进行独立思考与创新判断，阐述自己的观点，发出自己的声音。因此，笔者在

《论课改理论可靠性的认识论基础》一文中，开篇就写道："有关'中国国情与课程改革'的论争，深化了人们对新课程改革的认识，读来也倍受启迪。这里，笔者无意介入'中国国情与课程改革'的辩驳，只是有一个疑问：在相同的国情下，为什么不同的学者会得出相异、乃至截然相反的结论？简单地回答观察的视角不同，并由此导致了'横看成岭侧成峰'，这样说虽不无道理，但仍没有抓住问题的要害。从一定意义上说，之所以在相同的国情下推导出不同乃至截然相反的结论，大多受立论背后价值取向的规导。正是立论背后潜藏的价值取向的差异才真正导致了不同的结论。这就引出两个关键性问题：一是，从'是'中能否推导出'应该'，即所谓的'休谟难题'。二是，什么样的理论才是可靠的，或者说，什么样的理论才具有真理性？……笔者把这两个问题称之为新课改理论可靠性的认识论基础，即课改理论之所以可靠的内在理据，用以说明课改理论正确的根据与理由。"由此可见，对于原创境界的阅读来说，阅读有关的学术论著，只是为了寻找、提炼拟研究的问题，此时的阅读就类似于提问；而一旦明确了拟研究的问题，写作就成了对问题的求解。在上述问题的引导下，笔者阐述了自己的观点，认为"可靠的课改理论既需要有经验事实的支撑，也需要有先验理念的辅佐，还需要有论证逻辑的保证……批驳或完善课改理论，就需要从经验、理念与逻辑这三重基础着手，而那种仅仅从某一基础出发批驳或完善课改理论的做法，往往难以达成预期的目的"。

在原创境界的阅读中，为了寻找、澄清问题并给予创新解答，研究生至少应具有怀疑精神和概念重建的意识。因为只有具有了怀疑精神，研究生才能在阅读中发现问题；只有具有了概念重建的意识，研究生才能开启新的思想。而具有怀疑精神，不仅在于问题出自怀疑，而且在于知识作为人认识的结晶，是人对客观对象的主观反映，是可错的。这种怀疑精神具体表现为会疑、善问、慎思与明辨。会疑意味着不是怀疑一切，而是在可疑处发问，澄清问题所在。因为怀疑一切就等于失去了立论的根据，怀疑将变得没有必要，至少要相信关于某一问题存在着一个相对正确、合理的观点。善问意味着问出具体问题来。倘若问题不明，那么就无法消除疑问，也不可能得到答案。慎思意味着在问题的牵引下审慎、独立地思考，进行合理的推论，建构自己的思想，而不是在书本里寻找已有的答案。在思考时，人的脑海里会涌现出各种各样的答案，犹如人走到三岔路口，此时则需明辨，进行基于事实和理论的充分论证。而一旦研究生对问题有了大致的构想答案，在阐述自己对问题的回答时，就需从概念重建做起。因为概念是思想展开的逻辑起点，新思想的阐述则需重建概念。比如，智慧教育是当下的一个热点问题，对于何谓智慧教育，至少有两种代表性的观点：一是从教育学视阈来看，将智慧教育界定为"以开发人的智慧潜能，培养人的智慧品质，引导人过智慧的生活的教育"[13]；二是从教育技术学视阈来看，将智慧教育界定为"信息技术支持下的为发展学生智慧能力的教育"[14]。在此背景下，笔者为了阐述自己对智慧教育的看法，就重新界定了智慧教育，认为"教育作为一种有目的的实践活动，至少包含着目的、过程与方式三个维度。而从这三维来看，智慧教育就会呈现出多个面向与内涵：从目的来看，智慧教育是培育人的智慧的教育；从过程来看，智慧教育是转识成智的教育；从方式来看，智慧教育是人的智慧与人工智能融生的教育"，从而为阐释自己有关智慧教育的观点提供了一个前提条件。

参考文献：

[1][4] 莫提默·J. 艾德勒，查尔斯·范多伦. 如何阅读一本书[M]. 郝明义，朱衣，译. 北京：商务印书馆，2004：247，138-141.

[2] 张大均. 教学心理学[M]. 重庆：西南师范大学出版社，1997：426.

[3] 张之沧. 理论创新的关键在思维方式[J]. 新华文摘，2005(21)：36-38.

[5] 赵汀阳. 在读书中思考——赵汀阳谈读书[J]. 学术界，2007(6)：219-222.

[6] 拉瑞·劳丹. 进步及其问题[M]. 刘新民，译. 2版. 北京：华夏出版社，1999：53.

[7][8] 戴尔·卡耐基. 人性的弱点[M]. 王勇，编译. 北京：华龄出版社，2006：98-126，123.

[9] 陈善. 扪虱新话[M]. 上海：上海书店，1990：44.

[10] 李润洲. 教育学原创性研究何以可能——一种教育学经典的阐释[J]. 河北师范大学学报(教育科学版)，2008(5)：11-15.

[11] 马丁·海德格尔. 存在与时间[M]. 陈嘉映，王庆节，合译. 修订译本. 北京：生活·读书·新知三联书店，2006：175-177.

[12] 刘庆昌. 思想性研究成果的表达[J]. 山西大学学报(哲学社会科学版)，2015(6)：封二.

[13] 靖国平. 关于智慧教育的几点思考[J]. 江苏教育研究，2010(18)：4-8.

[14] 祝智庭，贺斌. 智慧教育：教育信息化的新境界[J]. 电化教育研究，2012(12)：5-13.

第三节　开题报告撰写的学理澄清

倘若确定了某研究问题，围绕某研究问题阅读了相关文献，并撰写了相应的文献综述，那么学位论文写作必经的一个环节，即开题报告的撰写就提到了研究的议事日程。然而，在开题报告的撰写中，有些研究生既常常陷入开题报告撰写的三个误区，也面临着难以洞悉开题报告撰写的"问题空间"之困境，还表现出理不清开题报告撰写的"三题模型"之尴尬以及对教育博士开题报告的特质的无视。针对上述问题，本节将先从反面揭示研究生开题报告撰写常常存在的三个误区，再从正面阐述研究生开题报告撰写的"问题空间"，在正反面论述开题报告撰写的学理的基础上，综合地探讨开题报告撰写的"三题模型"，最后阐释教育博士开题报告的特质及其表达。

一、走出开题报告撰写的三个误区

开题报告撰写是学位论文撰写的预演，在此意义上，好的开题报告也就意味着学位论文成功了一半。然而，由于研究生对开题报告准备或认识不足等，许多开题报告看似形式完美，大多有研究问题、研究意义、文献综述、研究目标、研究方法以及研究框架等的呈现，但在开题报告形式规范的背后却潜藏着一些习焉而不察的误区，严重影响着学位论文开题报告的质量，急需引起应有的重视。

(一)把"研究理由"当作"研究问题"

开题报告的首要任务是清晰地阐明研究问题，其道理无须多讲，因为任何研究都是对问题的研究，而不是对已有知识的宣讲。因此，在开题报告的答辩会上，老师经常追问的是"你要研究的问题是什么"。此时，多数研究生会流露出迷茫、困惑的神色。一方面，研究生深知研究问题的重要性；另一方面心里又犯嘀咕：开题报告写了那么多内容，尤其是有专门的"问题提出"或"研究缘起"，难道老师还没有看出研究问题来？

其实，这里的问题在于有的研究生只是在"问题提出"或"研究缘起"中阐述了研究的必要性，错把"研究理由"当成了"研究问题"。比如，《数学教学中渗透道德教育的叙事研究》①，"问题提出"中阐述了进行"数学教学中渗透道德教育的叙事研

---

① 凡是未标注的内容皆源于学位论文的开题报告，且为了避免对号入座，做了技术性处理。

究"的理由有三：(1)"学校道德教育的现状令人担忧"。其论述的无论是"传统的道德教育思想、教育方法不能适应形势发展的需要"，还是"网络给道德教育带来了很大的挑战"，抑或是"学生的思想状况很不乐观"，都旨在表明"数学教学中渗透道德教育"的必要性。(2)"数学教学的工具性与教育性的融合"。揭示"数学教学的功能和特点为德育渗透提供了可能性"和"数学的教育内容为德育渗透提供了条件"，无非是想说明"数学教学中渗透道德教育"的可行性。(3)"运用叙事方法研究教师的课堂教学成为教育研究者的追求"。其阐述的要点是"课堂教学框架——教育叙事的依据"和"课堂教学的场景——教育叙事的源泉"。这些观点也只能表明运用叙事方法研究"数学教学中渗透道德教育"的契合性。从一定意义上说，自从赫尔巴特提出的"教育性教学"打通了"教育"与"教学"的关系以来，就无须再论证教学中渗透道德教育的必要性。更何况，"问题提出"或"研究缘起"本来是要阐明研究问题的，而大谈特谈研究的理由不仅有违"问题提出"或"研究缘起"的初衷，而且使下面的阐述(如研究意义、文献综述、研究方法)等失去了目标和方向。

要想走出把"研究理由"当作"研究问题"这一误区，首要的就是搞清楚什么是研究问题。通俗地讲，所谓"研究问题"就是困惑或矛盾，是在理论或实践中存在但还没有被探究或解释清楚的疑问，它主要有三种表现。一是现有的研究根本没有意识到或发现的新问题。比如，"特岗计划"实施所带来的问题，随迁子女的教育问题等。可以说，社会总是在不断发展变化的，而随着社会的不断发展变化，总会涌现出一些新的教育问题。二是已有的研究还没有运用或运用得不够成熟的视角和方法。对于同一教育现象或事实，往往可以从不同的视角、运用不同的方法给予重新阐释和研究。比如，教师成长的叙事研究，相对于原有的理论思辨，就是试图通过叙事揭示教师发展的一种新的研究路径。三是研究者凭直觉预感到可能成立的新观点(相当于研究假设)。比如，对于新课程改革所引发的重视或轻视知识的争论，笔者则猜想争论的也许并不是重视或轻视知识的问题，而是如何看待、理解知识的问题。换言之，判断一个问题成为一个研究问题的标准是，要么研究的对象是一种新的教育现象，要么从一个新视角(运用一种新理论、新方法)来看，已有的教育现象呈现出了新的面貌，要么存在两种及两种以上的观点，而自己有所创见。反之，就不适合做研究。因为研究的进行不是对已有答案的再现，而是对未知问题的尝试性解答。就《数学教学中渗透道德教育的叙事研究》而言，则可以从描述数学教学中道德教育的缺失表现及相关研究对叙事研究这一方法的忽视谈起，进而提出拟研究的问题。

诚然，研究问题的确定并非灵机一动地拍脑袋，它大多要经历研究方向的确定、相关文献的研读、研究问题的初定与研究问题的论证等反复酝酿、孕育的过程。也就是说，在选题之初，研究生通常在已有的知识积累与实践经验的基础上，结合自己的兴趣和志向大致确定一个研究方向或领域。此时，研究问题只是一种宽泛、朦胧与模糊的意识，而这种宽泛、朦胧与模糊的意识还需借助相关文献的研读，才能够逐渐具体、清晰与明确。因为相关文献的研读会告诉研究者在某一研究领域，学者们都解决了哪些问题，还有哪些问题没有解决。只有清楚了已有研究成果的不足或缺陷，研究问题才能初定下来。开题报告的撰写就意味着在研读相关文献资料的基础上，对选题的必要性和创新性进行学理分析，这是对初定的研究问题的再认识、再分析和再论证。

（二）把"主题编织"当作"文献综述"

开题报告中之所以需要撰写文献综述，并不是为了陈述某一主题的相关内容，而是通过呈现已有相关研究成果进一步澄清拟研究的问题，或者说，依托已有相关的研究成果来衬托出自己研究的意义。因此，开题报告的文献综述理应围绕拟研究的问题，阐述别人在该问题上已解决了哪些问题，还有哪些问题有待深入研究，进而通过揭示这些有待深入研究的问题为自己的研究指明努力的方向。倘若研究问题相同，则应着重阐述已有研究是通过什么方法、选取什么样的材料进行的，并侧重指出、陈述自己的研究试图运用其他研究方法或选取其他材料的理由。但无论是揭示已有相关研究有待解决的问题，还是阐明自己研究试图运用或选取的其他研究方法或材料，其目的都是通过相关研究成果的叙述来映衬出自己研究的创新价值。

由于研究生不清楚文献综述的要义，开题报告的文献综述大多写成了"主题编织"，即围绕某一研究主题罗列相关的文献，其典型样式是某学者就某主题说了些什么，某学者就某主题又说了些什么，某学者就某主题还说了些什么。比如，《论走向对话的学校道德教育》，其文献综述就简要地概述了"巴赫金的对话理论""马丁·布伯的对话理论""保罗·弗莱雷的对话理论"等。这种做法仅仅将文献的作者、题目、核心观点——列出，而没有运用分析与综合、比较与归纳、抽象与概括等方法对文献去粗取精、去伪存真，这样的文献综述看似完整、深刻，但深究起来，除了告诉别人一些相关的知识外，并没有衬托出自己研究的独特价值。也就是说，与既有的研究相比，本研究试图在哪些方面有所突破？是赞同还是反驳某种已有的观点？若是赞同，需要补充哪些新的事实材料？若是反驳，其原有观点的缺陷是什么？自己的观点如何超越已有的见解？即使赞同，到底赞同哪种观点？为什么？其根据何在？对于这些问题，此文献综述却只字未提，从而使文献综述变成了"主题编织"。

要想走出把"主题编织"当作"文献综述"的误区则需要转换路径，把"主题编织"转化为"问题先导"。所谓"问题先导"即以拟研究的问题为中心，充分、全面地展示、陈述与该问题有关的文献都说了什么，还有哪些问题有待进一步追问和解答，或者陈述与已解决问题所运用或选取的不同的研究方法或材料。它与"主题编织"的根本区别在于组织、阐述已有研究成果的主线、目的与思路的差异。"问题先导"以拟研究的问题为主线，"主题编织"则以拟研究的主题为主线；前者以澄清、凸显拟研究问题的价值为要务，后者则以告诉别人就某一主题都研究了什么为旨归；前者用已有研究成果来衬托出拟研究问题的价值，后者则只是勾勒了已有研究成果的主要内容。

自然，"问题先导"的文献综述需搞清楚拟研究的问题是什么，这个拟研究的问题又包含着哪些子问题，各个要解决问题之间是怎样的逻辑关系。倘若拟研究的问题及其包含的问题之间的逻辑关系搞清楚了，那么"问题先导"的文献综述大致可分为拟研究的核心（母）问题的学理澄清、各分（子）问题的逻辑阐释和拟解决的各种问题的重申。比如，在《论教育学研究的价值生成》中，笔者通过回顾已有研究成果对教育学发展所存在问题的陈述，进一步将研究问题概括为"无论是正确处理意识形态与教育学研究关系的思考，还是弥合教育理论与教育实践之间裂痕的努力，抑或是异域教育理论的中国化、原创性诉求，其最终目的无外乎提升教育学研究的价值，而如何提升教育学研究的价值才是上述问题的根本出发点与归宿，也是目前元教育学研究有待深入探讨、系统论证的一个问题"。这样就通过对已有文献的综述澄清、衬托了"如何提升教育学研究的价值"这一拟研究的问题的价值。但这个拟研究的核心问题，如果既有成果已经解决，或者说，研究者未能发现没有解决的问题，那么该研究仍然没有价值。于是，在对各分（子）问题的陈述时，笔者分别综述了在教育学研究与意识形态、教育学研究与异域教育理论、教育学研究与其他学科知识、教育理论与教育实践等分问题上，学者们都说了些什么及其存在的问题，并针对其存在的问题阐述了本研究拟解决的问题，从而凸显了本研究的价值。最后，根据对各分（子）问题的分析，再次重申拟研究的各种问题。由此可见，"问题先导"的文献综述不仅可以在搞清楚别人就某问题已解决了什么、还有哪些问题有待深入研讨的基础上避免文献编织的错误，而且还能衬托出拟研究问题的价值，从而进一步廓清拟研究问题的意义。

(三)把"研究方法的列举"当作"研究方法的运用"

开题报告的主要构成要素是研究问题、研究方法以及对研究问题所持的基本观点。换句话说,开题报告至少要告诉读者研究什么、如何研究以及预期结论是什么等内容。如果说问题提出和文献综述旨在阐明研究问题,那么研究方法则阐释如何解决拟研究的问题。阐释如何解决拟研究的问题并不是列举各种研究方法,而是展示研究方法的运用。但吊诡的是,多数开题报告对于研究方法的阐述存在着简单列举的弊端,错把"研究方法的列举"当成了"研究方法的运用"。比如,"本研究运用文献法、历史法、访谈法、调查法等研究方法",并简单摘抄《教育研究方法》对各种研究方法的阐述,从而把研究方法的运用变成了研究方法的讲解。更有甚者把不同层次的研究方法杂列在一起,诸如列举调查法、访谈法、质的研究等,而不知质的研究并不是一种具体的研究方法,而是一种研究范式。质的研究通常是与量的研究相对而言的,它常采用调查法尤其是观察法和访谈法。此外,如果不特别注明是"问卷调查",那么通常意义上的调查法就包含着访谈法。[1]

要想走出把"研究方法的列举"当作"研究方法的运用"的误区,其最佳的路径就是准备如何研究某问题,就如何叙述和呈现。比如,针对学生的学习情况,准备用调查法进行研究,那么就表述为运用调查法研究学生的学习情况。因为研究方法与研究问题的区分是人为的,某一问题的解决总是蕴含着解决该问题的某种方法,而某种方法也总是解决某种问题的方法。只有当人们就解决某一问题的过程进行反思时,才会产生解决了什么问题与如何解决该问题的区别,才有了"问题"与"方法"的区分。而开题报告的"研究方法"就是用来陈述研究问题是如何解决的,它与拟研究的问题具有内在的一致性。从一定意义上说,虽然许多研究方法有着比较广泛的适应性,但是问题不同,解决问题的角度、路线、方法往往也不同,因此,研究方法的阐述不仅要与拟研究的中心问题(由问题提出来完成)相对应,而且要与研究内容中的具体问题基本对应。明于此,在阐述研究方法时,"正确的做法是首先对研究内容所涉及的问题加以归类,然后根据各类问题设计适合的研究方法。如果无法做到如此精细的话,至少也应该对拟解决的关键问题所需要的研究方法作出讨论"[2]。

当然,解决某一问题,不仅需要一些具体的研究方法,而且需要一套运思框架。其实,从研究方法的功能上看,众多的研究方法大致可划分为相互关联的三个层次。一是获取研究资料和对资料作形式处理的方法。比如,调查法、实验法、文献法等,均属于获取研究资料的方法;而对资料(文字、数据、音像记录等)作形式处理的方法则有量化和非量化的方法。二是搭建理论框架和论证/阐释观点的方法。比如，理想类型法、系统法等就具有搭建理论框架的功能，而体现"分析—论证"和"理解—阐释"的典型方法则有人种志研究、叙事研究、阐释学研究、概念分析、比较研究、历史研究、个案研究等。三是指导研究的理论视角，即提出问题、分析问题与解决问题的特定角度。而对某一研究视角的选择也就意味着对一套特定话语系统，即一套从基本概念、命题到方法原则的理论话语的运用。比如，博弈论、人力资源理论、交往理论、人性论、复杂性理论等。[3] 搭建理论框架和论证/阐释观点的方法以及指导研究的理论视角大多以研究方法论或研究思路的方式呈现在开题报告中。相比较而言，选择什么样的理论视角，确定怎样的理论框架，对于开题报告撰写的质量来说，更具有决定性的意义。

虽然开题报告作为学位论文的雏形，步入这样或那样的认识误区实属正常，对于这些认识误区也不必大惊小怪或者上纲上线，但如果这些认识误区不能得到及时避免，延伸到学位论文写作中，就会对学位论文造成难以弥补的损害。因此，走出开题报告撰写的误区不仅是为了提升开题报告的质量，更是为了完善学位论文的品质。

二、建构开题报告的"问题空间"

开题报告，从字面上理解，"开"即"打开"，"题"即"问题"，"报告"即"讲述"，将三者结合起来，开题报告就意味着将问题打开、讲述出来。用学术话语来表达，开题报告的撰写则意味着建构其"问题空间"。那么，何谓开题报告的"问题空间"？如何建构开题报告的"问题空间"？

（一）开题报告"问题空间"的意涵

"问题空间"（problem space）是信息加工心理学创始人 H. A. 西蒙和 A. 纽厄尔在研究问题时所使用的一个概念。在他们看来，人在解决问题时需要基于对问题的理解建构一个问题空间。这个问题空间由呈现给人的问题的起始状态、要求达到的目标状态与问题解决中各种可能存在的中间状态（经验的或想象的）构成，主要表现为研究者在头脑中对问题的重新描述与认知表征。[4] 如果说开题报告作为一种研究设计，无非是要回答"为什么研究此问题""研究此问题的什么""如何研究此问题"，那么开题报告的"问题空间"则由"为什么研究此问题""研究此问题的什么""如何研究此问题"及预想的答案所构成，它至少蕴含着三重依次递进的意涵：陈述研究意义、提炼研究假设与匹配研究方法。

其一，陈述研究意义。凡是研究皆在于探寻未知，或者说，研究就意味着对问题的创新性回答，而对于那些只是自己未知而别人已知的问题，则只需学习而无须研究。因此，在回答"为什么研究此问题"时，不仅要明了此问题确实有存在的经验或事实的支撑，而且要追问此问题是否有了答案，或者面对已有的回答，自己是否有新的发现，拥有与众不同的观念。在此意义上，研究意义就是对问题的创新性回答，而不是人云亦云、老生常谈。当然，对于人文社会科学而言，大多数问题别人皆进行过相关的研究，有了各种各样的回答；作为研究者，倘若再研究此问题，关键就在于能否通过转换视角或运用新的理论而提出新问题。

但吊诡的是，有些研究生明明知道创新是研究的价值所在，但在回答"为什么研究此问题"时，却浓墨重彩、大写特写研究主题的意义，即分条缕析地阐述某主题的功能与作用。举例来说，倘若研究"教师专业成长"，如果在"问题提出"或"研究缘起"部分仅仅阐述了"教师专业成长"对社会进步、教育发展与学生成才的意义，而很少谈及自己在"教师专业成长"上有哪些新的发现、自己的研究与已有研究有何不同、其创新意义何在等问题，那么该研究就错将主题意义当作了研究意义。比如，有研究生在《审美教育的元理论研究》中，其"研究缘起"仅仅通过陈述"人需要审美""教育具有审美性"等来彰显自己研究的必要性，但并未回答审美教育是什么样的、审美教育存在着哪些待解的问题，从而使"研究缘起"停留在对研究主题必要性的阐述上，而未能凸显出自己的研究意义，就难免让人怀疑其研究的价值。

其二，提炼研究假设。研究假设是对拟研究问题的尝试性回答，是有待验证的命题，它既可能是对问题所要揭示的事实或现象的状态或性质的推测，也可能是对问题所包含的两个或多个概念之间关系的预判。因此，研究假设既可以通过对事实或现象的描述与解释而获得，也可以通过对事实或现象中所包含的要素之间关系进行判断而形成，还可以通过理论演绎而推导。但无论通过哪种途径，开题报告在描述了研究问题后，皆要提炼、呈现研究假设。通俗地讲，研究假设就是自己的"核心观点"。因为研究某问题总要有对该问题的回答，即使在开题报告中，这种对某问题的回答也具有猜测性、暂时性。倘若某研究没有自己的研究假设，那么该研究就会因缺失研究的具体内容而不知要研究什么，也丧失了材料选择与理论采用的标准，就难免使开题报告呈现为相关材料的堆砌。如果说研究主要解决的是不知"是什么"的理论问题和不知"怎么办"的实践问题，那么研究假设就大致可分为两类。一是回答"……是……"或"……不是……"的假设。比如，上述的例子主要论证的观点可能是"教育是一种全人的培育"或"教育不是专门人才的训练"等。二是回答"怎么办"的"如果……那么……"的假设。比如，研究"教育的规则及其运作"，其研究假设也许是"如果教育缺失了规则，那么教育就会失序"或"倘若教育不能保持必要的秩序，那么教育就无法达成其预定的目标"等。

然而，有些研究生在陈述研究内容时却主要以问题的形式来呈现，而遗忘了所有的研究皆在于证明或论证某观点。而无自己观点或研究假设的阐述就犹如无的之矢，只能是乱写一通、不得要领，让人看后一头雾水。比如，在《教师惩戒权的理论分析与实践观照》中，仅仅阐述了自己要研究的问题，诸如什么是教师惩戒权、教师惩戒权是如何丧失的、其危害有哪些、如何实施教师惩戒权。实际上，这些问题本来就蕴含在题目中。而在陈述研究内容时，理应简要地陈述自己的研究假设，诸如教师惩戒权是维护教育秩序的保障，教师的惩戒权具有教化意义，教师惩戒权的实施并不在于"惩"，而在于"戒"。准确地说，教师惩戒权的实施并不在于对学生不当行为的抵偿性报复，而在于对学生不当行为的教育性矫正。当然，研究假设是否有研究意义，皆需在对照已有研究成果的基础上进行阐述，在别人停止思考的地方继续追问、深问，并给予新颖的回答。

其三，匹配研究方法。任何研究假设皆需相应的理论与事实的支撑，而无论是研究假设的提出，还是相应的理论与事实的征集，皆需运用有效的适宜研究方法。因为研究方法本身并没有高下、优劣之分，其功效大小全在于其运用是否恰当、贴切。或者说，与研究问题、研究假设相匹配的研究方法就是好的；否则，就是坏的研究方法。比如，要想论证某教学方法对某教学内容的有效性，就不能仅仅运用思辨的方法来解释，而且要运用准实验或行动研究用第一手资料来证明。同时，为了凸显研究的创新性，当下越来越多的研究生有意识借用新的理论重新阐释某教育问题，诸如从人生美学审视教师审美素养，以核心素养观照知识教学等。此处的"人生美学"或"核心素养"就是一种理论视角，也是一种研究方法，意味着在对"教师审美素养""知识教学"的研究中，运用"人生美学""核心素养"来重新分析、阐述"教师审美素养"和"知识教学"。

无论是研究问题，还是针对研究问题提炼的研究假设，皆具有层次性，诸如大问题可分解为小问题，抽象的研究假设可具体操作化。因此，在研究方法的陈述上，就应根据研究问题或研究假设匹配研究方法，而不是泛泛而谈本研究要运用哪些方法。比如，在《基于核心素养的智慧教育建构研究》中，虽然在问题提出中正确阐述了当下知识教学所面临的问题，诸如知识教学的浅表化、割裂化与专制化等，并大致提炼了自己的研究假设——"转识成智是智慧教育的有效机制""洞察知识的二重性是创建智慧课堂的前提"，但其研究方法部分却只是阐述了文本分析法及其运用，而未能在细化研究问题或研究假设的基础上匹配研究方法。显然，研究转识成智、智慧课堂的创建，其现实关怀在于解决知识并未转化为学生的智慧，以及学与用的分离等问题。针对此问题或假设，理应运用观察法、个案研究等收集研究资料的方法，而"核心素养"则是指导、展开其研究的理论视角。

（二）开题报告"问题空间"的建构

倘若开题报告的"问题空间"是由研究意义、研究假设与研究方法所构成的，那么建构开题报告的"问题空间"则应做到：立足生命发现，陈述研究意义；绘制概念导图，提炼研究假设；增强方法自觉，匹配研究方法。

首先，立足生命发现，陈述研究意义。一般而言，研究生提交开题报告的时间大多在第 3 或第 4 学期，也就是说，研究生至少有一年的时间来选择、思考拟研究的问题。倘若研究生提交的开题报告仍然存在着研究问题模糊，不知为什么要研究该问题，那么至少表明研究生一年来学习的低效乃至无效。因为研究生的学习已不在于掌握了多少已知，而在于从已知中发现有研究价值的问题。从这个意义上说，研究生的日常学习、生命发现与开题报告的质量就具有相互关联性乃至同构性。

从来源上看，研究生的生命发现主要有二。一是日常上课、课外阅读时所发现的已有理论中存在的矛盾，诸如不同理论之间的冲突或某理论的悖论。比如，就教育理论与教育实践的关系而言，有学者主张二者是本然统一的，有学者却认为二者是合法脱离的，还有学者认为二者是融合共生的，那么教育理论与教育实践到底是何种关系？上述主张各自存在的合理性何在？倘若带着这些问题持续追问，就会发现在教育理论与教育实践的关系上，之所以观点纷呈，其原因之一就在于各种观点所指的教育理论与教育实践的意涵有别。应从类型分析着眼，阐释不同教育理论与不同教育实践的关系，而不能笼而统之地模糊处理。二是实践困惑或疑问。人们做任何事情，起初皆要搞清楚是什么事、如何做的问题。即使对所做之事已非常熟悉或如何做已成为轻车熟路的日常操作，但随着实践的演进和发展，已有的做法也可能会存在着不合时宜之处，需要进行改进与完善。比如，教师写教案大多要表述教学目标，但教学目标在不同的教育价值指导下会呈现出不同的形态，如何认识、设计教学目标就会不断地成为一个新问题。诸如在学科核心素养的语境下，指向学科核心素养的教学目标就成了一个值得研究的问题。通过日常上课、课外阅读或实践观照，一旦发现了值得研究的问题，那么立足生命发现，就不难在开题报告中彰显出研究意义。

当然，从学术研究的视角来看，自己的生命发现是否有研究意义，一是看自己的生命发现是否具有经验或事实的支撑，即理论或实践中是否真的存在自己所发现的问题，二是看自己的生命发现在已有的研究成果中是否已获得解决，确切地说，看自己的生命发现能否超越已有的研究成果，与已有的研究成果相比，自己的生命发现能否提供新的东西。这也是开题报告要进行文献综述的真正原因，即文献综述并不是要告诉别人你已知道了什么，而是通过呈现已有研究成果来彰显自己的研究价值。而文献综述之所以未能体现"仰仗别人、抬高自己"的价值，其原因之一就在于文献综述的思路出现了差错，只是按照主题进行编制，而不是按照问题进行追问。比如，在《审美教育的元理论研究》中，其"研究缘起"既没有描述审美教育当下所存在的问题，也未能通过文献综述凸显自己研究假设的独创性，而只是罗列了多种审美教育的定义及其观点。实际上，该主题的研究意义，一方面在于揭示审美教育的机械化、技能化，另一方面在于提出一个与众不同的研究假设。比如，审美教育的价值在于彰显人的主体自由，而主体自由则表现为自由创造。倘若通过文献综述能表明研究问题存在的客观性与自己研究假设的独创性，那么研究意义就自在其中了，从而避免犯将主题意义置换成研究意义之错误。

其次，绘制概念导图，提炼研究假设。任何一个研究主题皆包含着以核心概念为焦点的概念群。在这个概念群里，有的与核心概念存在着纵向的上下位的包含关系，有的与核心概念存在着横向的并列关系，有的与核心概念存在着相融、因果、对立、交叉等关系。研究某主题，就意味着通过梳理以核心概念为焦点的诸多概念之间的关系，在绘制概念导图的基础上，提炼研究假设。

在具体操作上，先界定核心概念的内涵、廓清核心概念的外延与分析核心概念的特征，接着通过追问、辨析核心概念与相关概念的关系而形成研究假设。当然，核心概念与相关概念的关系不同，对其追问的问题也就存在着差异。比如，倘若核心概念与某相关概念是二元对立关系，诸如科学与艺术、权威与自由等，就需追问：科学就一定好吗？艺术就一定不好吗？科学中有没有艺术？艺术中有没有科学？科学与艺术在什么条件下能够互相转化？倘若要寻找核心概念与诸多概念之间的因果关系，那么可以通过画鱼骨图，即用鱼头代表结果，用鱼的骨架、躯干表示导致某一结果的诸多原因，再在诸多原因中确定起主导作用的原因。倘若核心概念与其他概念之间存在着相融、交叉等关系，则需运用语义分析、异同比较等方法，追问其各自的特定内涵是什么、其异同点在哪里等问题。而提炼研究假设的路径至少有三：一是运用归纳思维，从诸多纷繁的事实中概括出某一道理；二是运用演绎思维，从某个正确的大前提进行推论；三是运用类比推理，从两个相似的事物或现象中，推出另一个陌生的事物或现象所具有的特性。

当下，有些研究生在写开题报告时能够围绕着某主题洋洋洒洒地写出五六万字，但通读下来则会发现，这些文字大多是对已有知识的陈述，而鲜有自己的研究假设，缺乏应有的对某主题的属我的"见识"。倘若笔者来写《教育惩戒权的理论分析与实践观照》，至少会在界定"教育惩戒权"内涵、外延的基础上，提炼出"教育惩戒权是维护教育秩序的保障""对于教育而言，应考虑的并不是要不要惩戒，而是要怎样的惩戒""教育惩戒的实施要摆脱报复的心态，而应始终坚持促学生成长的意向"等研究假设，尤其会在按照不同的标准区分出不同类型的教育惩戒后，具体分析不同的教育惩戒对于教育秩序、学生成长、教师尊严等所具有的积极或消极的影响，而不会笼而统之地探讨"教育惩戒的实施有利于学生的健康成长"等命题。因为教育惩戒的实施是否有利于学生的健康成长，端在于教育惩戒的实施是否合乎教育的意向，能否遵守公平、公正的规则。

当然，提出某个有研究价值的假设是不容易的，有时即使能提出某假设，论证该研究假设的正确性也颇费周折、难上加难。而要想提出一个有研究价值的假设，在构想时，研究者除了要具有"反弹琵琶"的对立思维外，还应具有转换视角的换位思维，要善于"寻找空地再播种"。即使某种观念是正确的或某种做法是有效的，也应进一步追问是否还有更好的观念或做法、换一种说法或做法如何等问题。可以说，通过不断地创新问，且进行尝试性的多元回答，就不难形成自己的研究假设。其实，研究某问题，就意味着将自己对问题的独特看法（研究假设）论证出来，使读者接受与信服。因此，在提出某个研究假设时，心中要有一个读者、一个"假想敌"，设想他不断地挑战、质疑自己的观点，自己则不断地接受挑战与质疑，并用事实与理论最终说服他。而这个读者首先是研究者自己。一方面，研究者自身的价值偏好对研究具有天然的暗示效应，会导致研究者"见其所将见或乐见""好其所将好或乐好"，可能存在着主观臆断与片面性；另一方面，研究者将自己作为读者，自己就成了一面镜子，对镜自照，就会使自己的思考更加深入、全面，在问题解决中澄清、提升自己的思想，从而使自己提出的研究假设更具有创新性、融通性与穿透性。

最后，增强方法自觉，匹配研究方法。研究某问题，论证某假设，自然要从各种可供选择的研究方法中选择适当的研究方法。任何研究方法与问题的解决、假设的论证本来是融为一体、不可分离的，正如杜威所言："我们能够识别行动的方法，并且单独讨论这个方法，但是，这个方法只是作为处理材料的方法存在。"[5]他以吃东西为例进行解释，吃的"食物"是对象，而如何"吃"是方法。不同的食物自然有不同的吃法，人们通常不会在无东西可吃的情况下，空洞地谈论如何"吃"的方法。而研究方法与研究问题或假设之所以能分离开来，是因为人凭借反思能够认识到研究什么与如何研究的区别，能够人为地将二者进行思维上的区分、隔离。易言之，如果我们不仅从事了研究，而且还对这种研究进行了思考，那么在思考中就能够把"研究什么"与"如何研究"区分开来。"这种对经验的思考产生我们经验了什么和怎样去经验之间的区别。"[6]于是，就有了研究什么（问题或假设）与如何研究（方法）的区别。从这个意义上说，增强方法自觉，就意味着既要通过阅读有关研究方法的书籍，从中了解这种或那种研究方法的功能、规则与程序，也应在日常的学术成果的研读中体察这种或那种研究方法的运用，还要在自己的研究过程中体察这种或那种研究方法是如何运用的，且知道运用才是最好的对研究方法之学习，而不是孤立、机械地学习某研究方法，并将教科书上所讲的研究方法罗列在开题报告中。

匹配研究方法不仅包括上文所言的根据研究问题或假设选择适宜的研究方法，清楚自己的研究是在何种理论指导下进行的，运用了什么样的解释框架及搜集研究资料的方法，而且关联着研究方法本身的创新性运用。只不过，这里的研究方法的创新性运用并不是说一定要创新一种从未运用过的研究方法，而是相对于已有研究所运用的研究方法而言，尝试各种已有研究所未运用过或运用得不够贴切、恰当的方法，从而在此主题的研究上进行研究方法的创新性运用，进而使研究成果具有一定的突破性。

比如，在《基于核心素养的智慧教育建构研究》中，倘若已有的研究大多运用的是文本分析法，那么就可以尝试运用其他的研究方法，诸如当下流行的关键词量化方法、叙事研究等。当然，探讨基于核心素养的智慧教育，也难以避开文本分析法或中外比较法等。其实，即使是同样运用文本分析法或中外比较法等，在增强方法自觉，匹配研究方法的视域里，也要辨析这些方法运用的缺陷，在澄清其缺陷的同时通过立场或视域的更新，使相同的研究方法的运用呈现出创新性。比如，在运用中外比较法时，倘若已有的研究大多将国外的核心素养作为标准，而将中国的教育事实当作其理论的佐证材料，这显然是古今中外研究方法运用的缺陷；那么同样是运用中外比较法，自己的研究则要彰显"中国意识"与"中国立场"，不再将用来解决外国教育问题的理论视为标准来解决当下中国教育所面临的问题，并矫正那种将外国的理论作为大前提,将中国当下的教育问题作为小前提,从中得出当下的中国教育应该怎样的结论之中外比较法运用之偏颇。实际上,人文社会科学皆具有文化性,细读西方的人文社会科学论著,则会发现其具有的浓厚的宗教文化色彩。即使近代西方文化凸显了怀疑、实证与反思等倾向,也是与其对上帝信仰何以可能、人的认识如何得以确证等的追问分不开的,而中国文化更多地强调安身立命、天人合一与修身治国等。仅在"人是什么"的问题上,中西文化就有着截然不同的回答。由于西方文化建构的是一个实体性宇宙,人也是一个实体性的人,其主流文化勾画的人是个体之人、实体之人与向外之人;而由于中国文化建构的是一个虚实合一的宇宙,人也是一个虚实合一的人,其主流文化勾画的人则是虚实相生之人、内圣外王之人、天人合一之人。[7]从这个意义上说,在研究中国教育核心素养时,采用西方学者的核心素养之理论框架,就应增强方法自觉,关注其契合、差异与互补的问题;在匹配研究方法时,应提高理论框架的解释性、契合性与深刻性。

三、把握开题报告撰写的"三题模型"

不知什么原因,研究生提交的开题报告总是深陷于把"研究理由"当作"研究问题",把"主题编织"当作"文献综述",把"研究方法的列举"当作"研究方法的运用"之误区。即使明确告诉研究生开题报告要"陈述研究意义""提炼研究假设""匹配研究方法",有些研究生仍难改思维的惯习,其所提交的开题报告既没有陈述其研究意义,也没有提炼其研究假设,还没有澄清其研究方法。如果说开题报告就是有理有据地把问题打开、呈现出来,那么把问题打开、呈现出来就意味着清楚地回答"研究什么""为什么研究""如何研究"三个问题。而对这三个问题的回答,可以分别通过界定核心概念的"明题",基于文献综述的"答题",贯通范式、问题与方法的"解题"来操作,从而构成了开题报告撰写的"三题模型"。

(一)"明题":在界定核心概念中明确研究问题

在有些人看来,撰写开题报告首先要回答"为什么研究"这一问题。的确,人在做某事之前,常常要为做此事提供理由,以便明确做此事的意义,这是一种日常的思维习惯。在此意义上说,开题报告先回答"为什么研究"这一问题似乎也蛮有道理。但问题是,开题报告作为研究设计,就内在地蕴含着对拟研究问题的创新回答,需要凸显出自己的研究与以往研究的区别和创新意义。而要凸显出自己的研究与以往研究的区别和创新意义,则需先回答自己到底要研究什么,因为没有对"研究什么"的回答，就难以说清楚自己的研究与以往研究的区别和创新意义。正如苏格拉底曾言的那样："当我对任何东西，不知道它的'什么'时，如何能知道它的'如何'呢？如果我对美诺什么都不知道，那么我怎么能说他是漂亮的还是不漂亮的；是富有而且高贵的，还是不富有不高贵的呢？"[8]此乃其一。其二，在没有澄清"研究什么"的前提下，纵然阐述了"为什么研究"，那么此时对"为什么研究"的回答，也无非是陈述自己的研究有多么重要。比如，对于人文社会科学而言，人的研究总是具有举足轻重的意义，但无论阐述人的研究具有多大的意义，皆难以为自己对人的研究提供充足的理由。道理很简单。凡是研究，皆是对未知问题的回答。倘若对人的研究提不出新的见解或无法驳斥已有片面乃至错误的认识，那么对人的研究就毫无意义可言。正是深受"为什么研究"这一惯常思维的消极影响，有些研究生就会不自觉地步入了将"研究理由"当作"研究问题"的误区，就不是在陈述研究意义，而是在阐发主题意义。

实际上，在开题报告的撰写中，提出研究问题并不是什么难事。因为只要开题报告确定了题目，那么带着读者的阅读期待、追问的意识，就能自然地推导出研究问题来。比如，倘若研究"五育融合视域下的核心素养教育"，从此题目中就能推导出"五育融合视域下的核心素养教育是什么样的""五育融合视域下的核心素养教育与核心素养教育具有何种差异""核心素养教育与素质教育有何不同""五育融合视域下的核心素养教育面临着怎样的阻隔""如何实施五育融合视域下的核心素养教育"等研究问题。或者在"那又怎样"的自我追问下，通过 XYZ 式三问，也能深入地提出问题。其自我追问的一般样式是"1. 我正从事有关 X 主题的研究""2. 因为我想要找出 Y""3. 从而使我帮助他人理解 Z"。[9]套用上述例子，此 XYZ 式三问就是：①我正从事"五育融合视域下的核心素养教育研究"；②因为我想要搞清楚五育融合视域下实施核心素养教育的内在机制（为什么）以及五育融合如何促进核心素养教育的实施（如何）；③从而使我帮助教育者更好地实施核心素养教育。如此看来，对于开题报告的撰写来说，提出研究问题并不难，难的是明确研究问题。

要明确研究问题，则需先回答"研究什么"，即研究的对象是什么。因为研究是对问题的探究，而问题总是对"什么"或就"什么"的发问。对"什么"或就"什么"的发问中的"什么"就是研究对象。确切地说，无论研究什么问题，此问题总是有关某事物或现象的问题。因此，只有界定核心概念，才能明确研究问题。

然而，阅读研究生提交的开题报告，就不难发现有些开题报告在核心概念的界定上，存在着一种形式化现象，即之所以进行核心概念的界定只是因为开题报告对此有规定，界定的核心概念只是充当着一种摆设，既没有揭示出研究对象的本质，也与下文的文献综述缺乏必然联系，其具体表现至少有三。一是分而不统。分而不统是指研究主题蕴含着两个及以上的概念，在分别阐述各概念的含义后，却没有进行统整，从而造成自己对要研究的对象根本没有界定。比如，在《五育融合视域下的核心素养教育建构研究》中，此主题就包含着两个概念：五育融合与核心素养教育。倘若只是分别阐释何谓五育融合、核心素养教育而不界定何谓"五育融合视域下的核心素养教育"，那么就犯了分而不统的错误。二是统而不析。统而不析是指界定了自己的研究对象，却没有对其进行多维度的知性分析，只是给出了某个定义。以上例为例，倘若只是想当然地将"五育融合视域下的核心素养教育"定义为"基于五育融合培育学生核心素养的教育"，却未展开对此概念的详细分析，也没有澄清此概念的外延，那么就犯了统而不析的错误。三是析而不新。析而不新是指对某概念进行了必要的分析，但此分析仅仅是对已有认识的总结，却未能阐述自己对该概念的新认识。还是以上例为例，倘若对五育融合视域下的核心素养教育，从目标、内容、活动与评价等维度进行了分析，却并没有揭示出其新的内涵，与以往对核心素养教育的理解并无二致，那么就会犯析而不新的错误。

无论是"分而不统"，还是"统而不析"，抑或是"析而不新"，看似是一个核心概念界定的问题，其实却反映了有些研究生基于某对象的表象进行抽象、概括能力的缺失，从而使研究问题模糊、平庸。具体而言，倘若对核心概念"分而不统"，那么就不清楚自己要研究什么，就遑论明确研究问题了。倘若对核心概念"统而不析"，那么就难以展开对研究问题的论述，还是不清楚自己要研究什么问题。倘若对核心概念"析而不新"，那么就意味着研究不可能提出什么新问题，从而使自己的研究价值大打折扣。在一定意义上，核心概念就蕴含着开题报告所要研究的问题及其答案。正如费孝通先生在旧著《乡土中国》重刊序言所说："这里讲的乡土中国，并不是具体的中国社会的素描，而是包含在具体的中国基层传统社会里的一种特具的体系，支配着社会生活的各个方面。……搞清楚我所谓乡土社会这个概念，就可以帮助我们去理解具体的中国社会。"而阐述"乡土社会"这个概念，则是为了回答他提出的"作为中国基层社会的乡土社会究竟是个什么样的社会？""它具有哪些特征？""这样的社会最终会走向何方？"等问题。[10]

（二）"答题"：在对话已有成果中构想研究假设

倘若通过界定核心概念明确了研究问题，那么是否要对研究问题给予预先的回答，构想出研究假设？对此问题，有些研究生可能会说，还没有研究怎么可能预想出答案，或者说，自己从事的是一种扎根的质性研究，在没有搜集到足够的研究资料、进行充分的分析之前，也不可能有答案。

上述观点看似都有道理，尤其是从事扎根的质性研究者，在从事研究前大多拒绝给出一定的预设答案，以免犯戴着有色眼镜搜集、分析资料的错误。但问题是，倘若对研究问题未能构想出研究假设，那么搜集何种资料、如何取舍资料、用资料证明或证实何种观点皆成了未知数，这也是将文献综述蜕化为文献编织的根本原因。此乃其一。其二，对于从事扎根的质性研究者而言，事先对研究秉持一种无研究假设的中立态度，看似客观、公正，但带着这种无研究假设的中立态度，在搜集资料、取舍资料时不仅会面临着无所适从的尴尬，而且基于搜集的资料最终也要得出某种研究结论，而最终获得的研究结论能否站得住、立得起，归根结底要看其能否经得起事实的检验，尤其是反例的质疑。从此意义上说，有了研究问题，就要对研究问题给出答案，构想出研究假设。当然，对研究问题事先给出答案、构想出研究假设，并不是说此时的研究假设就是正确的、不容修改的。恰恰相反，在研究前给出的预设的研究答案，只是为研究提供一个大致的指向，引导着研究的展开，此时的研究假设随着研究的推进随时都有可能遭遇质疑、否定与更改。但即使如此，鉴于上述理由，有无研究假设也是衡量开题报告质量高低的一个标准。

也许，有些研究生之所以抗拒给出研究假设，是因为担心给出的研究假设缺乏创新，显得有些幼稚、缺乏根据等，而开题报告中的文献综述能很好地解决上述问题。但令人感到诧异的是，当下有些研究生呈现的文献综述却未能起到凸显研究创新、引人深思的效果，其原因至少有二。一是文献综述的思路偏差。在综述文献时，是"主题编织"还是"问题先导"，这是两种不同的撰写思路。前者根据某一主题或某一主题的次主题进行文献综述，就难免将文献综述撰写成某学者说了什么、某学者又说了什么、某学者还说了什么的已有成果的汇编，用于告诉读者作者就某主题都知道些什么，即使指出已有成果所存在的一些问题，这些问题也与自己的研究关系不大，而是对已有研究成果进行逻辑推演，诸如就某主题的概念认识尚未形成共识，研究方法上偏于理论思辨而鲜有实证检验，研究结论有待进一步商榷或拓展等，至于自己对某概念提出了怎样的看法、自己运用何种研究方法或拟论证何种观点则只字不提；而后者则以拟研究问题为中心和主线，在陈述已有研究成果的同时，或指出已有研究的缺陷并给出理由，或描述已有研究的成就并在对比中陈述自己的观点，用以阐述自己对拟研究问题的回答，在对话已有研究成果中构想研究假设，凸显自己研究的创新意义。[11]二是文献综述的表达样式有误。开题报告的文献综述并不是要告诉别人就某主题已有了哪些研究成果，而是在与已有成果的对话中通过对照、比较而呈现出创新，仰仗已有成果，凸显自己研究的价值。正因如此，那种文献罗列就难以展现文献综述的意义。倘若文献综述的意义在于通过澄清别人说了什么而彰显自己研究的价值，那么其表达的基本样式就是已有成果说了些什么，而我自己却主张什么，以分清哪些是别人的、哪些是自己的。也就是说，开题报告的研究假设并不是拍脑袋拍出来的，而是通过与已有成果的对话，作为对已有成果的回应而构想出来的。

倘若我来研究"五育融合视域下的核心素养教育"，我会带着"五育融合视域下的核心素养教育是什么""五育融合视域下的核心素养教育遭遇着怎样的阻隔""如何实施五育融合视域下的核心素养教育"这三个问题进行文献综述。倘若带着这三个问题进行文献综述，也许会发现"五育融合视域下的核心素养教育"并不具有独特的内涵，难以论证其与非五育融合视域下的核心素养教育的区别，因为"五育融合"无非是实现核心素养的有效路径而已，并未给核心素养教育增添什么新的含义。同时，在学术界，人们虽然热衷于探讨核心素养，但鲜有聚焦"核心素养教育"的研究。这或许意味着核心素养教育并不是一个学术界认可的概念，况且，许多学者在探讨核心素养时大多将其归入"素养教育"，很少有学者论述"核心素养教育"。如此进行思考，将会发现"五育融合视域下的核心素养教育"似乎难以成立。倘若原先在初定题目时主要关注的是知识如何素养化的问题，那么此时与其固守原来的设想，毋宁改弦更张，将"五育融合视域下的核心素养教育"修改为"核心素养培育的知识论研究"，此题目所揭示的问题域将包括"知识论视域的核心素养是什么样的""知识素养化何以及如何可能""知识论视域的核心素养遭遇着怎样的阻隔""如何基于知识论培育学生的核心素养"等问题。倘若如此运思，那么就需再根据重新提出的问题进行文献综述，看一看在这些问题上，自己的回答能否超越已有的研究成果。倘若能够超越已有的研究成果，那么也就在一定程度上确证了自己的研究价值。由此可见，在文献综述中，明确研究问题与对话已有成果就是一个相互观照、彼此印证与互为对标的过程，其间遭遇一些挫折、发生一些逆转，乃至否定原先的构思也属于情理之中、自然而然之事。

面对已有的研究成果，作为与已有成果对话的文献综述，其回应方式无非有三。一是，已有成果的观点是错误的，而我的主张则有可能正确。此时，就要指出别人观点的错误之处，并提供充足的理由，由此形成的就是逆向质疑的"反论"假设。比如，有学者基于对"核心"的词义阐释和核心素养体系由多因素构成的现实，指出用表征"中心与边缘"的"核心"来形容素养的表述并不正确，正确的表述应是"关键素养"。[12]二是，已有成果的观点是正确的，但我的主张对已有观点有所补充与完善，由此形成的是正向推进的"正论"假设。比如，笔者认同核心素养是由必备品格和关键能力构成的，但认为即使将必备品格和关键能力进一步细化为"文化基础、自主发展和社会参与"三个维度的"科学精神、人文底蕴、学会学习、健康生活、实践创新和责任担当"，仍未能清楚地勾画出核心素养的构成要素及其关系，于是从知识论的视角，将核心素养建构为由"知识内容、知识形式与知识旨趣"三个维度的"概念、命题与理论，方法、思想与思维，人文情怀与科学精神"构成的素养体系。[13]三是，已有成果的观点部分正确、部分错误，而我的主张则是既表示赞成也表示反对的"辩论"，即在赞成别人某种观点的同时，指出其另外某种观点可能存在的偏误。可以用"一方面我赞成……另一方面我反对……"的平行结构，或"尽管我在某种程度上赞成……但我无法接受……"的先退一步再反驳的语句来阐述自己的"辩论"。[14]一句话，作为与已有成果对话的文献综述，拒斥那种围绕某主题用"先""接着""然后""最后"等联结的告知式的叙述方式，而是在对话已有成果中陈述、阐明自己的主张，从而构想出研究假设。

(三)"解题"：在贯通范式、问题与方法中勾画研究路径

在有些人看来，明确了研究问题，构想出研究假设，那么接下来要做的就是运用适切的研究方法、搜集各种证据来证实或证伪研究假设。这种看法确实有道理。不过，此种看法只是一种线性思维的体现，而实际上研究方法的选择、各种资料的收集却复杂得多。因为研究问题的提出、研究方法的取舍和各种资料的收集皆受制于研究范式。当研究范式不同时，就会提出不同的问题，运用不同的研究方法，收集不同的研究资料。而有些研究生错将研究方法的运用视为研究方法的列举，或明知要根据研究问题匹配研究方法却难以做到，其原因之一也许是孤立地看待研究方法，而不知在贯通范式、问题与方法中勾画研究路径。而要想在贯通范式、问题与方法中勾画研究路径，以顺利、成功地"解题"，至少则需阐述自己的研究范式、依据研究范式展示研究方法的运用与规范研究方法的表述样式。

首先，阐述自己的研究范式。作为一个学术概念，范式是托马斯·库恩为了解释"科学革命"所使用的概念，用来指学术共同体所共同持有的价值观念、研究所遵循的标准与范型[15]，它形塑着人们看待事物或现象的思维方式，建构着特定的研究框架。从类型上看，研究范式主要有实证、思辨两大对立的范式，它们在知识观、方法论与研究效度上秉持着不同的看法。对于实证研究而言，在知识观上，主张只有那种能够被证实或证伪的知识才堪称知识；在方法论上，认为研究是对外在于人的事物或现象的观察与测量，其反映的是一个独立于研究者之外的客观世界；在研究效度上，主张如果某个实证研究的结果是正确的，那么任何人都可以通过复制实验而获得相同的结果。对于思辨研究而言，在知识观上，只要真实地反映、概括了人的想法，就可以被称为知识；在方法论上，认为对某事物的认识是基于社会建构、协商的共享意义而获得的结果，并不独立于人之外；在研究效度上，思辨研究更多地仰仗逻辑证明，而不是事实归纳。当然，当下的学术研究更加强调将实证与思辨结合起来的混合研究。但无论如何，在勾画研究路径时，要清楚自己针对什么问题拟采用何种研究范式，其理由是什么，以便为研究方法的取舍提供逻辑前提。

其次，依据研究范式展示研究方法的运用。一旦选择了某种研究范式，就应严格按照该范式展示研究方法的运用。因为当采用不同的研究范式时，即使面对同样一个主题，也会问出不同的问题，采用不同的研究方法。比如，同样研究"核心素养"，倘若采用实证范式，那么就需对核心素养下一个操作性定义，将核心素养外显为人的各种可观察的行为，然后设计科学的观察量表，进行统计与评价。或者，运用问卷、访谈的研究方法对不同职业的人进行调查，然后进行数据统计。但无论是采用什么样的具体研究方法，实证研究的关键特征在于用事实、数据说话，并能得到事实、数据的检验。倘若采用思辨范式，那么则需对核心素养提供一种新的认识，再运用各种理由、证据论证、证实这种新的认识，其有效性与否在于概念界定是否清楚、理由是否充分、证据是否充足、推理是否合乎逻辑等。

最后，规范研究方法的表述样式。如果说研究方法的选择与运用受制于研究范式、研究问题与研究假设，那么在研究方法的表述中，就应在研究范式的统领下，将研究问题、研究假设与研究方法融合、对接起来。比如，"在阐述教育学研究与异域教育理论、其他学科知识的关系时（研究问题），通过对陶行知的生活教育理论、原创性经典教育学论著与先秦教育思想的个案剖析（研究方法），对异域教育理论如何中国化、教育学原创性研究何以可能进行了分析与论证（研究问题）"[16]。明确"在援'异'入'中'中，应确立起主体意识，并基于中国的教育实践建构出本土的教育概念。在其他学科知识与教育学研究的关系上，教育学原创性诉求并不拒斥其他学科的知识资源，而是要对'人何以为人、教育何以为教育'等原点问题拥有教育学的理解；要综合运用概念思维和象思维；要密切关注社会发展，积极参与教育变革（研究假设）"[17]（括号内的词语为笔者所添加）。如此表述研究方法，则能在贯通研究范式、问题与方法中勾画出研究路径。自然，开题报告所勾画的研究路径，会随着研究的推进而发生改变，这是一种正常情况。但无论研究路径发生怎样的变化，在研究方法的表述上，皆需在研究范式的统领下，贯通研究问题、研究假设与研究方法，从而使研究方法成为解决研究问题、论证研究假设的方法，才能真正避免"列举研究方法"或"研究方法与研究问题扞格"的不良现象。

四、洞察教育博士开题报告的特质

教育博士专业学位作为专业学位的一种类型，与教育学博士学位相比，具有其自身的特质，这些特质是由博士专业学位研究生教育的定位决定的。国务院学位委员会、教育部颁布的《专业学位研究生教育发展方案（2020—2025）》中，就明确指出："博士专业学位研究生教育主要根据国家重大发展战略需求，培养某一专门领域的高层次应用型未来领军人才。博士专业学位研究生应掌握相关行业产业或职业领域的扎实基础理论、系统深入专门知识，具有独立运用科学方法、创造性地研究和系统解决实践中复杂问题的能力。"[18] 从中可以看出，教育博士除了与教育学博士具有相同的学术性、专业性追求外，侧重强调应具有"独立运用科学方法、创造性地研究和系统解决实践中复杂问题的能力"。这种"独立运用科学方法、创造性地研究和系统解决实践中复杂问题的能力"反映在教育博士的开题报告上，就具体表现为研究问题的实践性、研究内容的行动性与研究结果的应用性。确切地说，对于教育博士而言，开题报告理应具有实践性、行动性与应用性三特质。那么，教育博士开题报告的实践性、行动性与应用性究竟意味着什么？在实践性、行动性与应用性的视域里，教育博士的开题报告常呈现哪些偏误？教育博士如何基于实践性、行动性与应用性，写好开题报告？

（一）教育博士开题报告特质的意涵

一般而言，开题报告是将某研究对象的问题、预想的研究过程和研究答案呈现出来，以便接受学术共同体的审查，辨析其研究价值的书面材料。从形式上看，开题报告大多由"问题提出或研究缘起""文献综述""研究意义""核心概念的界定""研究内容""参考文献"等构成。教育博士的开题报告理应具有实践性、行动性与应用性，那么教育博士开题报告具有的实践性、行动性与应用性究竟意味着什么？

第一，实践性。教育博士开题报告的实践性是指教育博士开题报告所选的研究对象及其问题，皆源于自身的教育实践，以自己正在做的事情及要解决的问题为着眼点，并以自己正在做的事情及要解决的问题观照、折射教育发展的"难点""痛点""热点"问题，做到"小题大做"。从"世界一流大学教育博士培养模式"来看，实践性是教育博士区别于教育学博士的显著标志。[19]如果说教育学博士注重探讨教育的理论问题，那么教育博士则主要关注教育的实践问题。或者说，教育学博士旨在知识创新，着重回答教育是什么或应是什么的问题；而教育博士则重在完善、变革教育实践，侧重于回答如何做好教育的问题，致力于培养"学术实践者"[20]。当然，回答如何做好教育的问题，也离不开对教育是什么或应是什么的思考；只不过，对于教育博士而言，其研究问题更偏重于回答如何做好教育。在教育博士的开题报告中，这种实践性在其题目中有着较充分的体现。因为题目本身就蕴含着研究问题。比如，学校课程与教学方向的教育博士，其开题报告的题目大多与学校课程、教学问题相关，诸如《小学语文高质量教学研究》《数学教师思想力的培育研究》《初中生科学素养测评研究》等。暂且不说，这些研究的主题、对象及其问题是否明确，仅从设置教育博士专业学位的目的在于培养实践领域高层次专门人才，使其能够创造性地解决教育实践中的复杂问题这一初衷来看，上述教育博士开题报告的题目就契合了教育博士专业学位设置的目的，选择的主题、对象及其问题，皆源于教育博士正在从事的教育教学工作，且契合了当下教育发展的"难点""痛点""热点"，其选题的大方向是正确的，体现了教育博士的研究要具有实践性这一根本属性。

第二，行动性。教育博士研究的实践性，在一定意义上说就决定了其开题报告的主要内容要具有行动性，其根源在于实践即意味着一系列的行动。这种行动性表现在开题报告上，就是其研究内容应以"如果……那么……""倘若……就……"等句式表达行动之间的因果或相关关系，以便回答自己到底要研究什么。尽管上述研究内容在开题报告中仅仅是以探究性的假设呈现出来的，但对实际的研究起着关键性的引导作用。倘若开题报告的研究内容缺乏上述研究假设，那么接下来选择何种理论、搜集哪些材料与如何开展研究就成了一种盲目的试错，开题报告的功能就会丧失殆尽。举例来说，倘若我来研究"小学语文高质量教学"，那么就会提出"如果学生学会了拼音，那么学生就拥有了学习语文的根基""如果学生真正理解了字词、句意，那么就夯实了小学语文高质量教学的基础""如果学生把握了各种文体的特征，那么就寻到了实现小学语文高质量教学的路径""如果学生养成了辩论、写作的习惯，那么就在一定意义上实现了小学语文高质量教学"等。当然，在开题报告中，不仅要提出这些研究假设，而且要简要地给予理论的阐释与事实的举证。不过，倘若教育博士的开题报告缺失了行动性的研究假设，那么其开题报告的研究内容要么空洞无物，要么无的放矢，开题报告就成了流于形式的摆设，既难以体现出教育博士开题报告的实践性，也无法使教育博士开展后续的研究。

第三，应用性。教育博士对教育实践问题的研究既要在理论上有所主张，且论证自己观点的合理性；也要将自己论证的合理观点付诸行动，在完善、变革教育实践中证明其观点的有效性。准确地说，教育博士的开题报告不能仅仅以呈现教育实践问题解决的理论建议作为归宿，而应以自己实践的效果印证自己观点的有效性。从此意义上说，教育博士的开题报告在研究框架的陈述中，就应体现出行动研究的要义，遵循行动研究的逻辑，展示自己如何在行动中研究和在研究中行动的事先构想。倘若我来研究"数学教师思想力的培育"，那么假如论证了数学教师思想力主要体现在对数学、数学教学、数学课程、数学学习与教师自身拥有独特见解，诸如"数学是一种完美的理念""数学教学即意味着让学生心中有'数'""数学课程是一种逻辑推演""数学学习是一种思维操作"等，那么就在自己的数学教育教学中践行上述观点，展开行动研究，让上述观点体现在自己数学教育教学的实践中，并搜集相应的数据、事例验证自己的观点，检视其有效性。可以说，能否将研究结论应用于教育实践，是区分教育博士与教育学博士的研究的标准之一。也就是说，对于教育学博士而言，阐述、论证了某种相对新颖的观点，也许意味着达成了自己的学业目标；但对于教育博士而言，则需将自己的观点贯彻、运用于教育实践中，并接受教育实践的检验。

（二）教育博士开题报告存在的偏误

当下，越来越多的人已认识到教育博士研究所具有的实践性这一根本属性，揭示了"教育博士学位标准存在学术化倾向"和"对实践素养的考查不足"等弊端，倡导"采取多样的评价方式，重点查考教育博士生的实践素养"[21]。不过，由于思维惯性与路径依赖等，有些教育博士在撰写开题报告时，常常一味地照搬、模仿教育学博士的做法，从而使其开题报告在表面上增强了学术性、专业性的同时，却淡化了其实践性、行动性与应用性的特质，主要表现为研究问题的空洞无物、研究内容的主题编织和研究结果的虚无缥缈，最终反而降低了教育博士研究的学术性与专业性。

一则，研究问题的空洞无物。对研究问题的揭示是研究的起点，因为没有问题，就没有研究。本来，对于教育博士而言，直面教育实践，应该不难发现其存在的问题。因为人的行动并非完全由其本能所驱动，而是由其愿望、目的所指引，是一种理性主导的行动；而行动既是对现实状况的否定，也是对现实实践所存在问题的解决。但有些教育博士在撰写开题报告时，却弃置了其亲身的感受与体验，遗忘了其在教育实践中所遭遇的困惑或疑难，在表达研究问题时过于迷恋一些概念，对研究对象进行抽象化界定，从而淡化、遗忘了对研究对象及其问题的描述与揭示，误将研究问题当作研究主题意义的再阐述与再升华，最终使研究问题的表述呈现为空洞无物的概念演绎。比如，在《基于学科实践的学生历史素养培育的研究》中，论者大谈特谈作为一种新的学习方式的学科实践和历史素养对学生发展的意义，却唯独不写学生历史素养培育面临着哪些问题、学生历史素养的现状如何，从而使研究问题的表述显得空洞无物，进而使下文的阐述仅仅停留在抽象的表达上。其实，直面学生历史素养的现状，将不难发现，有些学生学了相关的历史知识却难以给予恰当、正确的理解；即使能恰当、正确地理解相关的历史知识，也难以以史为鉴运用于对现实问题的分析中；在运用历史知识解决现实问题中，有些学生迷失于各种历史观中而不能自觉地运用唯物史观洞察历史发展的主线等。而之所以造成上述状况，仅就历史教学设计而言，就存在着两类缺陷：一是偏重课前预设、教师的教学内容等方面的设计，而忽视了课中、课后的反馈和以学定教等方面的设计，导致教学设计的功能性缺失；二是对素养立意教学设计的理解不透彻，只是亦步亦趋地运用一些新策略装点教学设计，而未能真正理解"新策略服务于新功能""新功能服务于新理念"的内在逻辑，导致教学设计的价值性缺位。[22]从一定意义上说，只有研究问题明确、清楚了，研究才能做到有的放矢；而研究问题的空洞无物，则只能导致研究的信马由缰。

二则，研究内容的主题编织。在开题报告中，研究内容确实无法完整地呈现，而需在研究中不断调整、完善与展开。但作为开题报告的要件之一，研究内容至少应以框架结构的方式呈现出来。不过，由于研究问题的空洞无物，有些教育博士在阐述作为研究问题答案构想的研究内容时，就只能以主题编织的方式围绕着某主题将相关的研究内容呈现出来，从中既看不出其要论证的观点，也难以推测其运用的研究方法。比如，在《高中生创新思维培育研究》中，其研究内容呈现为"何谓高中生创新思维""高中生创新思维的特征""高中生创新思维培育的有效策略"。此研究内容按照"是什么""为什么""如何做"来呈现，乍一看也存在着内在的逻辑关系，但深究之，则不难发现此研究内容只是按照研究主题"高中生创新思维"进行编织而已，既没有明确自己对高中生创新思维的主张，也未能揭示出目前高中生创新思维所存在的问题。倘若将此研究内容的主题词"高中生创新思维"置换成"高中生核心素养"，那么也能成立。试想，当研究内容可以被随便置换成其他主题时，那么此研究内容的独特价值就值得怀疑。其实，研究内容之所以呈现为主题编织，一个重要的原因在于有些教育博士误认为研究内容就是拟解决的问题，用疑问句或蕴含着问题的短语呈现出来就行，而不知真正的研究内容恰恰是对拟研究问题的事先回答。因为倘若不知高中生创新思维的现状及其问题，不知高中生创新思维主要表现为概念、命题创新，而概念、命题创新则是由发现问题的批判思维、求解问题的发散思维与论证答案的聚合思维的有机统一促成的[23]；那么研究内容就只能写成万金油式的主题编织，就无法呈现自己在研究中试图要论证的观点，难以凸显出自己的研究意义。尤其值得注意的是，这种主题编织的研究内容会直接导致研究陷入无所适从、不知如何着手的困境。

　　三则，研究结果的虚无缥缈。研究内容的主题编织进而会导致研究结果的虚无缥缈，因为研究结果是研究内容的浓缩与结晶，是对研究问题的探索性回答。自然，在有些人看来，开题报告没有必要像课题申请书那样呈现研究结果；况且，开题报告只是对研究的预演，也没有什么研究结果可言啊！其实，作为研究的预演，开题报告也要呈现研究结果，只不过，在开题报告中，研究结果常常以"研究意义"或"研究创新之处"的形式呈现。但是，有些开题报告常常将"研究意义"偷换为"主题意义"。诸如研究"教师的角色定位"，就畅谈教师的角色定位研究有利于教师的专业发展、有利于学生的健康成长、有利于高质量教育的实现等，而不知如此表述的"研究意义"只是"教师的角色定位"这一主题的意义。实际上，研究意义无他，无非是知识创新与实践完善，表现为一些新观点或新做法。对于教育博士而言，应明确自身担负的基于知识创新而完善教育实践的学术使命，需持续地追问、明确自己的研究将可能会呈现哪些研究结果，是否提出了一些新观点或新做法，这些新观点或新做法能否完善教育实践，倘若这些新观点或新做法在理论上能完善教育实践，那么自己是否切实地践行了这些新观点或新做法，其效果如何等问题。然而，有些教育博士的开题报告，既存在着将研究意义混同于主题意义的嫌疑，也缺乏知识创新，看不到对概念、命题的创新性解释。即使提出一些新概念、新命题，这些新概念、新命题所表达的新观点或新做法也缺乏实践的土壤，大多抽象、宽泛，不具有可操作性，也难以看到通过研究，自己的教育教学发生了哪些变化，取得了哪些预想的效果，从而造成研究结果的虚无缥缈。这种研究结果的虚无缥缈只能带来研究的虚无化与无意义感，进而导致研究的内驱力匮乏，而只能求助于研究的外在功利性想象，却恰恰丧失了研究在促进自身成长的同时增值教育"公共善"的真正意义。

（三）教育博士开题报告的表达之道

教育博士的开题报告理应具有实践性、行动性与应用性，那么教育博士开题报告的表达之道则主要表现为：界定核心概念，澄清研究问题；把握问题结构，构想研究假设；预判研究结果，践行行动研究。

首先，界定核心概念，澄清研究问题。概念是学术言说的起点，概念模糊就会直接导致学术言说的逻辑混乱。而一个概念之所以是一个概念，就在于揭示了其特有的内涵，而表征某事物或现象的名称则难以被称为概念。

对于教育博士来说，界定核心概念的意义也许不难理解，且在开题报告中大多界定了核心概念。不过，知道界定核心概念是一回事，而如何界定好核心概念则是另一回事。表面上看，界定核心概念就是下定义，回答"什么是什么"的问题；但实际上，界定核心概念却意味着将核心概念植入有关某主题研究的语境中，将自己对某核心概念的个性化的认识与理解嵌入核心概念界定中，而不是仅仅转抄、复述某概念的已有解释。

倘若我来研究"小学语文高质量教学"，那么在界定何谓"小学语文高质量教学"时，显然不是将有关"高质量教学"的定义转述一遍，而是将自己对"小学语文高质量教学"的个性化的认识与理解嵌入其中，并从不同的维度来阐释何谓"小学语文高质量教学"。诸如从目标上看，小学语文高质量教学是指向小学生语文核心素养的教学；从内容上看，小学语文高质量教学是全面提升小学生听、说、读、写能力的教学；从方式上看，小学语文高质量教学是落实小学语文学科实践的教学；从结果上看，小学语文高质量教学是提升小学生运用祖国语言文字能力的教学等。暂不管如此界定"小学语文高质量教学"是否妥当、新颖，但至少融入了研究者个人的理解，且能让研究者大致明了"小学语文高质量教学"到底要研究什么。

界定了核心概念，只是让研究者大致明确了研究对象，知道自己是对或向什么发问。但研究之所以被称为研究，是因为有问题需要解决。倘若某研究对象并不存在问题，那么此种研究就无异于"无病呻吟"。因此，界定核心概念后，还需追问某研究对象到底存在着哪些问题，进一步澄清研究问题。而要澄清研究问题，除了通过综述文献，搞清楚已有研究解决了哪些问题，还剩下哪些问题没有被解决或尚待进一步完善外，还需明确自己对某研究对象究竟持有何种基本观点，追问对某研究对象所持的基本观点背后的事实、理论依据。因为若没有对某研究对象持有何种基本观点的明确，就难以真正澄清研究问题。其道理在于研究问题是在某基本观点的映衬下凸显出来的。

还是以"小学语文高质量教学"为例，其实，在写下"小学语文高质量教学"这一主题时，就暗含着自己对小学语文教学的基本观点，即小学语文要进行高质量教学。尽管"小学语文高质量教学"是一个宏大、抽象的主题，开题报告中也没有具体描述当下小学语文教学存在着哪些问题，但其提出也意味着研究者已意识到当下小学语文教学耗时、低效的弊端；否则，此主题就毫无研究价值。因此，一旦对某研究对象有所主张，那么澄清研究问题就意味着详细地描述、呈现某研究对象的现实状况及其困境，用一些具体的事例来反衬、印证某基本观点的意义。

其次，把握问题结构，构想研究假设。任何研究皆是对研究问题的创新回答。因此，教育博士撰写开题报告，就不仅要澄清研究问题，而且需构想研究假设，即对研究问题的创新回答。没有研究假设的开题报告就只是徒具开题报告之形，像开题报告而已；犹如一个人没有灵魂，只是呈现了一副人的模样。而要构想研究假设，则需进一步把握问题结构。

从本体论来看，问题是主客体在交互作用中建构、生成的疑难。虽然这种疑难具有主体性，但作为问题，疑难也是一种客观存在，具有客观性。从认识论来看，问题产生于已知与未知之间的张力。假如对某事物或现象自认为无所不知，那么就不会产生疑问；假如对某事物或现象一无所知，那么也不会萌生问题。而一旦在已知与未知之间形成张力，想在已知的基础上知道得更多、更透彻些，那么问题就会随之产生。从实践论来看，问题则产生于理想与现实之间的差距，即人一旦对某事物或现象拥有了一种理想期待，那么就会发现现实的事物或现象存在着一些缺陷，就会产生弥补缺陷的冲动，也就有了问题。

因此，问题之所以是问题，是由多种因素构成的，而问题的多种因素及其关系就构成了问题结构。从类型上看，问题结构可分为两种：一是问题的内部结构，即问题自身的构成要素及其关系；二是问题的外部结构，即各问题之间的关系。从内部结构来看，根据上述问题形成的机制，问题在认识论上至少由"已知、未知与求解答案"或在实践论上由"理想、现实与阻障"等构成。从外部结构来看，各问题之间的关系主要有三种类型：一是环环相扣的纵向问题结构，即各问题之间的关系呈现为解决前一个问题是解决后一个问题的前提；二是平行并列的横向问题结构，即各问题之间是一种平行并列的关系，解决了各平行并列的问题，就解决了总的问题；三是纵向问题结构与横向问题结构组合的树状问题结构，即就纵向问题结构的某个问题从不同的方面、维度展开，或就横向问题结构的某个问题层层深入地推进，就会形成纵横展开的树状问题结构。

　　把握问题结构，构想研究假设，就意味着倘若问题由"已知、未知与求解答案"构成，那么研究某问题，就应搞清楚已知是什么、未知是什么，并根据已知构想求解答案。比如，倘若研究数学教师的思想力，那么"已知"是有些数学教师具有思想力，表现为对何谓数学、数学教学意味着什么等拥有自己的独特见解，而"未知"则是不知为什么有些数学教师缺乏思想力，表现为人云亦云、照本宣科等，根据已知与未知就得求解如何提升数学教师的思想力，事先构想研究假设，诸如"独立思考是提升数学教师思想力的根基""拥有独特的见解是提升数学教师思想力的表征""对独特的见解展开论证是提升数学教师思想力的必要环节"等，从而使数学教师思想力的研究具有了灵魂。倘若问题由"理想、现实与阻障"构成，那么就得澄清：对某事物或现象的理想期待是什么，这种理想期待有何意义，而某事物或现象的现状如何，其危害怎样；为了使某事物或现象达成其理想状态，需要做哪些事情；做了某些事情后，其效果如何。带着这些问题，并给予尝试性回答，就会形成研究假设。最后，根据问题的外部结构，或纵向或横向或纵横交错地陈述研究假设，那么开题报告的主要内容就会清晰地呈现在读者眼前。

　　最后，预判研究结果，践行行动研究。预判研究结果是指在开题报告中事先对研究结果进行想象。虽然这种对研究结果的事先想象并不意味着一定能够实现，但对接下来的研究却具有指示、引领作用。而行动研究则是教育博士研究的实践性、行动性与应用性的必然要求。因为没有行动研究，教育博士的研究就会变成概念推演的思想实验，从而偏离了教育博士专业学位设置的目的。

　　本来，有目的、有计划的研究皆指向特定的预判结果，且只有在特定的预判结果的激励下，研究者才能迸发出研究的冲动与欲望，才能在研究遭遇挫折、困境、失败时仍然不改初衷、矢志前行。不过，有些教育博士的开题报告并不是在预判结果的激励下写成的，而是在学业要求或他人催逼下提交的。此种状况的存在就从根本上降低了开题报告的质量。因为在学业要求或他人催逼下，开题报告的撰写就成了必须完成的外在任务，就有可能远离创新知识、变革实践的初衷，研究结果也就难以预判。而一旦预判了研究结果，那么体现了知识创新、实践变革的研究结果，就会让教育博士在想象中体验、感受到寻找研究结果的喜悦和成就。这种对研究结果的想象会让教育博士将更多时间、精力投入研究中，甚至能全身心地沉迷于问题求解中；否则，没有预判研究结果，教育博士随时都有可能因研究的艰难、时间的缺乏或材料的难寻等外在原因而终止研究或另起炉灶。因此，在开题报告撰写时，教育博士需反复追问此研究会获得哪些研究结果，这些研究结果的具体表现是什么，自己在此研究中能否提出一些新概念、论证一些新命题，这些新概念、新命题对教育实践有何作用，它们是否有助于改变、完善教育实践等问题，并在对这些问题的尝试性回答中预判研究结果。

与教育学博士相比而言，教育博士来自教育实践，且身在教育实践中。作为实践者，教育博士的研究是为了行动、通过行动与在行动中的研究，其研究方法主要表现为以行动研究为主的方法综合。因为行动研究的价值旨趣就是将原先分离的"行动"与"研究"结合起来，倡导在行动中研究，在研究中行动。行动研究的基本程序是发现、表述问题—收集、整理信息—制定研究方案—实施研究行动—进行研究评价。行动研究若没有达到预期的结果或发现了其他问题，则再次进行上述的研究过程。在行动研究中，与行动相关的所有资源皆是研究材料与手段，要综合运用各种适切的研究方法解答自己所遭遇的现实问题。诸如在发现、表述问题时，需运用观察法、访谈法、文献法等研究方法；在收集、整理信息时，需运用一定的理论框架，嵌入某种理论；在制定研究方案时，则需运用工程学思维，明确先做什么、后做什么，遇到可能发生的情况时应采取哪些应变措施；在实施研究行动时，要综合运用观察法、实验法、比较研究、个案研究、叙事研究等研究方法等。[24] 从此意义上说，教育博士在撰写开题报告时，就没有必要煞费苦心地思虑运用何种研究方法或刻意地进行研究方法的创新，而应紧紧围绕拟研究的问题和所持的基本观点，规范、科学地运用各种研究方法，将各种研究方法的运用与拟研究的问题和所持的基本观点对接、融合起来，其表述的基本样式是运用什么研究方法，解决何种研究问题，表达何种基本观点。如此筹划行动研究，不仅能写出符合教育博士研究特质的开题报告，而且通过行动研究，能够切实地感受研究对自身专业成长的现实意义，使攻读教育博士专业学位的过程成为促进自己发展、实现自我解放的历程。因为"行动研究的实质是解放那些传统意义上被研究的'他人'，让他们接受训练，自己对自己进行研究。通过对自己的社会和历史进行批判性反思，他们能够了解那些深藏在自己文化中的价值观念，并且找到解决问题的答案"[25]。也正因为行动研究有此功能与实效，教育博士通过行动研究，才能在完善、变革自身的教育教学实践中促进自我的成长和解放，最终使自己成为一名"研究型专业人员"，达成教育博士专业学位设置的目的。

参考文献：

[1] 刘良华. 教育研究方法：专题与案例 [M]. 上海：华东师范大学出版社，2007：58.

[2] 曹正善. 论开题报告的逻辑结构[J]. 学位与研究生教育，2008(1)：9-12.

[3] 冯向东. 关于教育研究方法的功能分层[J]. 大学教育科学，2010(2)：4-7.

[4] SIMON H A，NEWELL A . Human problem solving：the state of the theory in 1970[J]. American Psychologist，1971(2)：145-159.

[5] [6] 约翰·杜威. 民主主义与教育[M]. 王承绪，译. 北京：人民教育出版社，1990：176，177.

[7] 张法. 人是什么：中、西、印思想的不同向路[J]. 学术月刊，2010(10)：5-13.

[8] 北京大学哲学系外国哲学史教研室. 古希腊罗马哲学[M]. 北京：商务印书馆，1982：152.

[9] 凯特·L. 杜拉宾. 芝加哥大学论文写作指南[M]. 雷蕾，译. 8版. 北京：新华出版社，2015：4.

[10] 费孝通. 乡土中国[M]. 北京：北京出版社，2005：2-3.

[11] 李润洲. "主题编织"抑或"问题先导"——对教育学科学位论文文献综述的思考[J]. 研究生教育研究，2014(3)：57-60.

[12] 傅维利. 论核心素养的认识误区与关键素养体系的中国化构建[J]. 高等教育研究，2020(8)：13-21.

[13] 李润洲. 知识三重观视域的核心素养[J]. 教育发展研究，2016(24)：37-44.

[14] 李润洲. 命题创新的意涵、机制与路径——一种教育学的视角[J]. 研究生教育研究，2020(6)：28-33.

[15] 托马斯·库恩. 科学革命的结构[M]. 金吾伦，胡新和，译. 北京：北京大学出版社，2003：9-13.

[16] [17] 李润洲. 论教育学研究的价值生成[D]. 北京：北京师范大学，2008：12，摘要1.

[18] 中华人民共和国教育部. 国务院学位委员会 教育部关于印发《专业学位研究生教育发展方案（2020—2025）》的通知[EB/OL]. （2020-09-25）[2022-07-29]http：//www. moe. gov. cn/srcsite/A22/moe _ 826/202009/t20200930 _ 492590. html.

[19] 马健生，蔡娟. 世界一流大学教育博士培养模式的主要特征[J]. 学位与研究生教育，2020(10)：69-77.

[20] 秦春生，王芳. 加拿大教育博士项目：目标、举措与特色——以英属哥伦比亚大学为例[J]. 外国教育研究，2021(8)：85-96.

[21] 申国昌，夏豪杰. 我国教育博士专业学位授予标准：内容、问题与建议[J].
学位与研究生教育，2022(8)：53-60.

[22] 喻照安. 超越与重构——例说素养立意下历史教学设计的功能与策略[J]. 历
史教学问题，2021(6)：132-137.

[23] 李润洲. 论研究生创新思维的培育——一种教育学的视角[J]. 学位与研究生
教育，2018(10)：26-31.

[24] 李润洲. 论教师的研究意识[J]. 教育科学研究，2021(3)：5-10.

[25] 陈向明. 质的研究方法与社会科学研究[M]. 北京：教育科学出版社，
2000：452.

小　结

　　学位论文写作是一项相对浩大的工程。学位论文选题、文献阅读与开题报告撰写是学位论文写作的前提准备，三者既相对独立，又密切关联。如果说研究是对某问题的创新求解，那么学位论文选题就成了学位论文写作的首要工作。不过，没有文献阅读，就难以提出有价值的选题，文献阅读又成了学位论文写作的前提。实际上，开题报告的撰写也须臾离不开文献阅读。由此可见，学位论文选题、文献阅读与开题报告撰写看似是三件事，其实三者是相互渗透、融合共生的，而不能将三者割裂开来。

　　对于学位论文选题而言，对研究问题的自我追问与确证是选择一个有价值的研究问题的关键。在对研究问题的自我追问与确证中，需学会"三问"：切己之问、学理之问与创新之问。"三问"的功能在于切己之问，能确定学位论文选题的议题；学理之问，能澄清学位论文选题的问题；创新之问，则能构思学位论文选题的假设。

　　对于文献阅读而言，研究生应追求、实现文献阅读的知识创新。追求、实现文献阅读的知识创新则需区分阅读的三个层次，即知道式阅读、前提式阅读与生发式阅读；注重阅读的思维策略；在阅读实践中设问索解，累积素材，厘清概念，探觅新论。根据知识创新的程度，研究生学术阅读大致要经历三重境界：一是感想境界，即阅读是启、写作是发，由此成就感想性写作；二是阐释境界，即写作是问、阅读是答，由此成就阐释性写作；三是原创境界，即阅读是问、写作是答，由此成就原创性写作。

对于开题报告撰写而言，要走出开题报告撰写的"三大误区"，不能把"研究理由"当作"研究问题"，把"主题编织"当作"文献综述"，把"研究方法的列举"当作"研究方法的运用"。学会建构开题报告的"问题空间"，要在陈述研究意义、提炼研究假设与匹配研究方法中澄清和回答"为什么研究此问题""研究此问题的什么""如何研究此问题"。把握开题报告撰写的"三题模型"：在界定核心概念中"明题"，明确研究问题；在对话已有成果中"答题"，构想研究假设；在贯通范式、问题与方法中"解题"，勾画研究路径。洞察教育博士开题报告的特质，明了教育博士开题报告理应具有的实践性、行动性与应用性。

/

第二章

/

学位论文写作的要素分析

/

学位论文是一个有机的整体，有着相对固定的结构。从要素上看，一篇学位论文至少包括标题（题目、目录）、摘要、绪论、本论与参考文献等。对这些要素的谋划和构思存在着一定的规范和技巧，需要静下心来仔细揣摩与推敲。

在学位论文中，尽管核心概念界定、文献综述很少单独呈现，鉴于其在学位论文写作中的重要作用，本章也以单节的形式进行阐述。

因此，本章主要由学位论文标题的编制、学位论文摘要的撰写、学位论文绪论的写法、学位论文核心概念的界定、学位论文文献综述的思路与学位论文本论的展开六部分所构成。

/

第一节　学位论文标题的编制

学位论文标题(题目、目录)皆是画龙点睛之笔,其字数虽少,但能体现作者思考的深度和见识的优劣。好的学位论文标题常常能起到提纲挈领、引人注目与发人深思的效果。

一、学位论文题目的确定

学位论文既要选择一个有意义的问题,也要对所选择的有意义的问题进行精准表达。"全国优秀博士学位论文评选"(以下简称"全国百篇")评选出的优秀博士学位论文,不仅选题有意义,而且其题目也非常讲究,值得学者模仿、借鉴。其实,无论学位论文写什么,研究者总要为所写的内容起一个名字,此名字即学位论文的题目。学位论文题目的字数很少,但其每个词语皆是对学位论文内容的高度凝练和概括,常常一个词语就涵盖着整篇论文的内容。在此意义上,学位论文题目的确定就是值得研究的"小题大做"。那么,学位论文的题目存在着哪些样态?如何确定学位论文的题目?

(一)学位论文题目的样态

"题"者,额头也;"目"者,眼睛也。如果说一个人的额头、眼睛直接影响着一个人的相貌和形象,那么学位论文的题目也在一定程度上决定了学位论文的质量。阅读一篇学位论文,读者通常会先看其题目,并从中预估、推测其所要写的内容及其价值。比如,阅读费孝通先生的《乡土中国》,从其题目就能猜到《乡土中国》是相对于城市(都市)、西方(西洋世界)而阐述中国农村的状况、特征及未来发展的。那么,作为对学位论文的高度凝练和概括,题目大致存在着哪些样态?

从形式上看,学位论文的题目主要以动宾、偏正及其组合的复杂结构呈现,大致可分为三种类型。一是动宾式结构。比如,《论教育学的文化性格》(石中英,1997,1999)[1],《论反思性教学》(熊川武,1998,2001),《关怀生命——当代中国学校教育价值的新取向》(李家成,2002,2004)。此三篇博士学位论文的题目皆是

---

[1]　此处提及的题目皆是1999—2013年"全国百篇"评选出的教育学专业优秀博士学位论文的题目。括号中标注的第一个年份为作者的毕业时间,第二个年份为论文入选"全国百篇"的时间。

动宾式结构。其中，前两篇皆有"论"动词，意指"论证"或"论述"，表明论文的性质；而"题眼"则是宾语名词"教育学的文化性格""反思性教学"。后一篇"关怀生命"则既是"题眼"，也揭示"论点"。二是偏正式结构。比如，《泛教育论》（项贤明，1997，2000），《国际科学教育理论研究》（丁邦平，1999，2001），《中国教育财政近代化研究》（商丽浩，2000，2002），《中国公立高等学校法律地位研究》（申素平，2001，2003），《美国研究型大学与城市互动机制研究》（郄海霞，2007，2009），《教育产权与大学制度构建的相关性研究》（胡赤弟，2004，2007），《数学教师教学决策研究——基于小学高年级教师的个案研究》（杨豫晖，2009，2011），《中国历史上的"高考移民"：清代科举冒籍研究》（刘希伟，2011，2013）。此八篇博士学位论文的题目呈现为偏正式结构，其中，除了《泛教育论》用"论"表示论文的性质外，其他论文题目皆是"定语＋研究"。定语是"题眼"，表明研究对象；而"研究"意指探求事物的真相、规律等，意味着以建构新的理论为主要目的。三是主副标题式的复杂结构。比如，《教育生活中的表演——人类行为表演性的教育学考察》（李政涛，2003，2005），《嵌入村庄的学校——仁村教育的历史人类学探究》（司洪昌，2006，2008），《"接班人"的诞生——学校中的政治仪式考察》（程天君，2007，2010）。此三篇博士学位论文的题目皆以主副标题的方式来呈现，主标题常用"偏正式结构"表明研究对象，而副标题则对研究内容、视角或目的加以限定或说明。

从内容上看，由于学位论文是针对某问题运用某（些）方法进行研究所获得的结果，因此，学位论文的题目大多基于研究对象、观点、方法有所侧重地进行逻辑组合，它至少存在着三种形态。一是研究对象式题目。如上文的《国际科学教育理论研究》《中国教育财政近代化研究》《中国公立高等学校法律地位研究》《美国研究型大学与城市互动机制研究》《教育产权与大学制度建构的相关性研究》《中国历史上的"高考移民"：清代科举冒籍研究》，皆以研究对象做题目，以告诉读者其研究的内容。二是观点式题目。如上文的《关怀生命——当代中国学校教育价值的新取向》《论教育学的文化性格》《泛教育论》。前一篇"关怀生命"明显地亮明了自己的观点，认为"关怀生命"是"当代中国学校教育价值的新取向"；而后两篇则将自己的观点隐含在"教育学的文化性格"与"泛教育"中，其中，前者主张教育学具有文化性格，后者则主张教育并不仅仅局限于有目的、有计划的学校教育，而是广泛地存在于人类生活的各个层面。三是"研究对象＋方法（论）"式题目。如上文的《数学教师教学决策研究——基于小学高年级教师的个案研究》《教育生活中的表演——人类行为表演性的教育学考察》《嵌入村庄的学校——仁村教育的历史人类学探究》《"接班人"的诞生——学校中的政治仪式考察》，此四篇博士学位论文的题目皆是用主标题表明研究对象，用副标题表明研究方法（论）。虽然《"接班人"的诞生——学校中的政治仪式考察》乍一看并没有明显的方法论，但是"学校中的政治仪式考察"就隐含着从政治学视角透视、分析学校中的仪式以阐释"'接班人'的诞生"这一主题的意蕴。

（二）学位论文题目的确定之理

无论学位论文的题目究竟如何呈现，好的论文题目皆需对学位论文内容概括得准确（accurate）、简洁（brief）与新颖（creative），这可以简称为题目要求的 ABC。通俗地说，清楚、明确的题目比模糊、有歧义的题目好，短的题目比长的题目好，新颖、别致的题目比平庸、常见的题目好。其中，准确保证了题文一致，是对题目的基本要求；简洁是人的思维经济性原则的体现；而新颖则是对学位论文创新性要求的表征。

然而，有些研究生在为学位论文命名时，受惯常的整体思维的消极影响，未能清晰地把握研究对象及其问题，其学位论文的题目往往宽泛、笼统，而缺乏明确、具体的指向。比如，《教师课堂提问研究》，此题目看似明确、具体，其实却非常宽泛、笼统。试想，此处的教师是指哪个教育阶段的教师？是幼儿教育、小学教育的教师，还是初、高中教育的教师？课堂提问是何种学科的课堂提问？课堂提问存在着哪些问题？如何对教师课堂提问进行研究？从题目上看，没有对这些问题予以应有的提示，从而使该题目表现得宽泛、笼统，研究者也难以进行实际的研究操作。而当题目比较宏大、模糊时，应适当运用添加限定词的方式，将宽泛、笼统的题目具体、清晰化，尽量做到"小题大做"，而不是"大题小做"。比如，上述"研究对象＋方法（论）"式题目，大致遵循了由宽泛、宏大的主题到具体、明确的研究对象的聚焦。举例来说，"数学教师教学决策研究"就相对比较宽泛，既没有说明是何种教育阶段的数学教师，也没有揭示如何进行研究，而添加了副标题"基于小学高年级教师的个案研究"，就弥补了上述的缺陷，从而使该题目准确地概括了论文内容。自然，正如上文所言，好的学位论文的题目在准确表达的基础上应具有简洁性，因此，在为学位论文命名时，就应字斟句酌、反复提炼，做到言简意赅而拒斥烦琐冗长。上述"全国百篇"评选出的优秀博士学位论文，其题目最短的是《泛教育论》；不过，"泛教育论"似乎蕴含着歧义，既可意指"泛教育"实践，也可意指"泛教育"理论。也许作者意识到了这个问题，故在博士学位论文出版时，在"泛教育论"后添加了副标题"广义教育学的初步探索"，即"泛教育论"主要探讨的是"广义教育学"理论。如果说学位论文是研究的成果，那么其最主要的特征就是创新性。因此，在准确、简洁地概括学位论文内容的基础上，题目最应凸显的就是创新。《教育生活中的表演——人类行为表演性的教育学考察》，虽然此题目准确地概括了论文内容，但作者也许意识到该题目的新颖性不足，故在博士学位论文出版时，将该题目修改为《表演：解读教育活动的新视角》，此题目就突出了论文的创新性。在此意义上，即使人人皆知好的题目应具有准确性、简洁性与新颖性，但要想给学位论文起一个切合文意、简明新颖的名字，也需作者反复推敲、斟酌，通过不断地寻找和替换某些词语，从而更加精准、新颖地揭示、表达论文的主要内容和核心观点。

当然，鉴于学位论文的写作需要经历一个或长或短的过程，学位论文的题目凝练也不会一蹴而就。况且，学位论文的写作也不是命题作文，对于研究生而言，选题并不意味着选择一个题目，而是意味着选择一个问题。一旦选择了某个问题，通常情况下不要轻易置换，而应保持应有的定力，并持之以恒地深研下去，而至于如何给选择的问题确定一个题目，则会随着研究内容的推进、所持观点的偏移乃至更新和研究方法的取舍等，有不同的表达样式和内容。从过程来看，在学位论文的命名中，一开始，作者也许只是带着一种模糊、朦胧的意识，意识到自己想要研究什么问题，但一时难以准确地表达出来，不知道确定一个怎样的题目，或感到所选择的题目未能表达出其心中的意想，此种情况是一种正常的状态。因为学位论文没有写完整，就不可能确定一个恰当的题目。实际上，多数研究生往往等到学位论文定稿时，才清楚自己到底要解决什么问题，对拟解决的问题，自己最想表达的新颖观点是什么以及运用了怎样的研究视角或方法。此时，再根据题目要求的ABC（准确、简洁与新颖）重新命名，确定一个好的学位论文题目也就水到渠成、顺理成章了。在此意义上，与其煞费苦心、冥思苦想地推敲某个题目，不如静下心来思考自己究竟要解决什么问题，运用什么样的方法解决这些问题，自己对问题的回答是否超越了已有认识。等到这些问题一一得到澄清，学位论文的题目就会逐渐明朗、清晰。

二、学位论文目录的编制

目录虽在学位论文中所占比重很小，但对学位论文起着提纲挈领的作用。实际上，目录是学位论文的一个缩影，折射、反映着学位论文的结构和思路，因此，目录编写的优劣就从一个侧面直接决定着学位论文的好坏。那么，当下，学位论文的目录有哪些类型？这些类型的目录可能存在哪些问题？如何优化学位论文的目录？

(一)学位论文的目录类型

由于研究者所秉承的价值取向、研究的问题性质和运用的研究方法等的差异，当下，教育学学位论文的目录至少存在着三种不同的类型：主题式、问题式与论点式。

主题式目录是指学位论文围绕着某一研究主题组织、安排相关的知识，其论述的样式大致是先界定某一研究主题的内涵，再论说其性质、功能，最后讲述其具体内容及其实际应用。比如，有研究生在对"体验式教育"进行研究时，其编写的目录有四部分：一是绪论——主要界定了体验式教育，综述了相关的研究成果；二是体验式教育的理论基础——阐述了体验式教育的哲学和心理学基础；三是体验式教育的基本原理——探讨了体验式教育的共同要素、基本特征及其优缺点；四是体验式教育在不同领域的体现——分述了科学领域、艺术领域、道德领域中的体验式教育。如此阐述"体验式教育"看似全面、系统与完整，但遮蔽了研究的问题，即遗忘了体验式教育所要解决的问题，从而使"体验式教育"阐述"理论基础""基本原理"成了无的放矢。确切地说，学位论文的主题式目录也许深受教科书对已有知识进行编织的消极影响，而不清楚学位论文是对未知问题的研究与回答，进而使学位论文呈现出教科书式知识编织的不良倾向。

问题式目录是指学位论文按照"问题＋原因＋对策"的思路，从揭示、呈现某一教育现象或事实所存在的问题着眼，分析其产生的原因，并提出相应的解决对策与建议。其论述的样式主要围绕着"是什么"、"为什么"与"如何做"来谋篇布局、遣词造句。比如，有研究生在对"小学教师教学行为偏差"进行观察研究时，其撰写的目录有三部分：一是"小学教师教学行为偏差的三种类型"；二是"小学教师教学行为偏差的原因分析"；三是"小学教师教学行为偏差的矫正策略"。这种目录编排方式起于对研究问题的聚焦与概括，比较符合研究的思路。但研究问题揭示得是否全面、准确、深刻与新颖，将直接决定着下面的原因分析与对策选择。其论述的思路通常是抽象、概括当下某一教育现象、事实到底是什么或存在哪些不足、缺陷，将其作为研究的起点，进而追问造成当下某一教育现象、事实或其存在的不足、缺陷的原因，并根据其产生的原因提出相应的解决建议。

论点式目录是指依据对某教育问题所持的观点来组织、安排学位论文的框架结构，其基本样式是将对某教育问题所持的观点并列或递进地呈现出来。比如，有研究生在对"学校课程领导力的清晰性和焦点"进行研究时，其目录主要由"清晰性：规划学校课程建设""焦点：教师课程智慧""清晰性和焦点：提升教师课程理解力"等构成。这种目录旗帜鲜明地亮出研究者对某(些)教育问题所持的观点，而不像主题式目录或问题式目录那样隐匿学术论点，让人读了目录，就能清楚研究者对某

(些)教育问题坚持何种学术立场、阐发何种观点。但这些观点要想站得住、立得起，研究者就需要进行充分的事实或理论证明。从一定意义上说，论点式目录本来能使学位论文的研究问题更加明确、清晰，阐述的着眼点更加凸显、鲜明，但其优点凸显的前提条件是，在论述中，不仅要让各观点言之成理、持之有故，而且要正确处理好各观点之间的关系；否则，学位论文就难以因目录所标示的鲜明观点而增色添彩，反而会因观点的鲜明而暴露出其逻辑错误。

(二)学位论文的目录优化

由于研究总是对某一主题所蕴含的问题进行的尝试性解答，因此，呈现某一主题的主题式目录，或围绕某一主题所蕴含的问题而编织的问题式目录，或通过陈述对某一主题蕴含的问题所持的观点而形成的论点式目录，都有其存在的合理性。但主题式目录稍不小心，就会落入教科书式知识编织的窠臼；问题式目录有时会遮蔽论点，至少让人从目录中读不出有意义的命题，难以看出研究的亮点；而论点式目录则在彰显鲜明观点的同时，有时会因难以把握、理顺各观点之间的关系，易于造成逻辑混乱。实际上，由于目录折射、反映着学位论文的结构，浓缩着学位论文的思路，所以，学位论文初稿完成之后，最令研究生头疼、伤脑筋之事，就是目录的编写。那么，如何优化学位论文的目录？

首先，聚焦问题、提炼论点。学位论文的写作不是对某主题相关知识的编织，而是对某(些)问题的尝试性解答。可以说，没有问题，就没有研究，也无须撰写学位论文。从此意义上说，教育学学位论文的目录就应聚焦问题、提炼论点。从目录上看，聚焦问题是指目录的编写要体现出问题意识，能够让读者看出论文所要研究的问题，从而使论文的写作遵循提出问题、分析问题与解决问题的思路。而提炼论点则是指对拟研究的问题有比较清晰的主张与看法。这样，有了问题与论点，则相关的理论与事实材料就有了用武之地。就"体验式教育"的研究而言，其目录编写的最大之弊就是遗忘了研究问题。一方面，研究者并没有廓清体验式教育是针对什么教育问题而提出的，其具体表现是什么；另一方面，研究者也没有详述体验式教育自身所存在的问题，或廓清体验式教育还存在哪些尚未被研究或研究未深入的问题。因此，研究成了相关知识的汇编，而不是对"体验式教育"的研究。而无论是揭示出体验式教育自身所存在的问题，还是阐述体验式教育所针对的教育问题，抑或是抽象出已有体验式教育中尚未被研究或研究未深入的问题，都能使对"体验式教育的理论基础与基本原理"的阐述，因有了问题而具有针对性和有效性，从而凸显出学位论文的研究性。

对于主题式目录而言，倘若研究者遮蔽了研究的问题、隐匿了自己的学术观点，那么即使借鉴、归纳了众多的研究成果，这些研究成果也会因不是用来解决拟研究的问题、阐明自己的学术观点的而难以转化成研究者自己的东西。说白了，此时借鉴、归纳的众多研究成果，因没有相应研究问题的对照与嵌入，就只是对相关知识的叙述，而不是解决研究问题的知识运用。确切地说，类似的研究就不是已有知识的运用，而仅仅是已有知识的重复，违背了解决问题、创新知识的研究初衷。而聚焦问题、提炼论点则能有效地避免主题式目录可能存在的缺陷。因为一旦问题明确、论点清晰，那么引用、借鉴什么样的已有知识就有了选择、取舍的标准。就"体验式教育"的研究而言，既可以从当下人们对体验式教育的误解及其表现入手，也可以从体验式教育所要解决的现实问题出发，还可以从体验式教育中尚未被研究或研究未深入的问题切入，把主题式目录拆解、重组，将"体验式教育的理论基础与基本原理"渗入、穿插于相关问题的解决与学术观点的论证中，从而使相关知识的呈现转化为问题解决的知识运用，并在问题解决的知识运用中提炼自己的观点。

其次，主题贯穿、论点清晰。如果说主题式目录易犯遮蔽问题、隐匿论点的错误，那么问题式目录、论点式目录则易导致主题偏移或偷换、论点模糊或混乱之偏差。主题贯穿是指研究的主题统一，不能发生偏移甚至偷换；而论点清晰则是指不仅各学术主张清楚明白，而且各学术主张之间的关系符合逻辑。就"小学教师教学行为偏差"的观察研究而言，"小学教师教学行为偏差"的主题就不能被拓宽为"教师教学行为偏差"，研究者应紧扣"小学教师教学行为偏差"这一主题，并将这一主题统一贯穿于目录的表述中。就"学校课程领导力的清晰性和焦点"的研究而言，一方面，既然题目是"学校课程领导力的清晰性和焦点研究"，那么"学校课程领导力"就不能被置换为"学校课程领导"；另一方面，既然提出了"清晰性：规划学校课程建设"，就要解释"何谓清晰性"，为什么说"规划学校课程建设"就能提高学校课程领导力的清晰性。同时，"清晰性：规划学校课程建设"与"焦点：教师课程智慧"，在"学校课程领导力"中到底是什么关系，也需要进一步澄清、论证与阐释。

如果说学位论文是为了解决问题、创新知识，那么问题式目录或论点式目录就因其契合了学位论文的价值诉求，从表面上看，似乎不会出现大的弊病，但无论是研究主题的偏移或偷换，还是论点的模糊或混乱，实际上都折射、反映了学位论文的空泛与草率。比如，倘若把"小学教师教学行为偏差"置换为"教师教学行为偏差"进行阐述，就难免有笼而统之的抽象过度之嫌疑，而不能揭示出"小学教师教学行为偏差"的特殊意涵。而倘若提出了某种论点，如"清晰性：规划学校课程建设"，但对该论点缺乏理论和事实基础上的清晰论证，那么这种论点就会让人"丈二和尚摸不着头脑"、不知所云。而主题贯穿、论点清晰则犹如灯塔，能照亮整篇论文的行文逻辑，从而使论文的起承转合有了定力和主线。其实，好的论文的阐述应只及一点（主题），不及其他；否则，什么都想写、什么观点都想表达，那么就什么也写不好，什么观点也表达不清楚。

最后，讲究用词、三位一体。人们在阅读学位论文的正文之前，通常要先看一看目录。因为目录是学位论文的缩影，其字数虽然不多，但它犹如学位论文之眼睛。如果说眼睛是人心灵的"窗口"，那么目录就是学位论文的"窗口"。因此，目录并不是学位论文的点缀、可有可无，恰恰相反，它在学位论文中具有举足轻重的地位。倘若如此认识、理解目录，那么就需要在目录上讲究用词。而讲究用词，简单地讲，就是目录的表述至少要做到准确、简洁、对称与新颖。准确即目录应确切地反映学位论文的主要内容，而不能发生张冠李戴或拉郎配现象；简洁即用词简短，切忌繁杂、冗长，或读起来拗口、晦涩；对称即各相同级别的标题的字数应基本一致，避免长短不一，且尽量使用相同的表达方式；新颖即不落俗套，引人注目，能够一下子抓住读者的眼球。也许，讲究用词说说容易，但实际做起来却不易。记得在博士学位论文答辩时，洪成文教授敏锐地指出我博士学位论文目录表述的不足，认为既然前三个二级标题都是联合词组（如"共存与博弈：意识形态与教育学研究""学习与中国化：异域教育理论与教育学研究""借鉴与原创：其他学科知识与教育学研究"），那么第四个二级标题的动宾结构——"保持张力：教育理论与教育实践"就存在着不对称之缺憾。当时，自己虽然感到在目录表述上确实存在着问题，但仍是百思不得其解，直到后来出书时，才将"保持张力"修改为"张力与表征"。

而三位一体是指目录表述要体现出"主题、问题与论点"三要素，也就是说，经过精心设计的学位论文的目录，应主题贯穿、问题彰显与论点鲜明。通俗地讲，从目录上，既要看出研究者所要研究的主题，也要凸显研究主题所包含的问题，还要写明对研究问题所持的论点。具体而言，一级标题要围绕着主题开展，让主题贯穿于一级标题之中，从而使研究主题一以贯之，且一级标题要呈现出提出问题、分析问题与解决问题的逻辑链条。二级标题则可以陈述对研究主题所蕴含的各子问题的论点，而三级标题则围绕着一级、二级标题所标示的主题与论点展开。从逻辑上讲，一篇结构合理的学位论文的目录呈现出的是一个完整的论辩体系，即把各一级标题联系起来，能构成一个提出问题、分析问题与解决问题的论辩，把各一级标题下的各二级标题联系起来，也能构成一个提出问题、分析问题与解决问题的论辩。比如，有研究者在探讨"教育学研究的价值"时，其目录的一级标题是"教育学研究的价值危机""教育学研究的价值向度""教育学研究的价值立场""教育学研究的价值生成"，不仅使研究主题"教育学研究的价值"贯穿其中，而且大致遵循了"提出问题、分析问题与解决问题"的论辩逻辑。而一级标题下的各二级标题联系起来也基本符合"提出问题、分析问题与解决问题"的思路，像"教育学研究的价值向度"下的二级标题（"教育学研究价值的界定""教育学研究的价值维度""教育学研究的价值矛盾"），就通过阐述教育学研究的价值是什么、有价值的教育学研究是什么样的以及教育学研究蕴含着怎样的价值冲突，解答了"教育学研究的价值向度"问题。在解决问题的"教育学研究的价值立场""教育学研究的价值生成"中，则用论点做目录，如一级标题"教育学研究的价值生成"的二级标题是"增强问题意识，提升教育学研究的价值""洞察研究路径，保障教育学研究的价值""辨识评价理念，呵护教育学研究的价值"。从一定意义上说，这种"主题、问题与论点"三位一体的目录表述就契合了学位论文围绕某（些）问题进行尝试性解答的本真，能够层次分明、结构合理、论点清晰地折射、概括出整个学位论文的逻辑框架。

第二节　学位论文摘要的撰写

国家标准《文摘编写规则（GB/T6447—1986）》把摘要解释为"以提供文摘内容梗概为目的，不加评论和补充解释，简明、确切地记述文献重要内容的短文"。国际标准化组织在 ISO 214-1976（E）中把摘要定义为"对文献内容的准确扼要而不加注释或评论的简略陈述"，是以浓缩的形式概括研究工作的主要内容、方法，所取得的成果和最终的结论，是论文全貌的反映，它在一次文献中叫"摘要"，在二次文献中叫"文摘"[1]。由此可见，摘要的"摘"即摘录原文，用精确的语言概述原文；"要"即论文的主旨、要义，其作用在于"使读者在无须参阅原文的前提下，用最短的时间快速获得原文基本信息，并决定是否必要花上较长时间去阅读原文"[2]。因此，对于学位论文而言，摘要起着画龙点睛的作用。无论是评阅人，还是一般读者，在拿到一篇学位论文时，除了关注论文题目外，摘要就成了他们衡量论文质量的关键信息。然而，当下学位论文的摘要撰写却存在着种种偏差，诸如头重脚轻式论述、王婆卖瓜式推销、评判式下结论、目录式罗列等，这些偏差既降低了读者的阅读兴趣，也影响了学位论文的质量。那么，学位论文的摘要该如何撰写？下面拟通过案例分析①对学位论文摘要撰写的偏差予以校正，以便研究生能够正确地把握学位论文摘要撰写的要旨，写出合格的学位论文摘要，提高学位论文的质量。

一、头重脚轻式摘要

摘要的主旨在于概括研究工作的主要内容、方法以及所取得的成果或结论，但有的摘要却大谈特谈研究的目的、意义及他人就相关问题的看法与观念，至于研究者自己通过研究所提出的独到见解却只有寥寥数语、语焉不详，从而使摘要该详细呈现的内容没有阐述清楚，而引导性、辅助性的论述却占据了摘要的"半壁江山"，造成了摘要的"头重脚轻"。比如《不同版本数学教科书内容结构比较研究》一文，先是用了两个自然段阐述了"教科书"的意义和"优化教科书内容结构"的意义，再谈研究"不同版本数学教科书内容结构比较"的意义，然后则用目录式的呈现方式，运用评判式的语言叙述道："导论部分说明研究缘起、研究意义，同时对相关学者的相关研究进行了综述，总结了现有研究的成果和局限，并进行了相关概念界定……第一部分为分析框架……第二部分为文本分析……第三部分为结论与建议。"先不说用目录式、评判式话语撰写摘要的弊病（下文将详细阐述），单说摘要的整个布局，用两个自然段分别阐述"教科书""优化教科书内容结构"及研究"不同版本数学教科书内容结构比较"的意义，就有避重就轻、详略失当之误。因为无论是"教科书""优化教科书内容结构"的意义，还是研究"不同版本数学教科书内容结构比较"的意义，对于教育学专业人员而言，是不言而喻的，即使略知教育常识的人也知道"教科书内容结构"对教育的影响，因此，研究者没有必要长篇大论其意义，而那种浓墨重彩地阐述其研究意义的头重脚轻式摘要不是把评阅人当作了无知者，就是表明研究者自己没有创新的底气而故意为自己的研究贴金。

自然，摘要简要地叙述一下所研问题的意义本来无可厚非，因为研究问题的意义不仅是研究者研究该问题的动力，而且能够说服读者重视该问题。但那种头重脚轻式摘要不仅存在着对研究意义阐释过度的问题，其败笔之处更在于其对研究意义的阐述不得要领，把一些一般读者尤其是评阅者都知道的常识写入其中。前面所举的《不同版本数学教科书内容结构比较研究》一文，先用了两个自然段阐述了"教科书"的意义和"优化教科书内容结构"的意义，再谈研究"不同版本数学教科书内容结

---

① 凡是未标注的内容皆源于笔者盲审的学位论文，且为了避免对号入座，做了技术性处理。

构比较"的意义，看似非常清晰，实际上对于一般读者尤其是评阅者而言，"教科书"的意义和"优化教科书内容结构"的意义是不言自明的常识。这里完全可以用开门见山、直奔主题的方式，直接阐述研究"不同版本数学教科书内容结构比较"的意义，而不必绕圈子、套帽子。细究起来，有些摘要煞有介事、不厌其烦地阐述自己研究的意义，与其说是研究者写给读者看的，不如说是其写给自己看的，因为研究者自己不清楚该研究到底有何意义，所以才翻来覆去地进行阐述。如果说研究者在刚接触该问题时确实不甚明了其意义的话，那么等到研究结束写摘要时还是不断地重申其意义，就不得不说其有点自恋，而不知摘要的重点在于叙述自己的研究发现与创新之处。

二、王婆卖瓜式摘要

学位论文作为一种科学研究成果，其整个论述都应保持客观、中立，其摘要的撰写理应用客观的陈述性语言，如实地把研究的创新点清楚地表达出来，至于其研究的价值则是读者的评判，并不是研究者自己的宣称。然而，在学位论文摘要的撰写中，有的研究者则唯恐读者看轻自己的研究，不仅翻来覆去地阐述自己研究的意义，有的直接夸耀自己的研究，如"本研究具有重大的理论与实践价值""本文首次提出了……"，甚至说自己的研究对什么而言有着重大的贡献等。实际上，即使研究者宣称自己的研究非常有价值，读者也不会根据研究者的宣称而做出判断，反而会产生戒备、质疑，心想：该研究真的有作者所说的价值吗？当然，这种王婆卖瓜式的自我吹捧更多地渗透、弥漫在摘要中。比如，在《高中班主任领导力现状调查研究》一文中，作者说："根据新课程发展变化的要求，对班主任领导力从理论上和实际应用上进行系统的研究和探索，将对提高教育质量、培养合格人才、促进班主任专业发展起到积极的促进作用。"更多的摘要则是用评判式的隐晦语言宣称自己研究的价值，如"全面考察了……深入分析了……清晰阐明了……"。

如果说头重脚轻式摘要有点煽情的话，那么王婆卖瓜式摘要就有点卖弄的味道了。为了避免这种王婆卖瓜式摘要的偏差，国家标准《文摘编写规则（GB/T6447—1986）》要求，论文摘要应以第三人称对论文的中心内容进行客观叙述，一般不用"本研究""本论文""我们"等第一人称。其实，读者阅读的就是该论文或该研究，完全没有必要"画蛇添足"地运用第一人称的"本研究""本论文""我们"等词语。况且，论文的好坏并不是作者的宣称，而是他者的评价，因此，正确的摘要撰写方式是将其写成报道性摘要，至少是报道—指示性摘要，至于那种指示性摘要则不太适合学位论文。因为报道性摘要概括的是论文的主要信息，主要报道研究的目的、方法、结果和结论，尤其是向读者报道论文的新发现、新见解等；而指示性摘要则只是简明地告诉读者论文研究的范围、内容，一般不涉及研究的结论，或者说阅读指示性摘要并不能让读者把握全文的主旨。从一定意义上说，只要研究的是一个真实存在的问题，那么该研究就是有意义的。而有的摘要之所以被写成王婆卖瓜式，其原因至少有二：一是，不清楚研究价值的大小并不在于问题本身，而在于对该问题的研究是否有创新，是否拥有自己的新观点、新方法；二是，明知研究价值在于创新，而自己的研究却没有创新。对于前者，只要写清自己研究的创新之处即可，至于研究价值则没有必要自己宣称；而后者的王婆卖瓜式的宣传只能使自己的研究缺陷"欲盖弥彰"。

三、评判式摘要

摘要大多是在整篇论文写完后再概括、提炼的，本来这种正确的做法有助于提升摘要的质量，但有的研究生却在写摘要时，错把自己置换成了评阅人或一般读者，不是展示自己的研究问题、方法与结论，而是对自己的研究问题、方法与结论进行评判，其言说形式是"本研究分析了……提出了……进行了……"。比如，在《基于对话的主体性教育优化师生关系的实践研究》中，作者写道："本研究首先对师生关系、主体性教育和对话教育相关文献进行了系统综述，在师生关系现状调查的基础上，提出了基于对话的主体性教育理念，并从现实依据和操作路径两方面进行理论建构……"这样的摘要看似简练，其实并没有提供关于研究的实质内容，读者读后并不能读出"基于对话的主体性教育理念"是什么，"从现实依据和操作路径两方面"进行了怎样的"理论建构"。

可以说，这种摘要只是阐述了研究者"做了"或"研究了"什么，而没有论述其"做出"或"研究出"什么，其中的一字之差，造成了天壤之别。[3]因为前者是研究者代替评阅人或一般读者对自己论文进行的评判，而后者则是研究者对论文探讨的问题、运用的方法及研究的结论进行的展示。这种只叙述"做了"什么而不展示"做出"什么的摘要，只能让读者读完之后"丈二和尚摸不着头脑"。比如，在《信息技术与小学科学教学整合策略的研究》中，作者这样撰写摘要："从信息技术在运用过程中所体现的功能与在科学教学中运用的方式两个方面考虑，提出了信息技术与小学科学教学整合的典型策略：教学软件运用的策略、创作软件运用的策略、概念图应用的策略……结合具体的课堂实例对如何在小学科学课程中运用这些策略做了详尽的介绍和讨论。"[4] 试想，读者读完这样的摘要知道"信息技术与小学科学教学整合的典型策略"吗？明白"这些策略"是如何在小学科学课程中运用的吗？因此，撰写摘要的正确做法是客观地展示自己的研究过程，用提纲挈领的方式把论文的要旨叙述出来。

四、目录式摘要

由于研究者不知道摘要应写"做出"什么，而不是告诉读者"做了"什么，因此，许多摘要被写成了目录的扩展，并呈现出一种流行的趋势。其表达样式是论文分为几部分，第一部分是什么，第二部分是什么，第三部分是什么……比如，在《英雄"祛魅化"背景下的小学生价值观教育研究》中，作者把摘要写为："本论文主要由以下四个部分组成：第一部分为绪论部分，说明研究缘起，明确研究对象，梳理界定出本研究中的三个核心概念，即英雄、英雄'祛魅化'与价值观教育……第二部分为对英雄及英雄'祛魅化'的基本分析……第三部分为英雄'祛魅化'下小学生价值观教育的审视……第四部分为英雄'祛魅化'背景下小学生价值观教育的对策分析……"这样的摘要既没有告诉读者英雄"祛魅化"背景下小学生价值观教育面临着怎样的挑战、存在着什么样的问题，也没有分析小学生价值观教育面临的挑战或存在的问题的成因和机制，从而使英雄"祛魅化"背景下小学生价值观教育的对策分析成了无的放矢的空发议论。其实，这种"目录式"的简介应该置放于论文的绪论部分，以便读者对论文有一个全面、整体的了解和把握，而移植到摘要中则不能不说放错了地方。

从一定意义上说，目录式摘要看似完整地概述了研究的内容，但实际上却是评判式摘要的拓展版本，与评判式摘要犯了同样的错误，即只是叙述了"研究了"什么，而没有阐述"研究出"什么。如果说研究是发现问题、分析问题与解决问题的话，那么摘要就是围绕着问题，把研究所运用的方法和取得的结论呈现给读者而已。因此，摘要的撰写应以研究问题为先导，阐明研究的是什么问题，针对该问题运用了什么研究方法，最后获得了什么样的结论。其中，获得的结论应占摘要的大部分篇幅。这种问题先导、答案表达的阐述方式才能清晰地展现"研究出"什么，从而有效规避目录式摘要的缺陷。况且，学位论文的目录已经呈现了主要的研究内容，如果这种目录式摘要蜕化为"目录"的再现，不仅未能增加新的内容，而且给人一种重复之感。

诚然，对于初涉研究的研究生而言，学位论文摘要的撰写中难免会出现这样或那样的偏差。有些学位论文虽然其摘要存在着诸多不足或缺陷，但其学位论文的主体部分却做得非常扎实、有创新的亮点。从此意义上说，似乎没有必要对学位论文摘要在撰写中所存在的偏差进行深究而"小题大做"，但学位论文是研究生"十月怀胎"的结晶和一项科学研究成果，研究生不能以瑕不掩瑜的心态对待学位论文摘要撰写中所存在的问题。这不仅是出于提升研究生教育质量的考虑，而且从研究生个人成长而言，让其避免不应有的错误，使其少走些弯路，也是为师应尽之责。

参考文献：

[1][4] 蔡铁权，楼世洲，谢小芸. 教育硕士专业学位论文写作指导[M]. 杭州：浙江大学出版社，2005：164-165，169-170.

[2] 樊霞. 学术论文摘要的撰写及常见错误辨析[J]. 郑州大学学报（哲学社会科学版），1999(3)：126.

[3] 李怀祖. 管理学科博士论文撰写探讨[J]. 学位与研究生教育，2000(3)：21-27.

第三节　学位论文绪论的写法

绪论是学位论文的重要组成部分，起着澄清研究问题、阐明研究价值的作用，也可被称为引言、前言、导论等。从形式上看，当下学位论文的绪论皆非常完美，诸如问题的提出、研究的意义、核心概念的界定、国内外研究的综述、研究的方法和思路等应有尽有，但这种完美形式的背后却隐藏着内容的"贫困"，从而使绪论仅有其形而无其"神"。

一、学位论文绪论"贫困"的表征

这种形式上完美而内容上"贫困"的绪论有着诸多表征。比如，研究问题的模糊、研究创新的遮蔽、内容次序的错位等。

首先，研究问题的模糊。凡是研究都是提出问题、分析问题与解决问题的过程。学位论文作为一种研究成果的表述，自然也不例外。可以说，倘若研究问题不清楚，学位论文的阐述就失去了内在的依据，此种道理并不难理解。因此，学位论文的绪论就承担着澄清研究问题的重任。

为了澄清研究问题,学位论文的绪论大多以"研究缘起"或"问题提出"等开头。从表面上看,这种运思确实契合了绪论阐明研究问题的要求,但这种表面上正确的"研究缘起"或"问题提出"之所以呈现出"贫困",是因为许多学位论文误把研究论题视为了研究问题。比如,在《教师专业发展的历史透视——一种教育学的视角》中,其"研究缘起"只是阐述了"教师专业发展会对学生产生直接的影响""通过历史透视能把握教师专业发展的脉络""教师专业发展存在着难以回避的现实问题"等方面的研究意义,却并没有揭示出教师专业发展到底蕴含着哪些问题,教师专业发展在历史上经历了哪些阶段、具有哪些特征等内容,从而使"研究缘起"或"问题提出"游离于研究问题之外。此乃其一。其二,如果说绪论要澄清研究问题,那么在绪论中就应把研究题目转换为研究问题,而把研究题目转换为研究问题的关键,则在于洞悉研究题目的理想与现实的差距或已有认识与未知认识之间的距离。就上例而言,"教师专业发展的历史透视"显然只是一个研究论题,而不是研究问题,而要把其转换为研究问题则需要理想教师形象的映衬或洞悉已有教师认识与未知教师认识之间的距离。也就是说,该题目蕴含的主要问题是教师专业发展如何偏离了理想的教师专业成长;如果说已有研究大多从社会的视角透视教师专业发展轨迹的话,那么从教育学的视角来看,教师专业发展又是怎样的,如何看待教师专业发展等问题。概言之,把研究题目转换为研究问题,则需要考虑如下问题:该题目表征的是不是一种新现象?如果其不是一种新现象,那么从一个新视角(新理论、新方法)来看,该现象是否会呈现出新面貌?如果其既不是一种新现象,也没有新视角下的新面貌,那么其至少要表现出新变化。反之,该题目即使转换为问题,从研究的角度而言,也不适合作为研究的对象。因为研究的进行不是对已有答案的再现,而是对未知问题的尝试性解答。这就意味着绪论不仅要澄清研究问题,更为重要的是要阐明研究问题的价值,而"贫困"的绪论不但缺乏研究问题的澄清,而且缺失研究创新的阐明。

其次,研究创新的遮蔽。创新是学位论文的生命,它犹如其"出生证明";倘若没有创新,学位论文也就失去了其存在的价值。这是学位论文撰写的首要原则。因此,学位论文的绪论在阐明研究问题(点题)之后,一项不可或缺的重要内容就是阐释自己研究的创新之处。

然而,目前的许多学位论文却撇开其创新性,而大谈特谈其研究主题的意义。比如,研究"教师专业发展的历史透视",就写"从理论上说,教师专业发展不仅反映了教师自身能力、素质、价值观等各方面的改变，而且折射出社会的发展变化与主流意识形态的变更。通过梳理教师专业发展的历史过程，我们或许可以管窥整个社会教师观的演变历程……""从实践上说，厘清现有教师专业发展面临的诸多现实问题，并试图在此基础上寻找有利于教师专业发展的内外机制，不仅有利于重新树立社会公众对教师的信心，更有助于学生全面健康的成长和正确价值观导向的形成……"，并将其冠名为教师专业发展研究的理论意义与实践意义。这种绪论写作方式就把研究主题的意义误判为该主题研究的意义。或者说，研究某一主题的价值大小，并不取决于该主题自身的价值大小，而是取决于在该主题上作者是否有新的见解、新的方法或新的材料。此乃其一。其二，为了凸显研究的价值，学位论文的绪论都要对相关主题的已有研究进行文献综述，其综述的目的在于通过对已有研究成果的陈述，衬托出自己研究的创新之处。也就是说，学位论文的文献综述并不要求全面、系统地概括某一主题的相关研究，而是根据研究问题选择那些有助于衬托本研究创新之处的内容，即用已有的研究成果衬托出本研究的价值。但不幸的是，目前学位论文的文献综述，由于研究者不清楚其中的道理，大多被撰写成了独立成篇的文献综述。这种独立成篇的文献综述虽然围绕着某一主题看似全面、系统地阐述了已有研究成果的内容，尤其是最后通常还提炼出了该主题研究所存在的不足或缺陷，但通读全文将会发现，这些不足或缺陷却并不是该研究试图要弥补的，而是逻辑推演的结果，并未起到衬托自己研究创新的作用。况且，对已有研究成果所存在不足或缺陷的阐述，大多是笼而统之的言说，诸如对某一主题的某方面研究较多，而对某一主题的另一方面研究较少，或者说，已有研究理论分析较多，而实证研究较少等。从一定意义上说，对某一主题的某方面研究较少或者已有的实证研究较少，并不能反衬或证明自己研究某方面或进行实证研究就有了创新，因为较少并不是没有，而创新是相对于"无"而言的。因此，对某一主题的某方面的研究，哪怕只有一篇文献或只有一位研究者运用了实证研究，倘若自己的研究并没有超越别人之处，也是没有创新的。这样看来，彰显研究创新的唯一途径就是围绕着自己研究的问题，在翔实地陈述别人的研究内容中衬托出自己的创新，而不是通过作者自己的宣称。

最后，内容次序的错位。由于绪论的目的在于澄清研究问题，指出研究的可能创新之处，因此，绪论先写什么、后写什么就有一定的逻辑可循。一般而言，绪论应先通过界定核心概念阐明研究的主题，接着论述已有研究成果在此主题上都做了哪些工作，还有哪些内容有待完善或修正，从而进一步澄清研究的问题，并在与已有成果的对照阐述中彰显出自己研究的创新之处，最后写研究的方法和思路。

例如，在《教育生活中的表演——人类行为表演性的教育学考察》中，其"绪论：作为教育现象和教育问题的表演"，先通过"对'表演'的各种成见""对'表演'的词源学考察""'表演'的问题性和该问题的复杂性"的阐述，明确了研究的主题；再通过综述"已有研究的视域和问题域"进一步澄清了研究的问题，并在与"已有研究的视域和问题域"的对照阐述中彰显出研究的意义；最后通过"问题域的推进：教育学的出场"和"本文的纲目构架"阐述了其研究方法和思路。正如作者所言，其绪论主要解决的是"对'表演'这一概念及问题的呈现和梳理"[1]。也就是说，学位论文绪论的逻辑次序是"核心概念界定＋已有文献综述＋研究方法和思路"。此种逻辑的合理之处在于，先通过核心概念的界定阐明研究的主题，再通过与已有研究成果的对照论述彰显出其研究的意义，并进一步澄清研究的问题，最后则论述研究的方法和思路。而当下许多学位论文却不清楚绪论阐述的逻辑，往往把核心概念的界定放置于问题提出或研究缘起之后，甚至有的学位论文在没有阐明研究主题的情况下，就大谈特谈其研究的意义。比如，《英雄"祛魅化"背景下的小学生价值观教育研究》，其绪论的内容排列次序是研究的缘起—研究的意义—研究的思路和方法—核心概念界定—相关研究综述。试想，在不清楚自己的研究主题是什么的情况下，何谈研究的意义、思路与方法？

二、学位论文绪论的丰富

"万事开头难。"绪论作为学位论文的"开头"，其撰写也很难，但这种"难"不在于绪论必须先写，而在于没有对学位论文整个写作过程的深入认识和透彻把握，就写不出上乘的绪论。当然，这并不意味着学位论文是从结论开始写的，也不是说学位论文的写作可以脱离研究问题的引导，而是说学位论文的研究问题大多要经历一个从朦胧到清晰、从游弋到确定的过程。如果说人对某一问题的认识大多要经历由肤浅到深刻、由模糊到清晰的过程的话，那么学位论文的绪论对研究问题的澄清，就不是一蹴而就的事，而是在尝试解答某问题的过程中逐渐完成的。从此意义上说，学位论文的绪论与其说是先写的，毋宁说是随着整个学位论文的推进而不断完善、丰富的。那么，从学位论文这一整体的视角来看，其绪论该如何撰写？

第一，在"部分与整体"的螺旋式循环中澄清研究问题。人的思维既能聚焦，也能扩散。思维的聚焦能让人看清某问题，洞察某事物；而思维的扩散则能让人对某问题或事物的视野开阔，萌生新观点。通常来说，在研究某一问题之初，人的思维由于迫于创新的驱动，大多处于扩散阶段。此时，思维的漂移、游动既使对某一问题的研究创新成为可能，也使该问题显得朦胧而不可捉摸。但当某一问题的这一方面或那一方面不断地清晰化，或者说，当研究者把对某一问题的某一方面的思考写下来，人思维的内容就会因客观化为文字而变得清楚明了，此时，人的思维就会回到聚焦阶段。而随着某一问题的这一方面或那一方面的逐渐清晰化，某一问题的全貌就会清晰呈现，那么该研究问题究竟是什么就会自然澄明、豁亮。

可以说，人对某一研究问题的澄清过程就是一个"整体—部分"的解释学循环。解释学循环告诉我们，"要理解整体，必先理解部分""要理解部分，必先理解整体"。如果说绪论承担着澄清研究问题的重任的话，那么澄清研究问题这一重任的履行则需要学位论文整个研究过程的支撑。倘若离开了学位论文整个研究过程的支撑，那么学位论文的绪论就会因对研究问题的整体理解的缺失而词不达意、言不由衷，且与整篇论文扞格不入。实际上，通过澄清研究问题，学位论文的绪论已经蕴含着整篇论文的胚胎，并预示、范导着整篇论文的写作；而蕴含着整篇论文的胚胎，并预示、范导着整篇论文写作的绪论显然脱离不开对整篇论文的透彻把握。从这种意义上说，学位论文的写作就是一个绪论与学位论文各部分的双向互动、相互趋近、逐渐整合的过程，且在二者双向互动、相互趋近、逐渐整合的过程中，绪论也会得到不断的修正与完善。因此，学位论文的绪论作为开头，即使先被写出来，也需要被不断地修改、完善，而那种把开题报告的相关内容简单移植、复制为绪论的做法就会显得荒谬可笑。

第二，在"已有文献综述"的具体陈述中彰显研究创新。绪论不仅要澄清研究问题，而且要进一步阐明研究问题的创新之处。而研究问题的创新之处是在比较中被鉴别的，这是学位论文绪论撰写文献综述的价值所在。因此，学位论文绪论中的文献综述并不求系统、全面地概述某一主题的研究内容，而是围绕拟解决的问题来组织、选择、甄别文献，并在与已有文献的对照陈述中彰显出拟解决问题的创新之处。或者说，此处的文献综述虽然看上去是在陈述别人就某一问题研究的观点和方法，实际上却是在运用别人就某一问题研究的观点和方法来衬托自己研究的创新。明了此中的奥秘，学位论文的文献综述，就不是按照研究主题编织相关的文献，而是以拟研究的问题为导向，着重叙述别人在拟研究的问题上都做了哪些工作，还有哪些问题尚未被解决或有待完善，进而抛出自己研究的问题和对该研究问题的预先假设。比如，在《教育生活中的表演——人类行为表演性的教育学考察》中，作者通过阐述"已有研究的视域和问题域"，揭示出已有研究成果"缺少通过教育学的视角对表演问题的深入理解"，进而提出"本文的任务就是：通过对教育生活领域中的表演行为进行的教育学研究，为理解人类行为的表演性问题，提供一条可能的路径"[2]。

因此，学位论文绪论中的文献综述是围绕着研究主题编织相关的文献，还是围绕拟研究的问题选择文献，不同的致思路径将导致不同的效果。前者有可能写成文献汇编，后者才能进一步澄清研究问题，并揭示出研究问题的创新价值。因为前者的目的在于告诉读者在某一主题上别人都做了哪些工作，即使最后指出其不足或缺陷，也是针对已有研究成果而言的；而后者则针对拟研究的问题，注重阐述别人都做了什么，还有哪些不足或缺陷，而此处的不足或缺陷恰恰就是拟研究的问题，从而彰显出拟研究问题的创新价值。这种"问题导向"的文献综述内在地具有一种批判精神和问题意识，其价值在于为拟研究的问题绘制一幅研究的地图，不仅概述了已有的研究成果，而且描绘出拟研究问题的研究路线，展现了拟研究问题的创新之处。

第三，在"问题＋方法＋结论"中理顺绪论内容的逻辑。从过程上看，学位论文的写作也无外乎提出问题、分析问题与解决问题，而这种提出问题、分析问题与解决问题的过程实际上蕴含着一个"问题＋方法＋结论"的逻辑结构。因此，作为学位论文缩影的绪论，就应遵循"问题＋方法＋结论"的逻辑，先通过界定核心概念明确研究的主题，再通过陈述蕴含着该研究主题的具有矛盾性的经验事实，让读者明确拟研究问题的经验形态，接着通过文献综述进一步廓清拟研究问题的理论形态，从而在阐明研究问题的过程中，让拟研究问题的意义在其经验事实和理论形态的阐述中自显，而不是专门阐述其意义。至于绪论中对于研究方法和结论的阐述，应该说，只要如实、客观地呈现了学位论文所运用的方法以及获得的结论即可。也就是说，学位论文在解决某一问题时到底运用了什么方法，只要实事求是地陈述就行，而没有必要单独列举本研究运用了诸如文献法、比较研究、历史研究等，而对于结论的阐述就更为简单，只要如实地叙述在某问题上到底得出什么结论就行了。

一般而言，根据"问题＋方法＋结论"的逻辑结构，学位论文的绪论应写清下列内容：选题意义、核心概念界定、文献综述、研究方法、各部分的主要内容及其逻辑等。其目的在于彰显本研究与已有成果之间的差异，凸显本研究在观点或方法上的独特性，以及全文写作的基本思路，以便读者概览全文，并引发阅读兴趣。可以说，合格的绪论不仅要清晰阐明研究的问题，而且要通过与已有研究成果的对照彰显出研究的意义。这里特别要指出的是选题的意义不同于研究的意义，或者说研究主题的意义不等于主题研究的意义。比如，在《教师专业发展的历史透视——一种教育学的视角》中，教师专业发展的意义就不是教师专业发展研究的意义。前者是研究主题的意义，可以通过论证教师专业发展对教师、学生、教育等方面发展的影响来阐述；而后者则是主题研究的意义，需要通过与已有研究成果的对照才能彰显。应该说，研究的意义不是"王婆卖瓜，自卖自夸"的自我宣称，而是在与已有研究成果的比较中的自动显现。通常来说，倘若选题只是一个习以为常而又常谈常新的主题，诸如教师专业发展、学生学习、对话教学等，就没有必要长篇大论地阐述其意义；只有关于那些新的教育现象或新的教育问题的选题，由于其意义还未能被大多数人所接受与认同，才有必要详细地阐述和论证，以便引起人们的重视。实际上，由于"研究主题"意义与"主题研究"意义的混淆，许多学位论文对那些习以为常的研究主题的意义阐释大多是"画蛇添足"，而在文献综述中对本该凸显的主题研究的意义阐释却语焉不详、不了了之。

参考文献：

[1][2] 李政涛. 教育生活中的表演——人类行为表演性的教育学考察[D]. 上海：华东师范大学，2003：3-31，25. 该论文被国务院学位办评为 2005 年度"全国百篇"优秀博士学位论文之一。

第四节　学位论文核心概念的界定

　　核心概念的界定是学位论文的重要组成部分。说其重要是因为学位论文的写作无非是围绕着某一问题展开论证，并尝试给予解答的过程，而界定核心概念就是告诉读者论文所要研究的对象及其问题是什么。倘若没有核心概念的界定或核心概念界定存在问题，那么学位论文所要研究的对象及其问题就会不明确，其写作就会变得无从下手，或漫无边际。然而，在学位论文的写作中，核心概念的界定却未引起研究生的足够重视，从而导致各种核心概念界定的偏差，严重影响着学位论文的质量。

一、核心概念界定的偏差

　　学位论文核心概念的界定是对论文所要研究的主题给予定义，或者说对学位论文所要研究的对象及其蕴含的问题给予呈现、说明和论证，从而为学位论文的写作划清边界、指明方向，继而为学位论文的展开提供一种逻辑地图。这说起来容易，但真正界定核心概念却不仅需要研究者掌握与研究对象有关的知识，而且需要研究者洞察研究对象的内涵、廓清研究对象所蕴含的矛盾。因此，学位论文核心概念的界定不仅重要，而且艰难，稍有不慎，就会出现偏差，其主要表现有列举式界定、烦琐式界定、模糊式界定和干瘪式界定等。

(一)列举式界定

学位论文通常有核心概念界定的内容，但阅读该内容却发现，研究者只是列举了别人对某一概念的解释，然后选择一种解释作为自己核心概念的定义，至于某学者从什么视角、为什么这样界定该概念，以及其界定的概念有什么优缺点等问题则不进行辨析。积极地说，这种列举式界定只是引用了别人的概念而已，纵然不产生误解或误读，即研究者恰巧与其所引用的学者拥有相同的语境，或针对同样的问题，但这种核心概念界定方式却在借用别人概念的同时，也束缚或抑制了自己的创新，因为概念创新是论文创新的逻辑起点。消极地讲，这种列举式界定只是把学位论文的写作当成了已有明确答案的填空题的填写，却不知在不同的语境中，即使是相同的概念(特指人文社会科学的概念)也有不同的意涵。比如，在不同的哲学家那里，哲学就有不同的含义；同样，在不同的社会学家那里，对社会的理解也存在着差异。正是对同一概念的不同理解和阐释，建构了异彩纷呈的理论世界，也成就了各具特色的理论家。因此，列举式界定反映的不是研究者行为懒惰，就是研究者自甘平庸。

(二)烦琐式界定

一个核心概念往往包含着其他词语，研究者为了廓清该核心概念的含义，常常先界定核心概念包含的其他概念。比如，在《高中生参与宿舍管理研究》中，研究者为了界定"高中生参与宿舍管理"，就先后界定了"参与"和"高中生参与"、"管理"与"宿舍管理"，但至于什么是"高中生参与宿舍管理"却没有界定。即使该论文最后界定了其核心概念——"高中生参与宿舍管理"，试想这种套解式的核心概念界定除了给人一种烦琐冗长之感外，恐怕不会留下什么。况且，"参与""高中生参与""管理""宿舍管理"本来就是可以被理解的词语，又何必故弄玄虚，将简单的词语复杂化？其实，对于像界定"高中生参与宿舍管理"这种大多数人都能理解的概念，如果研究者对该概念没有新颖独特的见解，最好开门见山地指明其基本含义及其特征就可以了，而没有必要绕来绕去地重复解释。

(三)模糊式界定

凡是概念都有所指，即使是抽象概念也有人类经验的支撑。比如，人无非是张三、李四等一个个具体人的抽象，哲学也是众多哲学理论的表征。可以说，当人们看到一个概念时，其脑海里就应闪现相应的经验表象（representation）。因此，在界定核心概念时，应把概念的抽象表达与经验陈述结合起来，而那种仅用抽象的概念来界定概念的做法，往往导致核心概念界定的模糊化，其典型表现有二。一是在未进行分类阐释的情况下，把核心概念的两个具有矛盾的特性放置在一起，从而违反了话语表达的同一律。比如，有论者把教育公平界定为教育平等，而在阐述时却又讲教育公平也包含着教育不平等，那么，教育公平到底是教育平等，还是教育不平等？二是进行量化研究时缺乏核心概念的操作性定义。比如，有论者用量化方法研究教师的批评行为，而把"批评"只是界定为"教师对学生行为的否定性评价"。试想"否定性评价"只是一个定性规定，每个人都有不同的理解。在此情况下，其量化统计的数据就没有了客观标准[1]，因此，其研究结论就不可信。从一定意义上说，当下有些学位论文之所以让人看后一头雾水或似懂非懂，其问题的根源就在于其核心概念界定模糊、混乱，充满歧义。

(四)干瘪式界定

界定核心概念不仅要表明所研究的对象及其问题，而且要内含着研究问题展开的逻辑，也就是说，核心概念应包含着论文所要展开的理论框架。然而，有些学位论文的核心概念界定只是说明了所研究的问题和对象，而对所研究的问题和对象本身所包含的层次、具有的特征却没有展开分析。说得清楚些，只是就核心概念下了一个定义，而对定义所包含的内容、具有的特征等却没有充分呈现和论述，从而使核心概念的界定显得干瘪。与干瘪式界定相对应，丰满式界定则是指界定的核心概念不仅涵盖了所要研究问题的各个层面，而且蕴含着论文展开的逻辑结构。最典型的例子就是马克思《资本论》中的商品概念。马克思不仅界定了商品这一概念，而且分析了商品的二重性，即使用价值和价值，揭示了商品在物的外壳掩盖下的生产关系，从而发现了剩余价值规律，成功再现了资本主义发展的逻辑脉络。

二、核心概念界定的路径

学位论文核心概念界定的路径不是指概念界定的具体方法，如查阅词典或辞典，引用他人的定义，或运用属加种差的定义方法等，而是指概念界定的方法论，或者说概念界定的指导思想。那么，针对学位论文核心概念界定的偏差，在核心概念界定时应把握哪些路径？

首先，廓清核心概念界定的视域，明确"界定即重新界定"。"视域"（horizon）源于解释学，虽然视域可被称为视界、视野与眼界，但它不是指肉眼所看到的范围，而是指思考所涉及的范围，是理智（心眼）所看到的内容，不仅包括认识对象，而且包括与认识对象有关的知识、经验、社会环境、自然环境等背景因素。可以说，视域犹如人心灵的窗口，通过视域这扇窗口，人们才能认识对象，并将认识对象置于一定的背景之中，考察对象与背景事物之间的各种相互作用，从中发现对象的属性和意义。对象的属性是认识对象在特定环境和条件下呈现出来的性质，而对象的意义则是认识对象对于周围其他事物的作用、价值和影响程度的体现。[2]也就是说，人们思考和研究某个对象，需要一定的视域支撑，需要把认识对象置于已知的基础上，从已知探求未知。而当视域不同时，人们对同一对象往往看出不同的景观，使该事物呈现出不同的性质与意义。因此，在界定核心概念时，研究者需要明确自己的研究视域，清楚自己是从什么视角、为了什么界定核心概念的。

由于每个人的生活阅历、知识结构、价值取向的差异，在面对同一个对象或问题时，其视域可能重叠，但很难完全相同。在此意义上说，人们表征某个对象或问题的概念可以"公用"，具有一定的"普遍性"，但对某个对象或问题的概念化却是"私有"的。比如，人们在称呼某人为"美女"或"俊男"时，每个人实际上所指的"美"或"俊"各不相同，有的人也许认为其"美"或"俊"在其身材，有的人也许认为其"美"或"俊"在其相貌。因此，对某个对象或问题的界定通常是重新界定。广而言之，定义都是某个人的定义，而对某个对象或问题的定义就是重新定义。[3]如此看来，那种简单列举别人定义的做法不仅可能使研究者对别人的定义产生误读或误解，而且难以说明自己的研究对象或问题，更为重要的是有违学位论文创新的宗旨。

其次，直面核心概念表征的事实，让事实显现自身本质。概念是对事物本质属性的反映，但通达事物本质之路并非仅有一条，从洞悉事物本质的思维方式来看，至少有演绎思维和归纳思维。演绎思维是从概念到概念的推演，强调"思"的重要性；而归纳思维则是从事物本身出发，注重"面向事实本身"。一般而言，演绎思维和归纳思维作为把握事物本质的方式各有其优缺点，只不过，对于学位论文核心概念的界定而言，那种从概念到概念的演绎思维虽然看似深刻、明确与清晰，但实际上存在着遮蔽事物本身的弊端，因为任何事物都蕴含着多方面的内容和特征。而现象学所开创的"面向事实本身"的致思方式，却可以通过"悬置"前见，把先在观念或已有认识放到"括号"中"存而不论",让事物"如其所是"地显现自身,从而有效地规避了先在观念或已有认识对事物本质可能造成的遮蔽。

至于那种把简单的概念复杂化的烦琐式界定,除了有把自己的认识局限于已有的阐释之弊外,更为严重的是遗忘了事实本身才是概念表征的"原型"。因为概念都是抽象的,它在表征事物一方面本质的同时也舍弃、遗漏了事物另一方面的本质。而直面核心概念所表征的事实本身,则可以让研究者从事实本身出发,让事实如其所是地显现自身,进而多维度、多侧面、多层次地分析核心概念所要表征的事实本身。因此,当我们研究或探讨某一对象或问题时,最好通过"悬置"已有的认识,直面核心概念所表征的事实本身。这样就可以有效地规避那种把简单的概念复杂化的烦琐式界定。而这种直面核心概念所表征的事实本身的"本质直观"方法,按照胡塞尔在《现象学的心理学》中的论述,其步骤有三:①多样性变更的创造性展开;②在持续的覆合之中的统一联系;③积极地以直观确认诸差别中的同一。[4]

再次,运用分析思维,彰显核心概念的多重本质。如果说直面核心概念所表征的事实是为了洞见其直观本质的话,那么运用分析思维则是要把核心概念所表征的事实本身的直观本质进行条分缕析的梳理,以便获得核心概念所表征的事实本质的自明性。这种分析思维从源头上可以追溯到柏拉图的"相论"。柏拉图认为人们把握事物靠的是两种看:肉眼的看与理智的看。肉眼的看所把握的是事物的外表,而理智的看所把握的才是事物的相(本质)。就相与个体事物的关系而言,相是个体事物的模本或本质,而个体事物则是"相的集合"。因为个体事物有各种特征,这些特征也有相应的相作为其根据。[5]因此,界定核心概念不仅要通过直面核心概念所表征的事实本身洞见其直观本质,而且要运用分析思维展现该事实所具有的多重本质。比如,有论者在界定教育公平这一核心概念时,不仅通过直面教育公平所表征的事实本身,指出了教育公平是一个关系范畴,而非一个实体概念,而且运用分析思维,从质和量上论述了"正当"是教育公平的质的规定性,"相称"是其量的规定性,论证了教育公平具有历史性和客观性等特征。[6]

就言说的逻辑而言,我们不乏"相反相成、相生相克"的辩证思维,但缺乏分析思维,相应地,拥有辩证推理,但匮乏分析推理。而辩证推理会时时导致逻辑"链接"的中断,要依靠非逻辑的东西(比如直觉、悟性等)来填充逻辑的空缺,这就使得这种推理的"有效性"成为不可判定的东西。中国哲学中依赖辩证思维的箴句格言就是明证。这些箴句格言如"柔弱胜刚强"等,虽然听起来很有道理,也有例证,但它并不具有普遍性,其原因就在于什么是"柔弱",什么是"刚强",论者根本没有给予清晰的界定，从而使"柔弱胜刚强"不具有逻辑的必然性。而分析思维的最大特点就在于，无论谈论什么事情或问题，先将所谈论的事情或问题界定清楚，然后再进行推理、下判断。可以说，当研究者通过分析思维从不同的角度、侧面或层次揭示出核心概念的多重本质时，就不仅能给读者关于某一对象或问题的一个清晰认识，而且整篇论文的展开也拥有了相应的理论框架，从而使学位论文的阐述和论证有了牢固的出发点。

最后，通过"整体—部分"的解释学循环，丰富核心概念的内涵。人们对某一对象或问题的认识通常要经过由浅到深、由表及里的过程。同样，研究者对某一核心概念的理解也有一个去粗取精、不断深化的过程，这个过程可用解释学循环来说明。解释学循环告诉我们，"要理解整体，必先理解部分""要理解部分，必先理解整体"。如果说核心概念蕴含着学位论文展开的逻辑胚胎，那么随着对学位论文各部分研究的推进和认识的深化，研究者对核心概念的理解会逐渐深刻。反过来，对核心概念的理解越深刻，学位论文各部分的阐述就会越清晰。从这种意义上讲，学位论文的写作就是一个核心概念与学位论文各部分的双向互动、相互趋近、逐渐整合的过程，且在二者双向互动、相互趋近、逐渐整合的过程中，核心概念的内涵也会得到不断的修正、丰富与充实。

"天下大事必作于细，天下难事必作于易。"学位论文的写作是研究生学业表现的最终证明，也是一项异常艰巨的脑力劳动。当下，为了提升学位论文质量，各研究生管理部门对学位论文的外在形式都做了详细、明确的规定，如学位论文的绪论要有选题的意义、核心概念的界定和文献综述等内容，但有的研究生却囿于学位论文的形式规定，把学位论文的创新性表达当成一个有既定答案的填空题的填写，从而使学位论文表面看起来非常完美，实际上却空洞无物，导致了学位论文"金玉其外，败絮其中"。具体到核心概念的界定，就是只是引用他者的定义，而对引用的定义却既不做分析，也不论证自己对核心概念的看法，尤其是遗忘了核心概念的内涵是在"整体—部分"的解释学循环中不断得以修正、丰富与充实的，从而把已界定的核心概念当成一种"完成时"，而不是一种有待深化或修正的"未来时"，使核心概念的界定显得干瘪，严重影响了学位论文的质量。

质言之，在学位论文的写作中，核心概念的界定不仅是一项奠基性的工作，而且是学位论文展开的逻辑起点。倘若核心概念的界定存在这样或那样的问题，不仅整个学位论文难以持之有故、自成一家之言，而且会漏洞百出、自相矛盾。从这种意义上说，学位论文成在核心概念的界定，败也在核心概念的界定。

三、核心概念界定的价值

界定学位论文的核心概念，不仅意味着澄清研究对象的内涵、外延、特性，以便明确研究对象，避免言此而意彼的"概念偷换"；而且意味着研究对象的内涵、外延、特性要与所研究的问题及其意义或研究对象形成的机制等相契合、匹配，以便清楚为什么如此界定核心概念，避免核心概念界定的"意向模糊"；还意味着研究对象的内涵、外延、特性要与问题解决的建议或观点相一致、互为贯通，以便孕育创新观点，避免劳而无功的"重复言说"。也就是说，学位论文核心概念的界定至少具有三重价值：明确研究对象、澄清研究问题与孕育创新观点。

(一)明确研究对象

作为研究成果，学位论文是对某(些)问题的创新解答，而问题总是关于某(些)对象的问题。在此意义上，要想获得对某(些)问题的创新解答，就得先界定核心概念，明确核心概念的内涵、外延、特性，这是学位论文展开问题分析与解决的前提条件。比如，在《我国现阶段教育公平问题的理论探讨》中，笔者在引言后就用两章内容，回答了何为教育公平，澄清了教育公平的内涵、外延，辨析了与教育公平相关的概念，阐释了教育公平所具有的历史性、发展性及内在矛盾性，从而为揭示现实中教育不公现象提供了逻辑前提。因为对于实践而言，问题就是理想与现实的差距。而界定何为教育公平，阐述教育公平所具有的特性，就为教育公平勾画了一种理想状态；再用教育公平的这种理想状态透视现实的教育，就不难发现二者之间所存在的差距。换言之，对于实践而言，问题皆是在核心概念这一理想之"光"的照耀、透视下所呈现的问题；而问题的分析与解决则表现为在核心概念这一理想之"光"的引导下描述问题的表征、揭示其原因，以便在问题解决的对策或建议中契合、实现某理想。

只不过，当时在写硕士学位论文时并没有清楚地意识到学位论文核心概念的界定就类似于为某(些)对象建构一种理想图式，且只有建构了某(些)对象的理想图式，才能发现、揭示出某(些)对象所存在的现实问题；而是通过参照自己所推崇的一些学位论文的范例进行模仿而已。也正因为不知学位核心概念界定的价值既意味着明确研究对象，也意味着澄清研究问题，还意味着孕育创新观点，所以今日再回过头来重读自己的硕士学位论文，才发现核心概念的界定与研究问题的澄清以及研究问题解决的对策之间存在着诸多不协调、相互冲突的地方。诸如在揭示"现实中教育不公现象"时，并没有对照、匹配上文对何为教育公平及其特性的认识，而是另起炉灶从"宏观""微观""教师公平"三维度描述、阐释教育不公的现象，且教育公平的界定与教育不公的原因分析及实现教育公平的对策建议之间也缺乏必然的内在联系。这种观点论证、书写思路的松散乃至紊乱，从表面上看是由于言说逻辑的缺失使然，但实质上则是由不知核心概念界定的价值造成的，从而导致了概念界定与问题澄清、观点阐释的相互割裂。

(二)澄清研究问题

问题是主、客体交互建构、生成的困惑或疑问，具有主、客观双重属性。从形式上看，问题是主体思维的产物，具有主观性；但从内容上看，则是某(些)对象具有的内在矛盾在人脑中的折射与反映，又具有客观性。学位论文之所以造成核心概念界定与研究问题的脱节，在一定意义上是因为未能在阐述核心概念所具有的特性后进一步揭示出某(些)对象所具有的内在矛盾。因此，在撰写博士学位论文《论教育学研究的价值生成》时，笔者除了清晰界定了何为"教育学研究的价值"，阐述了其类型及其特性外，就用一节的篇幅论述了"教育学研究的价值两难"，指出"教育学研究的学术性"与其"意识形态性"、"教育学研究的境域性"与"异域教育理论的他者性"、"教育学研究的专业性"与"其他学科知识的适切性"、"教育学研究的理论性"与"教育学研究的实践性"等之间的内在矛盾，从而为下文阐述"教育学研究的价值立场"埋下伏笔、做了铺垫，提出"在面对意识形态、异域教育理论、其他学科知识与教育实践时，教育学研究应坚守何种价值立场？其价值立场的合理性何在？又该如何体现、贯彻自己的价值立场?"等问题，从而通过核心概念的界定澄清了研究问题。

自然，即使在撰写博士学位论文时，自己也并未清楚地意识到核心概念的界定要与研究问题勾连、对接起来，只是带着一种强烈的问题意识，秉承学位论文的写作价值在于创新性解答研究问题这一理念，总是反复追问教育学研究与意识形态、异域教育理论、其他学科知识和教育实践的关系上是否存在着值得研究的问题，若上述关系上存在着值得研究问题，那么自己对这些问题的回答是否有所超越，是否有自己的观点，并坚信只要教育学研究与意识形态、异域教育理论、其他学科知识和教育实践的关系上仍存在着值得研究的问题，且能给予创新解答，那么就实现了学位论文写作的价值；而不知教育学研究所存在的问题就蕴含在对教育学研究价值的界定中，需在界定核心概念——"教育学研究的价值"中给予揭示与澄清。因为研究问题若是真实的，这种真实的研究问题必然是对研究对象所蕴含的内在矛盾的揭示与阐述。

（三）孕育创新观点

创新是学位论文的价值所在。学位论文的创新既可表现为视角、方法的创新，也可呈现为材料、观点的创新。但视角、方法与材料的创新，最终皆应体现为观点的创新，否则，视角、方法与材料的创新就意义有限。而观点创新的根基与源泉则在核心概念的界定，因为没有对某（些）对象新颖的构想，不可能发现新问题，也就无从生成创新的观点。正是从此意义上，笔者曾断言："学位论文成在核心概念的界定，败也在核心概念的界定。"当然，此观点也并非空穴来风，而是在阅读、欣赏优秀学位论文中获得的感悟。比如，在石中英教授的博士学位论文《论教育学的文化性格》中，其"导论"就是"概念与问题"，即通过对核心概念"教育学"的界定，揭示出"教育学问题"，再基于"历史研究""理论研究""比较研究""应用研究"证成开拓性的创新观点——"教育学的文化性格"[7]。项贤明教授在博士学位论文《泛教育论》中，通过"教育现象史的考察""教育认识史的考察"两章内容界定了"泛教育"这一概念，从而为阐述、诠释"两个世界的教育""教育的场所""教育活动模式"等提供了逻辑前提。[8]李政涛教授在博士学位论文《教育生活中的表演——人类行为表演性的教育学考察》中，开篇就回答了"表演是什么"，并基于对核心概念"表演"的界定引出"作为教育问题的表演——教育行为的'表演性'"及其研究问题。[9]此三篇博士学位论文皆是"全国百篇"优秀博士学位论文，其观点创新自不必多说，而其创新的观点则植根于核心概念的界定中。

一旦意识到核心概念的界定在学位论文写作中的三重价值，那么就能确证核心概念的界定在学术表达中的基础地位。在核心概念界定的三重价值的规范与指引下，笔者在撰写专著《智慧教育的建构》时进行了尝试与检验。在"绪论：智慧教育的概念释义"中，先从三个维度回答了"何为智慧教育"，认为"从目的来看，智慧教育是培育人的智慧的教育""从过程来看，智慧教育是转识成智的教育""从方式来看，智慧教育是人的智慧与人工智能融生的教育"。再根据此核心概念的界定，结合文献综述，澄清了拟研究的问题：既然智慧教育是培育人的智慧的教育，那么智慧教育需确立怎样的人学观？既然智慧教育是转识成智的教育，那么转识成智何以及如何可能？既然智慧教育是人的智慧与人工智能融生的教育，那么在学校教育中，如何从课程、教学、教师的视角建构智慧教育？带着上述问题，持续创新思考，从而使回答研究问题的过程成了观点创新的呈现。在撰写此专著时，在回答一个个研究问题的过程中，笔者就将相关的研究成果投稿给不同的学术期刊，截至专著公开出版前，已公开发表20余篇期刊论文。此专著除了"研究方法与内容"的陈述及自序、后记未能公开发表外，其他内容皆以期刊论文的形式先行发表。在一定意义上，此专著基于核心概念的界定澄清研究问题进而予以新解，就验证了核心概念界定的价值并非仅仅是明确研究对象，而且意味着澄清研究问题与孕育创新观点。

四、学位论文核心概念界定的价值偏离

从构成上看，学位论文是由核心概念贯穿、链接的一个概念体系。核心概念的界定对于学位论文写作来说，其意义是不言而喻的。然而，有些研究生在撰写学位论文时，却因种种原因，仍存在着核心概念界定的抽象化、无问题化与平庸化等价值偏离现象。

(一)核心概念界定的抽象化

在学术规范的约束下，大多数研究生在学位论文写作中，也不乏对核心概念进行界定，但有些核心概念的界定却呈现出抽象化现象，即用更抽象的概念解释概念，而被解释的概念却并未让人更加明白、清楚。比如，数是一个表示数量的概念，或数是一个表示数量的集，此类概念界定皆符合标准的"种差＋邻近的属"的定义方式，但对于不懂"数量"与"集"的人来说，此概念界定仍让人摸不着头脑。如果说对上述"数"的界定属于鸡蛋里挑骨头的"求疵"，那么这里所说的核心概念界定的抽象化，则是一种不良倾向，即有些研究生在界定核心概念时，为了彰显自己的学识渊博，运用一些本来就容易混淆、难以辨别的概念进行阐述。比如，为了解释何为"教育之善"，就说教育之善是教育的本质、本源与本体，而不知教育的本质、本源与本体是三个不同的概念。即使读过哲学专著的人，如果不仔细辨析，也难以理解；对于普通读者而言，将教育本质、本源与本体并置起来，读后只会雾中看花、头晕脑涨，从而使概念丧失了其沟通、交流的基本功能。

的确，通过概念界定，人可以将经验层面的事象(事实与现象的合称)提升到概念层面，以便准确地把握事象的内涵、特性等，这也是人理性思维的优长之处。但概念界定是对现实客观对象的本质属性的把握，是现实客观对象的质变引发的概念变换或运动，并不能脱离现实的客观对象。而概念界定的抽象化则试图脱离现实的客观对象，只是谋求在概念的运动中以名不副实的概念变换替代现实客观对象的变化，表现为热衷于用一些生僻的词语、晦涩的句子炫耀"学问"，而非用一些通俗易懂、贴切准确的话语揭示某客观对象的内涵、特征，进而阐述某种道理。此乃其

一。其二，核心概念界定的抽象化所形成的是抽象概念，而不是具体概念。抽象概念只是表达了某客观对象形式上的空洞普遍性，而抽象掉了某客观对象的特殊性，它看似把握了某客观对象的本质属性，其实呈现的却是"正确的废话"。举例来说，"文以载道"是人对文章立意之特性的普遍性概括，倘若仅仅指出该文"载道"而不能指出其载的是何种道，那么对该文的评价就等于什么也没有说。具体概念则在把握某客观对象的普遍性的同时呈现出其所具有的特殊性，能正确地指出该文载有何种"道"。比如，该专著阐述了学位论文写作的学理等。

（二）核心概念界定的无问题化

如果说学位论文是对研究问题的回答，研究问题是学位论文写作的主线；那么研究问题从何而来？对于实践而言，如果说研究问题是对某事象的理想期待与其现实存在的差距，那么对某事象的理想期待就蕴含在核心概念界定中。对于认识而言，如果说某事象存在着问题，那么其根源也在于对某事象特性的认识发生了偏差，此问题也蕴含在对某事象的重新界定中。因此，无论是探讨实践问题，还是深究理论问题，研究问题皆需在核心概念界定中有所揭示和铺陈，表现为重新认识、判断某事象。而一旦对某事象进行了重新的认识和判断，那么在概念中处于隐蔽和萌芽状态的某事象的同一性与差异性的矛盾，就会通过主词＋谓词的形式（在内容上则是对象＋属性）公开地表现出来，概念原先所具有的普遍性、差异性与个体性的三位一体结构就变成了三位二体结构，即统一的概念分裂为主谓二体。在这种主谓二体结构中，概念界定就蕴含着某事象本身所具有的内在矛盾，也就隐藏、预示着研究问题。因为"一切客观存在的事物或对象，既与自身同一，同时又与自身不完全同一，同一中有差异，差异中有同一，同一与差异不可分离，二者的对立统一是客观世界事物的矛盾本性"[10]。通过界定概念揭示出某事象"同一"与"差异"的对立统一，就为学位论文澄清研究问题提供了逻辑前提。

然而，有些学位论文，在核心概念界定中，却有意乃至刻意地回避核心概念所蕴含的矛盾，从而造成核心概念界定的无问题化。这种核心概念界定的无问题化具体表现为只是呈现概念的普遍性，而未能揭示出其具有的差异性，从而人为地消解了作为普遍性、差异性统一的个体性概念所具有的矛盾，进而使学位论文写作在看似自圆其说的直线推进中缺乏应有的深度，且表现出某种片面性。比如，在阐述"劳动幸福"时，仅仅阐述劳动幸福的依据，诸如劳动是财富的来源，劳动是人本质力量的外化，劳动是人的立世之本，据此推出劳动是幸福的。的确，上述推理论证也不无道理，但直面现实则会发现劳动并不总是幸福的，反而常常与痛苦、艰辛相联系，劳动幸福并没有在现实中得到充分体现。因此，在阐述劳动幸福时，就应直面劳动的内在矛盾性，在核心概念界定中揭示出劳动所具有的谋生与自由的二重性，表现为付出与收获、艰辛与赋能等。展开来说，劳动的二重性植根于劳动的谋生"含义"与其自由追求的超越性"意义"的功能结构中，有限而确定的谋生含义的劳动保证了人的生存，对无限而具有超越性的自由意义的追寻则使人超拔于动物之上。劳动的谋生含义与劳动的自由追求如影相随，须臾不可分离。因为人无谋生含义的劳动则无法生存，而人无自由意义的劳动则无法在人区别于动物的人性向度上生存。[11]如此，揭示出劳动所具有的二重性就预示着现实中劳动所面临的各种问题，而劳动幸福论的旨趣与价值则在于阐述如何在解决现实中劳动所面临的各种问题中实现劳动幸福。

（三）核心概念界定的平庸化

创新是学位论文的价值所在。虽然学位论文不可能做到全新，但有无一定的创新性则是评判学位论文是否合格的关键指标。如果说核心概念是学位论文的胚胎，那么学位论文创新的源头就在概念创新上。道理很简单。倘若对所研究的对象缺乏一定的创新认识，那么寄希望于正文的阐述有多大的创新就只能是一种不切实际的奢望与空想。但问题恰恰就出在有些学位论文的核心概念界定并没有什么新意，而只是已有观点的移植或套解，从而使学位论文的创新大打折扣。比如，研究教育理论，如果仅仅重复地将教育理论视为对教育实践的理性认识，那么就不可能在教育理论的研究上增加什么新的认识。如果不仅把教育理论视为对教育实践的理性认识，而且将教育理论视为运用方法（论）对教育问题的创新性思维操作或其他，那么教育理论就会呈现出另一种样态，研究者才有可能阐述、论证一些新颖的观点。

核心概念界定的平庸化表面上看是对已有观点的重复，实质上却是缺乏独立思考所致，是懒于直面研究对象本身所为。因为每个个体作为独特的存在，皆具有自己独特的"前见""前有"，带着这些独特的"前见""前有"，直面研究对象本身，进行独立思考，且将已有的观点暂时放置于括号中，就不难建构出自己对研究对象的独特认识。"一树梨花万首诗。"同样的一树梨花，在不同个体"前见""前有"的观照、透视下，不同个体就能创作出形态各异、情感纷呈的万首诗来。同理，面对同样的研究对象，倘若不能建构出一种不一样的认识，就只能体现出概念界定的平庸。在创新上，有人曾打过一个比喻：当第一个人将人的脸庞形容为苹果时，此人是天才；当第二个人将人的脸庞形容为苹果时，此人是庸才；而当第三个人仍将人的脸庞形容为苹果时，此人则是蠢材。从中既能感受到创新的艰难，也能体会到创新的魅力。在此意义上，从事学术研究则需秉承、崇尚"独立的人格"与"自由的精神"，而缺乏"独立的人格"与"自由的精神"就会将创新的想法扼杀在萌芽中。这种"独立的人格"与"自由的精神"体现在学位论文的写作中，就是直面研究对象本身，勇于、善于对研究对象重新界定，避免核心概念界定的平庸化。

五、学位论文核心概念界定的价值实现

直面学位论文核心概念界定的抽象化、无问题化与平庸化的价值偏离，学位论文核心概念界定的价值实现则需：具象抽象概念，明确研究对象；陈述概念矛盾，预示研究问题；践行概念创新，生成新颖观点。

(一)具象抽象概念，明确研究对象

以概念把握研究对象，是展开学位论文写作的基本方式。因此，对研究对象进行抽象以形成概念，是学位论文写作的必要条件。但洞察、把握研究对象的概念至少有两种：一是抽象概念，二是具体概念。抽象概念是基于感性的客观事象通过抽象而获得的事象的本质规定，这种抽象概念自然能更深刻地反映客观的事象，但此种抽象概念常常用事象的一种属性代替其他属性，并不能完整、全面地洞察、把握事象的多重本质属性，还需从思维的抽象上升为思维的具体。而思维的具体所形成的具体概念则是基于对事象的多种抽象规定通过综合而获得的事象的多重本质属性的思维综合。因此，具象抽象概念是指将已形成的对某事象的抽象概念进行综合，以便把握某事象的多重本质；同时，将某事象的多重本质与某事象的现实存在联系、贯通起来。因为一旦脱离了与某事象现实存在的联系，那么即使是具体概念也极易导致概念的自行运转而远离现实的事象，从而陷入一种唯心主义的思维陷阱中。

倘若笔者研究"教育之善"，则会通过具象各种教育之善的抽象概念，力争明确研究对象。具体而言，教育之善具有多重属性。比如，有人认为教育之善，善在人性；有人认为教育之善，善在美好的教育生活；有人认为教育之善，善在成就学生全面而有个性的发展等。上述对教育之善的抽象概念皆揭示、阐述了教育之善的某方面属性，那么教育之善的具体概念则需按照某种标准通过综合形成一个具体概念：从形式上，将教育之善阐释为人性之善；从内容上，将教育之善视作美好的教育生活；从结果上，将教育之善诠释为成就学生全面而有个性的发展。或另辟蹊径，将教育之善阐述为用知识之德性培育、提升人性之善，并分析何为知识之德

性，人性之善由哪些要素所构成，以及知识之德性与人性之善的对应、关联机制等。一句话，具象抽象概念，就是在分析有关某研究对象的已有认识的基础上，全面把握某研究对象的多重本质，并按照某种标准或逻辑阐述某研究对象，从而明确研究对象，为学位论文写作提供一个牢固的逻辑起点。

(二)陈述概念矛盾，预示研究问题

如果说客观事物的发展变化皆是由自身的矛盾所促成的，那么反映客观事物本质属性的概念也就蕴含着矛盾。概念矛盾是概念所揭示的客观事物本质属性所具有的矛盾本性在语词上的反映。比如，任何理论皆蕴含着抽象性与现实性的矛盾。因为没有抽象性，理论就不成理论；而没有现实性，理论就无存在的意义。理论的抽象性与现实性之间的矛盾就构成了理论发展的内在动力。正如马克思通过揭示商品所具有的价值与使用价值的二重性，从而为展开资本分析、批判提供前提那样，陈述概念矛盾就是在界定核心概念时，直面客观事物本身所具有的本质属性间的矛盾，自觉地运用语言揭示出概念所具有的矛盾，从而为分析、解决某事象的矛盾埋下必要的伏笔。

如果说陈述概念矛盾意味着对研究问题的预示，那么对研究问题的预示就为学位论文的写作提供了一条明确、清晰的操作路径，使学位论文的写作展现为问题分析与解决的过程。但不幸的是，有些学位论文却有意乃至刻意地规避概念矛盾，只是用概念反映客观事物某方面的特性，而忽略其相反的特性；不是通过陈述概念矛盾深刻地揭示出某事象发展过程中所存在的矛盾，并通过分析某事象发展过程中所存在的矛盾阐发、论证自己的观点，而是一厢情愿地盲信某种自以为是的片面观点，并信誓旦旦地用不断重复的"强调"来强化片面观点，好像某种观点被重复多遍就自然会变成真理似的，而不知真理是基于事实和理论在相互辩驳、互为质疑中产生的，且需经过实践经验的检验与证明。比如，论述"劳动幸福"，却无视劳动自身所蕴含的矛盾，只是列举、陈述能证成劳动幸福的劳动特性，而无视劳动可能带来的不幸，并通过消除劳动可能带来的痛苦而实现劳动幸福，从而使对劳动幸福的辨明、论证退化为对劳动幸福的宣讲与灌输，不是探究、研究劳动幸福，而是推销、兜售自己的劳动幸福观。

(三)践行概念创新，生成新颖观点

概念创新不仅是学位论文创新的组成部分，而且是学位论文观点创新的起点。从新颖的程度上看，概念创新至少有三种类型：概念独创、概念重构与概念借鉴。概念独创是基于对新事象的发现而予以命名，从而创制出一个独一无二的概念。概

念重构是基于对已有概念的批判与质疑而对已有概念的丰富与完善。概念借鉴则是借助联想或类比的相似思维,将其他学科或领域的概念运用到自己研究的学科对象上。但无论是概念独创,还是概念重构,抑或是概念借鉴,皆需对学位论文核心概念拥有自己的独特理解与认识,且这种对核心概念的独特理解与认识要经得起理论与事实的检验。倘若没有对学位论文核心概念的独特理解与认识,那么在一定程度上就注定了学位论文的平庸;但倘若对学位论文核心概念的独特理解与认识经不起理论与事实的检验,那么对学位论文核心概念的独特理解与认识就只能是标新立异、哗众取宠与故弄玄虚的伪创新。

从操作上看,概念创新既可以基于某新事象,独创某概念;也可以通过质疑已有概念,重构某概念;还可以凭借联想或类比,借鉴其他学科的概念。当然,三种路径在实际的概念创新中常常表现出综合运用的特征。具体而言,概念创新要"以亲身感知、体验和观察到的具体、丰富、鲜活的事实为依据,在与既有知识进行对话、反思既有认知的基础上,通过知识再动员和逻辑再建构,提炼出新的概念,形成学理化的表达"[12]。从过程上看,概念创新先要聚焦某事象本身,以便概念界定拥有充分的经验事实;再反思已有概念,考察已有概念是否准确、全面地揭示、概括出某事象的本质特征;接着基于对已有概念的反思建构概念,以便增加对某事象的新认识;最后学理化概念,即对某概念进行学理化论证。不过,从学位论文写作上看,核心概念的创新则需放置于学位论文的构成要素(研究对象+研究问题+创新观点)中进行整体、通观的布局与筹划,既可以基于核心概念的创新澄清研究问题,也可以基于研究问题的发现创新核心概念,还可以基于新颖观点重构核心概念。但不管通过哪种途径,最终皆需实现核心概念的创新与研究问题的揭示、创新观点的论证的有机统一。从此意义上说,学位论文核心概念的界定就不仅是学位论文写作之初要做的事,而且贯穿、渗透于学位论文写作的全过程。确切地说,学位论文核心概念的界定既是学位论文写作的起点,也是学位论文写作的终点,即当学位论文初稿完成后,再回头观照、完善核心概念。只有将学位论文核心概念的界定既作为起点,也作为终点,才能真正发挥其明确研究对象、澄清研究问题与孕育创新观点的三重价值。

参考文献:

[1] 魏明霞. 硕士学位论文常见问题探析[J]. 学位与研究生教育,2009(3):23-27.
[2] 王前. "视域"的认识论意义[J]. 哲学研究,2011(11):38-43.

[3] 石中英. 教育学研究中的概念分析[J]. 北京师范大学学报（社会科学版），2009
    (3)：29-38.

[4] 李鹏程. 胡塞尔传[M]. 石家庄：河北人民出版社，1998：114-115.

[5] 贡华南. 抽象与立象：普遍性追寻的两种道路[J]. 现代哲学，2007(3)：80-87.

[6] 李润洲. 教育公平探析[J]. 江西教育科研，2006(11)：3-5.

[7] 石中英. 论教育学的文化性格[D]. 北京：北京师范大学，1997：1-25.

[8] 项贤明. 泛教育论[D]. 南京：南京师范大学，1997：1-20.

[9] 李政涛. 教育生活中的表演——人类行为表演性的教育学考察[D]. 上海：华
    东师范大学，2003：3-25.

[10] 张东锋. 判断系词"是"的辩证法含义——以辩证法、认识论与逻辑学的统一
    为视角[J]. 浙江社会科学，2021(7)：94-100.

[11] 尤西林. 劳动的涵义与意义[J]. 读书，2017(5)：97-101.

[12] 陈军亚. 从感觉到自觉：田野政治学的概念建构路径——以"韧性小农"概念
    建构为例[J]. 天津社会科学，2022(1)：66-71.

第五节　学位论文文献综述的思路

在学位论文的写作中，为了彰显学位论文的学术性，当下，文献综述成了其必备的构成要素。这本是一件幸事，但学位论文的文献综述应如何撰写？是"主题编织"，抑或"问题先导"？

一、"主题编织"抑或"问题先导"

从某种意义上说，当下学位论文的文献综述或多或少地呈现出一种"主题编织"的不良倾向，即把有关研究主题的文献罗列、编排在一起，从而使文献综述成了一种文献汇编，不仅未能凸显出学位论文的学术性，反而使文献综述成了学位论文写作的一个败笔。而要想走出文献综述"主题编织"的迷途，则需遵循"问题先导"的逻辑撰写文献综述，这样才能真正发挥文献综述的应有作用。

（一）文献综述"主题编织"的样式

学位论文自然有一个主题，这个主题一般就是论文的题目。倘若学位论文的文

献综述围绕着论文的主题来组织安排,其最为蹩脚的样式是某某学者就该主题说了些什么,某某学者就该主题又说了些什么,某某学者就该主题还说了些什么,从而把学位论文的文献综述变成了一种读书笔记,这是一种最为学者所诟病的罗列式文献综述。比如,在《对话视域下的师生关系研究》中,其文献综述就分为"师生关系的研究"的综述、"对话理论的研究"的综述,其中每部分综述又分别列举了有代表性的观点,诸如"关于师生关系的观点主要有'教师中心论'、'学生中心论'、'教师和学生互为主客体说'以及'教育主体间性论'",关于对话理论,哈贝马斯如何说,戴维·伯姆怎么讲,巴赫金说了什么,马丁·布伯讲了什么等。这种文献综述看似完整、深刻,但细究之,这样的文献综述只是把与该研究主题相关的内容罗列起来而已,除了告诉别人一些相关的知识外,并没有衬托出自己研究的独特价值。也就是说,与既有的研究相比,本研究试图在哪些方面有所突破?是赞同,还是反驳某种已有的观点?若是赞同,需要充实哪些新的事实材料?若是反驳,其原有观点的缺陷是什么?自己的观点如何超越已有的见解?即使赞同,到底赞同哪种观点?为什么?其根据何在?或者既有赞同也有质疑,那么赞同什么?为什么赞同?质疑什么?为什么质疑?自己的基本主张是什么?对于这些问题,此文献综述却只字未提,从而使文献综述变成了文献汇编。

当然,这种"主题编织"的文献综述还有更完美的形式,有些人还十分欣赏。比如,有学者认为,学位论文的文献综述主要包括文献概述、研究内容分析、目前研究中的不足或疏漏等几个组成部分。文献概述主要对查找文献时所使用的关键词、文献数量和出处等问题进行总体性的介绍。研究内容分析是文献综述的重点,其路径一般采用"总—分"的形式,即先总结当前研究所包含的内容,然后对此进行阐述和说明,尤其是要注意指出、总结已有研究中具有代表性的核心观点。如果已有研究的视角和方法值得借鉴,也可以一并指出。目前研究中的不足或疏漏可以从研究对象、研究方法、研究内容,或研究的前瞻性、研究的现实性等多方面进行分析,从而引出自己要研究的问题,以弥补已有研究的不足或疏漏。[1]从逻辑上看,这样的文献综述确实完美无缺、无可挑剔。但实际上,由于其受制于"主题编织",这种文献综述若不能与拟研究的问题进行对接,不能凸显拟研究问题的价值,就仍难摆脱文献汇编的窠臼,同样存在着很深的文献罗列的烙印。比如,在《英雄"祛魅化"背景下的小学生价值观教育研究》中,作者在综述完"西方价值观教育的研究"和"我国价值观教育的研究"后,指出"当前价值观研究还存在需要不断改进的地方。首先,价值观概念的权威定义至今没有定论;其次,基于教育理论的价值观研究尚未发展成熟，依然依赖心理学、伦理学和哲学等学科的研究；最后，研究方法单一、不科学"。且不说，这样的文献综述是否准确、全面概括了已有的研究成果，单就其对已有研究成果不足或疏漏的陈述而言：如果说"价值观概念的权威定义至今没有定论"，那么该研究就应针对"价值观"这一概念进行梳理，并提出一个更完善的定义；如果说"基于教育理论的价值观研究尚未发展成熟"，那么该研究就应建构一种"基于教育理论的价值观"理论；如果说"研究方法单一、不科学"，那么该研究就应在"研究方法"上更多样、更科学。但实际上，该作者对已有相关研究的不足或疏漏的陈述并不是为了使其更加完善，或者改进相关研究所存在的不足或疏漏，而只是基于已有文献进行的总结和概括，至少从后续的论述中看不出该作者是如何完善、改进已有研究所存在的不足或疏漏的。这样的文献综述或许只是迫于学位论文的规定使然，并不是为了凸显拟研究的问题及其价值，从而使文献综述成了学位论文的点缀或装饰，最终还是未能摆脱文献综述主题编织的网罗。

（二）文献综述"主题编织"的原因

文献综述之所以难逃文献汇编的厄运，起不到增强学位论文学术性的作用，究其原因至少有三。

其一，对文献综述意义的误读。有些人认为文献综述无外乎是把既有的相关内容给予简要的介绍、评论而已，因此，撰写文献综述就是把相关的内容罗列、呈现出来，而遗忘了学位论文文献综述的要旨在于进一步澄清、明确拟研究的问题。应该说，凡是研究都是对某（些）问题的研究，学位论文也不例外，这是常识。但学位论文拟研究的问题是什么？研究是否有意义？有什么样的意义？对这些问题的回答并不是作者自己的宣称，而是需要从该问题的学术发展史中给予澄清与论述的，这是学位论文要写文献综述的原因所在，也是文献综述奠定着学术创新始基的根源所在。而文献综述的"主题编织"却把文献综述仅仅视为对相关主题内容的介绍和陈述，就误读了文献综述的意义。

其二，两种文献综述样式的错置。通常而言，文献综述有两种类型：一是学位论文中的文献综述，二是独立成篇的文献综述。独立成篇的文献综述旨在阐明某一主题的研究内容及其存在的不足，预测其未来发展的趋势，其目的在于全面、系统地概括、提炼、呈现某一主题的内容及其发展脉络，为后续的研究者提供参考与借鉴。因此，这种文献综述的撰写遵循的是某一研究主题自身的发展逻辑，全面、系统地呈现已有文献的内容是其价值所在。但学位论文中的文献综述则属于另一种类型，其撰写的要旨并不是呈现已有文献自身的发展逻辑，而是彰显学位论文拟解决问题的逻辑，即根据学位论文拟解决的问题及对问题的先行假设，看看已有文献在拟解决的问题上都解决了哪些问题，还有哪些问题有待解决或完善。故此，学位论文中的文献综述并不是以全面、系统地呈现已有相关内容为鹄的，而是通过综述前人已有成果进一步澄清拟研究问题的意义，其对已有文献的选择、取舍皆以凸显本研究拟解决问题的意义为准绳。当然，这并不意味着学位论文的文献综述可以任意乃至断章取义地取舍、利用已有的文献，而是说学位论文的文献综述以彰显拟研究的问题的意义为宗旨，它并不追求全面、系统地呈现已有的研究成果。实际上，要想真正凸显拟研究问题的意义，对综述的文献则需要精挑细选，因为只有那些有影响力的作者及其言论和具有代表性的观点，才能衬托出拟研究问题的价值。

其三，学术创新意识的低迷。创新是学位论文的灵魂；没有创新，学位论文就丧失了其存在的价值。从这种意义上说，学位论文的文献综述就不仅是为了学术寻根或澄清拟研究的问题，而且是为了凸显拟研究的问题及其预设观点的创新价值。而那种"主题编织"的文献综述，即使概括、归纳了已有研究的不足或缺陷，由于其对已有研究不足或缺陷的概括与归纳，并不是根据拟研究的问题及其预设观点来组织、安排的，而是根据已有文献的内容和结构编排、撰写的，也难以衬托出学位论文的创新性（因为新与旧只有在比较中，才能被鉴别），大多宽泛、空洞。比如，在《学校德育功能及其限度研究》中，作者通过列举各学者对该问题的看法后总结道，"综上所述，一是前人对这些观点的论述并不是很全面，我们需要在这些方面做更进一步的论证；二是对于学校德育功能及其限度的论证也不够，没有对造成学校德育功能有限的原因进行全面分析……"，并指出"这也是本文所追求的研究方向"。此种文献综述看似非常符合学位论文文献综述的逻辑，但通读全文也不知"前人对这些观点的论述"到底在哪些方面"不是很全面"，拟进行的"全面的论述"是什么样的，"对于学校德育功能及其限度的论证也不够"中的"不够"到底指什么也是语焉不详、空洞玄虚。可以说，这样的文献综述虽然围绕着拟研究的问题进行了阐述，但由于创新意识低迷，并没有清晰地呈现该研究试图从什么角度提出什么观点来弥补、完善已有的研究成果。况且，文献综述本身就没有阐明已有研究成果的不足或缺陷是什么，从而难以衬托出自己研究的创新价值。应该说，一篇学位论文不可能解决某一主题的所有问题，甚至其中的某一个问题也不可能得到彻底解决。因此，一篇学位论文的价值大小并不在于对某一问题的论述是否全面、充分，而在于该论文是否对某一问题提出了新颖的见解、运用了独到的方法。而要想突出自己研究的创新就只能具体、清楚地阐述别人在某一问题上都提出了什么观点，自己的主张是什么，或别人在某一问题上都运用了什么样的研究方法，自己试图运用什么研究方法等。只有具体、清楚地陈述、比较已有文献，才能彰显出自己研究的创新性，而那种语焉不详、空洞玄虚的对已有研究成果的批评与指正不是故意掩饰自己研究的平庸，就是无意遮蔽了自己研究的创新。

（三）文献综述"问题先导"的路径

学位论文是对某一主题的研究，其题目大多冠名为"XX 的研究"，这是常规。但"XX 的研究"并不是对某个主题的阐述与论证，而是对某个主题所蕴含问题的分析与解决。倘若学位论文仅仅是对某个主题的阐述与论证，其最终有可能被写成教科书；而学位论文只能是对某个主题所蕴含问题的分析与解决，如此才能被称为论文。从此种意义上说，文献综述"主题编织"之弊，从其根源上说，就在于其遗忘了拟研究的问题，因此，"问题先导"是纠正文献综述"主题编织"之弊的必由之路。

"问题先导"的文献综述是指以拟研究的问题为主线，充分、全面地展示、陈述与该问题有关的文献都说了什么，还有哪些问题有待进一步追问和解答。它与"主题编织"文献综述的根本区别在于组织、阐述已有研究成果的主线不同。前者以拟研究的问题为中心，后者则以研究的主题为中心；前者以澄清、凸显拟研究问题的价值为要务，后者则以告诉别人就某一主题都研究了什么为旨归；前者目的在于用已有研究成果来衬托出拟研究问题的价值，而后者目的则在于勾勒出已有研究成果的图式。纵然后者最后概括、提炼出已有研究成果的不足或缺陷，但由于这些不足或缺陷并没有与拟研究的问题及其预先假设相对照，其阐述不是模棱两可的笼而统之，就是对已有文献的逻辑推断，并不能澄清、凸显出拟研究问题的价值，从而丧失了文献综述应有的意义。从这种意义上说，"问题先导"的文献综述是让已有文献为我所用的"六经注我"，而"主题编织"的文献综述则是理解文献的"我注六经"。可见，"问题先导"与"主题编织"是两种截然不同的文献综述思路，孰优孰劣自不必多言。

当然，有人会说，从"主题编织"的文献综述中不是也能找出既有研究所存在的问题吗？倘若再从这些问题出发进行深入研究，不是"站在巨人的肩膀上"有所创新了吗？这种逻辑和说法，对于研究某一（些）问题的实际过程而言，的确有道理。因为许多时候，人们正是从大量阅读某一主题的相关文献中发现了某（些）问题，从而有了研究的冲动的。况且，如果没有"我注六经"，哪来"六经注我"？但这种研读文献的逻辑却不能被置换为文献综述的逻辑，倘若把研读文献的逻辑视为文献综述的逻辑，十有八九会把文献综述写成"主题编织"，这也许是"主题编织"的文献综述之所以盛行的实践机制。应该说，主题研读，无论是从积累知识来说，还是从发现问题来讲，都是研究某（些）问题不可或缺的必要准备。但当研读大量文献后，是以"主题编织"还是以"问题先导"来撰写文献综述，其效果将会大相径庭。倘若以"主题编织"来撰写文献综述，最好的结果也只能是写成了一篇独立、完整的文献综述，而不会是学位论文中的恰当的文献综述。其道理在于前者遵循已有文献的逻辑，后者则遵照拟研究问题的逻辑。那么，遵循拟研究问题逻辑的"问题先导"文献综述到底该如何撰写？

通常来说，任何学位论文都蕴含着拟研究的问题，但这个拟研究的问题是什么？这个拟研究的问题又包含着哪些问题？各种要解决的问题之间是怎样的逻辑关系？这些问题在撰写"问题先导"的文献综述时则是必须搞清楚的，但上述问题要想真正搞明白，实际上要等到论文基本撰写完，因为论文没有撰写完，拟研究的问题随时都有可能变换、走样。从这个意义上说，文献综述虽然是学位论文绪论中的一部分，本应先写，但从操作层面而言，最好等到论文写完后再写。因此，学位论文的文献综述并不是在寻找研究问题时写的，而是根据整个研究过程对相关文献的不断理解来写的。不幸的是，有些学位论文的文献综述只是学位论文开题报告相关部分的复制，这是学位论文文献综述呈"主题编织"的技术原因。倘若拟研究的问题及其包含的问题之间的逻辑关系搞清楚了，那么"问题先导"的文献综述大致可分为拟研究的核心（母）问题的学理澄清、各分（子）问题的逻辑阐释和拟研究的各种问题的重申。比如，在《智慧教育的建构》中，作者通过透视智慧教育同名异义现象，发现教育学视域的智慧教育和教育技术学视域的智慧教育，虽然在教育价值取向上有融合之趋势，但在媒介、路径与方式上却存在着差异，如何建构智慧教育仍是一个未决的问题。如此综述文献，就澄清、衬托了"如何建构智慧教育"这一拟研究的问题的价值。但对于该问题，倘若作者未能发现没有解决的问题，则该研究仍然没有价值。于是，在对各分（子）问题进行陈述时，作者在陈述了已有智慧教育的定义后发现，关于何谓智慧教育的认识仍存在着诸多问题，诸如智慧教育的定义偏狭，不能简单地将信息技术的运用视为智慧教育，对智慧教育的研究需拓展视域，进行多学科、跨学科的研究，着重探索转识成智的内在机制，关注学校教育的核心构成要素（课程、学生、教师），从而凸显了该研究的价值。最后，根据对各分（子）问题的分析，再次重申拟研究的各种问题。因此，"问题先导"的文献综述不仅可以在搞清楚别人就某问题已解决了什么、还有哪些问题有待深入研讨的基础上避免罗列文献的错误，而且还能衬托出拟研究问题的价值，从而进一步廓清拟研究问题的意义。如此撰写文献综述，才能真正发挥其增强学位论文学术性的作用。

二、逆向求证与顺向表达

作为知识地图，文献综述通过呈现相关主题的研究状况，有助于研究者清楚已有研究成果解决了哪些问题，还存在哪些问题有待深入研究，进而寻到研究的起点、证明研究的价值，它与学位论文的本论是密切关联、融为一体的。然而，阅读学位论文，则不难发现有些文献综述与学位论文的本论是两张皮，二者若即若离、貌合神离，从而使文献综述蜕化为凑字数的摆设。那么，文献综述与学位论文本论的两张皮现象有哪些表征？如何使文献综述与学位论文本论融为一体？

（一）文献综述与学位论文本论两张皮现象解析

随着学术规范意识的增强，学位论文的写作皆要求呈现相关主题的研究内容，撰写文献综述，以便澄清研究问题、证明研究价值。不过，由于有些研究生不知呈现相关主题的研究内容、撰写文献综述的目的在于告诉读者相关主题的研究解决了哪些问题，还存在哪些没有回答或研究得不够深入的问题有待研究，从而为本研究寻到研究的起点、证明本研究的价值，因此将文献综述写成了相关主题内容的罗列，导致了文献综述与学位论文本论两张皮现象，其主要表现为主题式的陈述、笼而统之的评价与主题意义的阐述。

其一，主题式的陈述。无论是自然科学研究，还是人文社会科学研究，知识创新皆是在已知基础上的进一步推进。学位论文作为研究生知识创新的载体，其文献综述就是寻找、澄清已有研究还没有回答或回答得不够完善的问题，而不是仅仅呈现相关主题的已有研究成果。

不过，有些学位论文的文献综述却惯于围绕着某主题对已有研究成果进行主题式的陈述，只是呈现了相关主题的研究内容，却未能澄清已有研究成果可能存在的问题，只是表明自己对相关主题知道了什么，而未能亮出自己对相关主题主张什么，从而将文献综述写成了主题式的陈述。其表现形态至少有三。一是列举式文献综述，即文献综述仅围绕某主题列举了一些相关的研究成果，其典型表述方式是某学者说了什么，某学者又说了什么，某学者还说了什么，此种文献综述常见于专业学位论文中。比如，有教育硕士研究"核心素养视域的数学课程开发"，在文献综述中，就仅罗列了中国学生发展核心素养的框架、经济合作与发展组织的核心素养框架和美国的三大技能核心素养框架，用于表明自己阅读了哪些有关核心素养的论著，至于这些研究成果与本研究有何关系则不得而知。二是类型式文献综述，即此文献综述不再仅围绕某个主题罗列相关内容，而是将某个主题细分为不同的维度，再按照不同的维度呈现相关内容。比如，研究"教师的实践性知识"，就将"实践性知识"细分为实践性知识的内涵、特征、内容、研究方法等，再逐次呈现，此文献综述大多是列举式文献综述的"精装版"。三是观点式文献综述，即有了初步的分析意识，不再简单地按主题的不同维度罗列各种观点，而是选择学者就某主题的有代表性观点进行阐述。比如，《后现代理论视域的教育关系研究》，在"关于后现代理论对教育关系影响的研究"的综述中，就分别陈述了后现代理论对教育关系的正负两种影响观：一是"从批判质疑的视角，指出后现代理论的'去中心化''多元'等对教育关系带来的消极影响"；二是将"后现代理论"视为"一种社会进步"的表现，认为"后现代理论的诸多观点能彰显学生的主体地位，有助于培育学生的创新意识与实践精神"。不过，即使是观点式文献综述也未摆脱主题式陈述的窠臼，只是呈现了相关主题的已有观点，而没有对已有观点做出相应的分析与评价，更没有提出自己的研究假设，进而也就难以体现此种文献综述究竟对本研究有何意义。

其二，笼而统之的评价。倘若仅仅陈述相关主题的研究成果，那么就无法辨析出其存在的问题，也难以证明自己研究的价值。而要想辨析出已有研究成果所存在的问题、证明自己研究的价值，则需对已有研究成果进行评价。目前，大多数研究生日益增强了对已有研究成果进行评价的意识，在文献综述中，常常以"综上所述"或"概而言之"等开头，另起段落展开对已有研究成果的评价。

不过，对已有研究成果的评价却常常存在着笼而统之的现象，而未能做到具体问题具体分析，进而未能梳理出自己要研究的问题。这种对相关研究成果笼而统之的评价大多用"主要、多数、较少"等表述程度、数量的词语定性地评价已有研究成果，而缺乏相应的事实陈述，且没有给出充分的理由与证据，从而让人感到对已有研究成果评价的随意乃至任性。比如，在《教师实践性知识现状的调查研究》的文献综述中，研究者在分类陈述了有关"实践性知识""教师的实践性知识"等研究成果后，评价道：纵观国内外学者对教师实践性知识的研究成果，学者主要开展的是质性研究，即采用个案、叙事等研究方法阐述教师个体实践性知识生成的整个过程……通过调查问卷进行的研究主要是针对实习生或师范生的，而专门针对在职教师实践性知识进行调查研究的论文却比较少。在《后现代理论视域的教育关系研究》中，研究者仅因在中国知网上同时输入"后现代理论、学生、教育关系"三个关键词后检索到的论文数偏少，没有具体呈现篇数及其内容，就断定研究"后现代理论对教育关系的影响"仍具有巨大的创新空间。在陈述了相关的研究成果后，评论道：

已有研究大多存在着假、大、空的倾向，即使提出了一些建议与对策，也根本无法真正地落到实处。

的确，上述对已有研究成果的评价也是在为自己的研究价值进行辩护，诸如关于实践性知识的研究"主要开展的是质性研究"，即使是对教师的实践性知识进行问卷调查也"主要是针对实习生或师范生的"，而"专门针对在职教师实践性知识进行调查研究的论文却比较少"。据此，研究者就顺理成章、心安理得地认为其对"教师的实践性知识"进行调查研究拥有了充分的学理依据。实际上，只要稍加追问，上述逻辑推理就会露出破绽。且不说，从"主要开展的是质性研究"难以推出自己对教师的实践性知识进行调查研究的意义，因为质性研究作为一种研究范式，大多要运用调查研究方法；即使是"专门针对在职教师实践性知识进行调查研究的论文却比较少"，从中也推不出自己研究教师实践性知识的意义来。因为哪怕仅有一篇关于教师实践性知识的调查研究，倘若自己不能指出其缺陷，并在此基础上有所推进与完善，也不能证明自己再研究的意义。可以说，这种笼而统之的评价看似是在论证自己研究的意义，但稍加追问就不难发现其对研究意义的辩护无力与苍白！因为这种笼而统之的文献综述评价并没有辨析、指出已有研究成果究竟存在哪些问题，自己对所存在的问题又有哪些不同的回答。在此窘境下，为了证明自己研究的价值，研究生就不得不用主题意义的阐述来替代研究意义的证明。

其三，主题意义的阐述。无论学位论文研究什么问题，皆是关于某主题的问题，这个主题通常包含在学位论文的题目中。比如，《教师实践性知识现状的调查研究》，其主题是"教师的实践性知识"；《后现代理论视域的教育关系研究》，其主题是"后现代理论视域的教育关系"。一般而言，在绪论中简要阐述研究的主题意义无伤大雅、无可厚非，因为对主题意义的阐述毕竟也是在为研究辩护。但是，学位论文的研究意义在于创新，而其主题意义仅表明了研究的现实需要或必要性，却不能证明其研究的创新性，因此，不能用主题意义代替研究意义。研究意义只能通过文献综述，在新与旧的对比中，才能得以澄清。

当发现主题式的陈述、笼而统之的评价不能澄清自己的研究意义时，有的研究生就大谈特谈主题意义来彰显其研究的价值。比如，在《教师实践性知识现状的调查研究》中，论者就用大量篇幅阐述了研究"教师的实践性知识"的理由，诸如"教育理论与教育实践的脱节"、"教师专业成长的现实诉求"与"教育实践具有的情境性、动态性与复杂性"等；在《后现代理论视域的教育关系研究》中，其主题意义则阐述为"人的主体意识日益觉醒与增长"、"后现代理论对教育关系构建的现实意义"与

"自主与纪律的失衡导致教育关系异化"等。

从文字上看，上述言说也确实在回答自己"为什么研究"的问题，但所给出的理由皆是研究的主题意义，而不是研究的创新意义。实际上，无论研究的主题意义有多大、多重要，皆不能表明其研究的创新意义。因为研究之所以被称为研究，皆在于有未知、未解的问题需要回答，而不在于研究的主题有多大、多重要。况且，作为拥有正常专业判断力的研究生，也不太可能选择那种毫无主题意义的主题来研究。其实，即使研究生选择了主题意义匮乏的主题，导师恐怕也不会让其研究。从此意义上说，研究生的研究之难，并不在于选择什么样的主题，而在于对选择的主题做出自己的贡献、有所创新。但吊诡的是，由于主题式文献综述的大行其道、泛滥成灾，多数学位论文的"研究意义"被"主题意义"所置换与阉割，研究生把"研究意义"写成了"主题意义"，只是澄清了研究某主题的必要性，却没有回答自己研究的创新性，难以使学位论文的写作成为一种"知识创新"之旅，享受不到"知识创新"的乐趣，最终阻隔、遮蔽了学位论文的研究价值。

（二）文献综述与学位论文本论融合的路径

如果说研究的价值在于创新，那么文献综述则是研究创新的源泉。因为研究能否出新，只能通过文献综述在与已有研究成果的比较中显示出来。因此，文献综述撰写得如何就直接决定着学位论文的质量。不过，由于文献综述主题式的陈述、笼而统之的评价与主题意义的阐述大行其道，且研究生错将当下存在诸多问题的已上传至网络的学位论文文献综述视为参照、模仿的"样板"，因此文献综述与学位论文本论两张皮现象泛滥成灾，严重侵蚀着学位论文的学术品位。而为了提升学位论文的学术品位，则急需实现文献综述与学位论文本论的融合，其基本路径是逆向求证与顺向表达。

首先，逆向求证。鉴于文献综述的目的在于澄清研究问题、证明研究价值，因此，在撰写文献综述前，应从文献综述应达成的"结果"——澄清研究问题、证明研究价值——着眼逆向进行追问，再运用相关研究成果来证实拟研究问题的存在及其价值。

从一定意义上说，一旦研究生大致确定了学位论文的选题，就需通过查阅相关主题的文献逆向求证拟研究问题是否存在及其价值。具体而言，倘若确定了要研究"教师的实践性知识"这一主题，那么这一主题就相应地隐含着如下问题：①何谓教师的实践性知识？教师的实践性知识与其他职业的实践性知识有何异同？②教师的实践性知识的形成机制是什么？与其他职业相比，其形成机制有何独有的特征？③基于教师实践性知识的形成机制，如何促进教师的专业发展？一旦明确了拟研究的各个问题，那么就需借助文献阅读检视这些问题是否真的存在。倘若这些问题真的存在，那么就需追问：已有研究成果对这些问题是如何解答的，即运用了哪些方法，其答案是什么；你是否赞成已有研究对教师实践性知识的回答；若不赞成，你的理由或依据是什么；其研究方法是否科学、有效；倘若其研究方法存在不合理之处，你将如何进行研究等。在这些问题的追问下，具体而微地分析已有文献的内容，而不能仅仅通过对已有研究成果进行笼统评价来推论出自己的研究意义。

因此，倘若我来研读有关教师实践性知识的文献，就会依据上述问题检视已有研究成果在"何谓教师的实践性知识""教师的实践性知识的形成机制是什么"等问题上是如何回答的，获得了怎样的答案，已有研究成果对本研究有何借鉴意义，还存在着哪些缺陷，又该如何丰富、完善已有研究成果，直至澄清自己的研究问题。具体而言，作为实践性知识的下位概念，教师的实践性知识既具有实践性知识的一般内涵，也具有其特殊的规定性，诸如对教育、课程、教学的自我认识，对学校文化的体认与对教育教学的复杂性、创生性的把握等。当然，不管预设的教师实践性知识的特性是否正确，皆需通过研究揭示出其特有的内涵。假如研究教师的实践性知识，却不能揭示出其特有的内涵，那么简单演绎已有实践性知识概念的做法，从一开始就注定了该研究的平庸。因为真正的研究在于知识的创新，倘若不能在教师的实践性知识上有自己的独特理解，那么接下来的阐述就只能是已有知识的重复。在教师实践性知识的形成机制上，倘若已有研究成果阐述了多种实践性知识生成的机制，诸如"已有的实践性知识—问题情境—新实践性知识的创生"、"在一定理论指导下，教师通过自身尝试重新建构或强化自身的实践性知识"与"教师观摩、学习优秀教师的做法，在实践、反思的基础上，将优秀教师的实践性知识转化为自己的实践性知识"等，那么在肯定、吸收已有研究成果合理因素的基础上，就应大胆假设，构想自己的观点。诸如由于实践性知识具有个体性与情境性，那么教师实践性知识生成的根基就在于自我心像的勾画，起始于事先对教育、课程、教学等要素的预设与想象等，再通过观察、访谈等方法，验证或修正已有的或自己预设的有关教师实践性知识生成的机制。

其次，顺向表达。如果说任何研究意义皆不是自说自话的自我评价，而是在与已有研究成果的比较中呈现出来的，是在"照着已有研究成果说"的基础上的"接着说"；那么，文献综述就应按照问题先导的陈述、分类比较的评价与研究意义的廓清进行顺向表达。

从思路上看，之所以文献综述与学位论文的本论相互割裂、脱节，呈现出两张皮，是因为研究生在综述文献时遵循的是主题编织，而不是问题先导。可以说，任何研究皆是对某主题所包含的问题的创新解答，而一旦按照主题编织的逻辑梳理文献，就难逃罗列文献的窠臼。即使这种罗列细分了维度、进行了精细化转述，诸如上文所述的"类型式文献综述"与"观点式文献综述"，最终也难逃文献综述罗列的陷阱。而问题先导则紧紧围绕着拟研究问题探讨、分析已有研究成果，并按照问题的前提假设、答案与方法等维度进行分类比较的评价，呈现、明确已有研究成果的优长与缺陷，从而为廓清研究意义提供了具体的学理依据。在分类比较的评价中，既要指出已有观点具有的合理性，也要辨析其可能存在的偏误，并在辨析已有观点可能存在的偏误的基础上，大胆地提出自己的研究假设。从操作上看，在辨析已有的观点时，至少应学会"三问"：一问某种观点能否成立。比如，后现代理论视域的主体间性教育关系能成立吗？二问有没有相反或例外的情况。比如，仅仅让学生自主发展而没有教师的引导与规约，学生的发展真的就会好？三问如果某观点成立，需要什么条件。比如，假如主体间性的教育关系能够成立，那么需要相关主体具有何种素养？通过"三问"，就不难发现已有观点可能存在的偏颇，就会提出自己的观点，从而将证明他人观点的正确提升为论证自己观点的创新。而一旦提出了具有创新性的研究假设，那么也就在一定意义上标示了自己的研究意义，学位论文的本论就成了围绕自己的研究假设展开论证的过程。如此进行文献综述，文献综述不就与学位论文的本论融为一体了吗？

从表述上看，在问题先导的文献陈述中，可以通过夹叙夹议的方式融入对已有研究成果的评价。比如，在陈述有关"后现代理论视域的教育关系是什么样的"的文献时，先陈述文献的已有观点。诸如从后现代理论来看，有学者认为后现代理论视域的教育关系是一种主体间性的关系，而反对那种教育者发号施令、被教育者言听计从的主奴式关系；有学者则认为后现代理论视域的教育关系是一种"示范与模仿""引导与跟从"的关系，具体表现为教育者身体力行、被教育者模仿学习。针对这两种相反的观点，研究"后现代理论视域的教育关系"，就应在已有的正反两种观点的基础上，提出一种更加合理的主张，诸如"价值引领与行为塑造""自主与纪律的有机统一"等。自然，在文献综述中提出的研究假设，需在学位论文的本论中经过充实的分析与论证，才能最终得到确证。倘若在学位论文本论中发现自己的研究假设难以确证，那么就应修正自己的研究假设，将原先的研究假设修改为能够确证的观点。因此，学位论文的文献综述不是开题报告相关内容的复制与粘贴，其撰写不是一两次完成的，而是贯穿、渗透于学位论文研究、写作的整个过程中。确切地说，学位论文的研究与写作一天没有完成，那么学位论文的文献综述就不是定稿；只有等到学位论文的研究与写作最终完成时，学位论文文献综述的撰写才意味着结束。在此意义上，学位论文的研究与写作始于文献综述，也终于文献综述。

参考文献：

[1] 路阳. 社会科学研究中的文献综述：原则、结构和问题[J]. 社会科学管理与评论，2011(2)：69-75.

第六节　学位论文本论的展开

学位论文写作是一项艰苦的脑力劳动。对于理工科研究生而言，即使做了相关的实验，作为研究过程及其结果的呈现，学位论文在写作中也需遣词造句、谋篇布局的精思，更不用说常常会遇到一些意想不到的问题了；而对于哲社科研究生而言，学位论文的写作与研究通常相伴而行，二者难以进行截然的分割，其遭遇的困境就更是难以言表。的确，学位论文写作并非轻而易举之事。从过程来看，无论是问题选择的迷茫，还是观点创新的艰辛，抑或是分析论证的纠葛，皆意味着学位论文写作是艰难的思想之旅。不过，这种艰难的思想之旅虽然漫长，但其关键步骤并不多，主要有三：一是界定核心概念，澄清研究问题；二是综述已有文献，建构新颖观点；三是增强对话意识，展开分析论证。杜甫在《偶题》中曾言："文章千古事，得失寸心知。"倘若文章作为千古事，其得失作者本人最为清楚、明了，那么下面就结合自己写的博士学位论文，从过程的视角探讨学位论文写作的关键步骤，从而明晰学位论文写作的言说逻辑。

一、界定核心概念，澄清研究问题

学位论文写作首先遭遇的问题是不知选择何种问题，写些什么。研究生的脑海中也许有成千上万个问题，但一旦想写些东西时，这些问题要么消失不见了，要么变得模糊不清了。此时，研究生真切地感受到鲁迅先生所言的状况："当我沉默着的时候，我觉得充实，我将开口，同时感到空虚。"[1]不过，不管学位论文写作多么复杂、艰辛，其内在的思维之路皆是提出问题、分析问题与解决问题。因此，学位论文写作之难，其症结之一就在于迷失在问题选择的丛林中。由于问题皆依附在某一事物或现象之中，总归是某一事物或现象的问题，从这个意义上说，问题的选择与对象的确认就须臾不可分离。因此，对于学位论文写作来说，搞清楚写什么，就意味着界定核心概念，澄清研究问题。

从内容上看，学位论文皆呈现为一概念体系，而界定核心概念就意味着对研究对象的廓清，回答研究的对象是什么。众所周知，概念是人脑对某事物或现象的本质属性的反映，是人们通过"分异法则"和"归同法则"对某事物或现象的概括与提炼[2]，即人们先通过分异法则确定哪些对象是彼此不同的，再借助归同法则将那些具有共同属性的对象分为一类，并予以命名，从而创生出概念来。而一个清晰界定的核心概念既要呈现其内涵与外延，也要厘清其蕴含的价值旨趣。如果说某事物或现象的本质属性是某概念的内涵，那么某概念所指的对象则是其外延。一般而言，一个概念的内涵与外延呈反比关系，即一个概念的内涵越丰富，其所指的对象就越少，反之亦然。如果说一个概念是对某事物或现象的抽象，那么某事物或现象的存在状态就是概念的表现形态，而某事物或现象存在状态的特征抽象就是概念的内在本质。同时，概念本身也蕴含着某种价值旨趣，隐藏着言说的意图与目的。从这个意义上说，界定核心概念就意味着揭示出某概念的三重意涵：形、质与值。"形"即概念所指的某（类）事物或现象本身，是某概念的外延；"质"即某（类）事物或现象所具有的本质属性，是某概念的内涵；"值"则是指某概念嵌入的价值旨趣，是言说的意图与目的。

当然，某概念常具有多重内涵，需要在分解其内涵的基础上再厘清其多重内涵之间的联系，明了其逻辑关系。比如，在《论教育学研究的价值生成》中，其核心概念是"教育学研究的价值"，而非教育学研究。在写作时，笔者用了一整节的篇幅，先从经济学、社会学、伦理学与哲学等学科透视了教育学研究的价值，分别回答了多学科视域的教育学研究的价值意味着什么，然后把通过多学科视域对教育学研究的价值的回答放置于"主客体"关系的思维框架中，将"教育学研究的价值"界定为"研究主体意欲达成而创造的，能够满足自身和其他主体需要的存在。这里的'存在'并不是一种实体，而是一种关系……它具有三方面的基本内涵：其一，教育学研究的价值是研究主体欲求的东西，是对教育学研究的一种期待……其二，教育学研究的价值是研究主体在探索、回答教育问题中所创造的东西……其三，教育学研究的价值虽然是研究主体创造的，但其价值的大小与满足其他主体的需要密切相关"。接着，阐述了其外延，认为"教育学研究的价值大致可划分为个体价值与社会价值。个体价值还可分为物质价值与精神价值；社会价值还可分为理论价值与实践价值，而实践价值则可细化为决策价值、导行价值与濡化价值"。该概念的界定就蕴含着对教育学研究的价值澄清，以便为教育学研究指明前行的方向，探寻教育学研究存在的内在理据。此内容以《论教育研究的价值及其限度》为题，发表在《教育学术月刊》上。其实，自己在写硕士学位论文《我国现阶段教育公平问题的理论探讨》时，也专门诠释了"何谓教育公平"，并以《教育公平刍议》为题发表在《江西教育科研》上。可以说，界定核心概念既奠定了学位论文写作的逻辑起点，也为澄清研究问题提供了前提。

　　界定核心概念之所以能澄清研究问题，是因为概念皆是对某事物或现象的抽象，是对某事物或现象的一种理想型存在状态的表征；而某事物或现象之所以存在这样或那样的问题，其原因之一就在于某事物或现象偏离了其本质规定。比如，人们经常感到教育存在着这样或那样的问题，但要说清楚教育到底存在着什么问题，则需从界定什么是教育做起。只有搞清楚了什么是教育，才能澄清教育到底存在着哪些问题及如何解决这些问题。从这个意义上说，界定核心概念，实际上就蕴含着用所界定的核心概念来映衬、矫正已发生变化的某事物或现象之意，即用界定的核心概念这一关于某事物或现象的理想形态来观照、审视某事物或现象本身，以便发现其存在的这样或那样的问题。而常见的核心概念界定之所以未能澄清研究问题，是因为常见的核心概念界定仅仅揭示了核心概念的内涵与外延，而忽略乃至遗忘了揭示核心概念所具有的诸多属性及其内在张力。从句法形式上看，核心概念的界定通常用"小类词（主词）＋大类词（谓词）"的句式，即把指称个别事物或现象的类作为主词，再将此主词归入一个较大的类。比如，对"教育学研究的价值"这一核心概念的界定，就是将"教育学研究的价值"这一小类词归入一大类词"存在"之中。而如此界定核心概念虽然表明了作者对某事实或现象的看法，但并未揭示出核心概念所具有的诸多属性及其内在张力，从而人为地掩盖了核心概念所蕴含的有待解决的问题。因此，要想通过界定核心概念而澄清研究问题，在界定核心概念时，还需运用"类词（主词）＋属性词（谓词）"和"属性词（主词）＋属性词（谓词）"的句式揭示核心概念所蕴含的多重属性及其内在矛盾性。比如，马克思在写《资本论》时，不仅运用"小类词（主词）＋大类词（谓词）"的句式指出"商品首先是一个外界的对象，一个靠自己的属性来满足人的某种需要的物"，而且运用"类词（主词）＋属性词（谓词）"和"属性词（主词）＋属性词（谓词）"的句式揭示了商品蕴含的内在矛盾性，即商品的有用性与价值性的内在矛盾，具体表现为商品的交换价值与价值的冲突。[3]在马克思来看，"交换价值只是价值的外在表现"，并不具有独立的地位，从而把交换价值这个商品属性置于挨批判的位置上，由此建构了自己的理论大厦，也为《资本论》的写作奠定了坚实的基础。

同理，从逻辑上说，撰写《论教育学研究的价值生成》，通过核心概念的界定似乎只能解决何谓教育学研究的价值这一问题，但完善的核心概念界定不仅应运用"小类词（主词）＋大类词（谓词）"的句式揭示其内涵与外延，而且应运用"类词（主词）＋属性词（谓词）"和"属性词（主词）＋属性词（谓词）"的句式来揭示核心概念所具有的诸多属性及其内在张力，以便为回答"教育学研究的价值生成面临着哪些阻隔"和"如何生成教育学研究的价值"埋下伏笔。确切地说，一个优良的核心概念之界定既要揭示出概念的内涵与外延，也要隐含、暗示自己要解决的问题，从而最终达到澄清研究问题的目的。因此，笔者在界定核心概念"教育学研究的价值"时，除分析其内涵与外延外，还着重阐释了其所具有的特性，诸如学术性、普适性、专业性与学理性，并进一步诠释了"教育学研究的价值冲突"，诸如教育学研究的学术性与政治性的纠缠、教育学研究的普适性与境遇性的辨析、教育学研究的专业性与跨专业性的抗争以及教育学研究的学理性与实践性的辩论，从而为下文辨析"教育学研究的价值立场"，追问"在面对意识形态、异域教育理论、其他学科知识与教育实践时，教育学研究应坚守何种价值立场？其价值立场的合理性何在？又该如何体现、贯彻自己的价值立场？"等问题提供了逻辑依据。当然，核心概念的界定与研究问题的澄清并不是单向、线性的，而是双向、互动的，即在核心概念的界定时，要观照自己心中要解决的问题，而在澄清问题时，也要溯源到核心概念的界定上。

二、综述已有文献，建构新颖观点

作为有目的、有意识的生命体，人皆会提问，而区别在于其提出的问题是否新颖、有价值。因此，学位论文写作之难并不在于对问题的寻找及其解答，而在于新颖观点的创生，具体表现为学位论文写作不是对考题的回答，也不是对工作经验的总结，而是对未知问题的创新性解答。而判断自己的研究是不是对未知问题的创新性解答，则需通过综述已有文献来回答，看一看自己对该问题的回答能否超越别人。因为对于人文社会科学而言，凡是值得探究的问题大多已被前人研究、思考过。从这个意义上说，综述已有文献，与其说是为了寻找研究问题，不如说是为了在比较中建构新颖观点。其实，即使是自然科学的研究，综述已有文献的意义，主要也不在于寻找研究问题，因为倘若事先不知道自己要研究什么，那么寻找、阅读哪些文献都是未知数，就根本谈不上综述文献；而在于通过对拟研究问题的已有答案的查阅，来判断自己能否就该问题给予创新性解答。

由于新与旧是相对而言的，因此，综述已有文献就是围绕拟研究的问题，看一看别人都回答了哪些问题，其回答是否还存在着有待完善的地方，自己能否超越已有的回答而建构出新颖观点。同时，也只有通过综述已有文献，在新旧比较中才能彰显自己研究的创新意义，这也是学位论文写作皆需在提出问题后进行文献综述的缘由。从一定意义上说，综述已有文献至少要起到两方面的作用：一是"追根溯源，认祖归宗"，即将拟研究的问题融入已有研究中。此种意向的文献综述只能彰显拟研究问题本身的重要性，但不能显示出自己研究的价值。二是"仰仗别人，彰显自己"，即通过揭示已有文献所存在的缺陷或不足彰显自己研究的创新意义。比如，在《论教育学研究的价值生成》中，其文献综述先通过概述众多学者对中国教育学研究给出的定性结论，诸如"在 20 世纪的百年中，中国教育学科……艰难行进，努力挣脱依附的生存处境，谋求自主的发展空间"等，进而将中国教育学研究存在的诸多问题"归结、汇聚成一个问题，即如何提升教育学研究的价值问题"，将"教育学研究的价值生成"这一问题融入已有的研究中。接着，通过追问"统揽中国教育学研究面临的基本问题，还有哪些问题有待继续探究，准确地说，以往研究还存在哪些不足？还有哪些问题没有弄清楚而需要深入研讨呢？"等来建构自己的观点。举例来说，"随着自 20 世纪 90 年代以来，对学术规范、学术研究的强调，伴随着'政治淡出，学术凸显'的流行，在某些学者的潜意识里，意识形态与教育学研究似乎是水火不容的，二者只是一种控制与被控制或束缚与被束缚的对立关系，从而萌生了一种远离意识形态、追求学术化的意识"，于是笔者明确提出了自己的观点，认为意识形态与教育学研究的关系既不是"控制"与"被控制"，也不是"支配"与"被支配"，而是"共存与博弈"，阐述了教育学研究"'去意识形态化'何以成为一种价值取向""'去意识形态化'为何不可能"等问题，论证了"共存博弈中的教育学研究"，与其虚幻地追求"去意识形态化"，毋宁在"共存博弈"中凸显教育学研究的价值这一观点。

综述已有文献的目的不仅在于基于已有研究成果所存在的缺陷，进一步澄清自己的研究问题，而且在于通过呈现已有研究对拟研究问题的回答，来映衬自己对同样问题的创新性解决，以彰显自己研究的创新价值。而建构新颖观点的思维路径至少有对立思维、换位思维与综合思维等。对立思维是从已知观点的反面进行逆向思考，即思考问题时，朝着与已有观点相反的方向或方面去发问，诸如上例关于意识形态与教育学研究关系的提问，就属于对立思维，从质疑学术界已有的关于二者

"控制"与"被控制"、"支配"与"被支配"的关系切入，而主张二者的"共存博弈"。换位思维是转换思考的角度，从不同的角度进行思考。此种思维虽然没有改变思考的方向与目标，但思考的出发点或着眼点却发生了变化，从而摆脱惯性思维的影响与束缚而获得对某问题的新认识。比如，在处理"异域教育理论与教育学研究"的关系时，笔者也赞同学术界对此问题的"学习与中国化"的基本主张，但在如何促进异域教育理论中国化的问题上，多数论者惯于从理论到理论的阐述，于是笔者运用个案研究法，以陶行知生活教育理论为例，阐述了在援"异"入"中"中，应确立起主体意识，并基于中国的教育实践建构本土的教育概念。同样，在阐述"其他学科知识与教育学研究"的关系时，以教育学经典——夸美纽斯的《大教学论》、赫尔巴特的《普通教育学》、杜威的《民主主义与教育》等的建构为例，指出"教育学原创性研究的实现是教育实践的困境、研究视角、方法与思维方式的更新与社会变革、个人独特的经历等因素聚合的产物。当下，直面教育实践的困境，更新教育学研究的视角、方法与思维方式，在投身教育变革之中增进教育学素养，或许是进行教育学原创性研究的可能之道"[4]。综合思维是从多角度思考问题，而不是囿于某一角度。同样一个问题，当从不同的角度去思考时，就会得出不同的正确答案。比如，在辨析"教育理论与教育实践"的关系时，基于教育理论的不同类型，分析了"统一论""相互滋养说""合法脱离说"等观点各自的合理之处。在此基础上，通过剖析教育理论的特征，从实践逻辑的视角透视了教育理论与教育实践的关系，认为"教育理论与实践间的隔阂、脱离是双向的，有一定的必然性。同时，教育理论与实践间保持一定的张力也是教育理论发展的一个必要条件"[5]，并从教育理论如何表达教育实践的角度，阐述了"教育理论要想恰当、贴切地表达实践，需要从观念叙述、实体叙述、宏大叙述及单一本质叙述转变为现实叙述、关系叙述、事件叙述及多元本质叙述"[6]。现在回想起来，在博士学位论文的写作中，之所以能一边写，一边将写的东西发表出来，皆源于立足对已有文献的综述，要么运用对立思维，要么运用换位思维，要么运用综合思维，对已有的问题重新思考，从而建构了新颖观点。

当然，新颖观点的创新也具有不同的层次。从要素来看，一篇学位论文主要由问题、方法、观点与材料构成。因此，学位论文是否有创新，就可以从问题、方法、观点与材料等方面进行甄别与判断。其中，只要有一种要素是新颖、独特的，就可以证明其创新性。根据学位论文的问题、方法、观点与材料跟以往相关研究成果的区分度、差异度，则可粗略地把学位论文分为三类。一是原创性论文，即与既有的研究成果相比，该类论文在问题、方法、观点与材料上皆有突破、新颖之处。

此类论文既提出了新问题，也运用了新方法、新材料，还阐述了新观点。这类原创性学位论文为研究某主题开辟了一个新天地，是后继者研究相关问题无法回避、绕开的学术资源。二是拓展性论文，即这类论文或者运用新材料、新方法补充、丰富与完善了既有观点，或者把既有的观点、研究方法运用到不同的领域。按照库恩的范式理论，拓展性论文是在既有的研究范式指导下进行研究的成果，或者说拓展性论文与既有的相关研究成果共同遵守着相同的研究范式，与原创性论文相比，其创新性有所降低。三是验证性论文，这类论文只是运用新材料或新方法证实或证伪了某种既有的学术观点，其创新性最低。但不管怎样，学位论文的创新是其生命所系，创新性是衡量、评价学位论文的主要标准。而衡量、评价一篇学位论文是否具有创新性，可以从五个维度来看：一是看研究者对研究问题的陈述是否明晰、具体，是否具有探索性；二是看问题选择的背景，判断其意义与价值；三是看研究方法是否与问题、材料、结论相匹配、融洽；四是看论证是否持之有故，言之有理；五是看是否有知识创新。

三、增强对话意识，展开分析论证

无论是何种写作，作为一种表达，皆需具有对话意识。这种对话意识具体表现为与已有研究成果对话、与自我对话和与读者对话。与已有研究成果对话，就是学会换位思考，搞清楚别人是基于什么前提假设进行提问的，其对问题回答的理据何在，自己能否就该问题提出不同的看法等。与自我对话，就是增强反思意识，不断地追问我要解决的问题是什么，我对问题是否有新颖观点，这种新颖观点能否经得起质疑或反驳等。与读者对话，就是设想我写给谁看，其看后会有哪些疑问或困惑，如何让读者读懂我的心、明白我的理。可以说，与已有研究成果、自我和读者的对话贯穿、渗透在学位论文写作的整个过程中，而学位论文写作则是这三重对话的相互展开与互为激荡。

与已有研究成果对话的关键在于具体呈现其内容、分析其理据与思路，而不能笼而统之地予以褒贬；与自我对话的关键在于追问自己对某问题是否有新的发现和新颖观点，而不能光"奏前朝曲"，要有"新翻杨柳枝"；与读者对话的关键在于预想写给谁看，心中装有读者，而不能"目中无人"。可以说，一位成熟的写作者，其头脑里始终有一个隐身读者，而学位论文的写作便是向这个不在场的隐身读者的讲述与论说。通常来看，研究生的学位论文写作，其面对的读者主要是学术共同体，可以像康德那样将理想读者预设为裁判。这也是康德拒绝将《纯粹理性批判》进行通俗化表达的缘由。因为在他看来，这本书并不是为大众而写的，而是为"真正的科学内行"而作的。对于"真正的科学内行"而言，他们并不需要通俗化的实例和说明，一本书的生命力不在于它的篇幅和页数，而在于人们理解它需要的时间。[7] 不过，在笔者看来，即使是为"真正的科学内行"而作的，也应尽量通俗易懂、简洁明快地阐述自己的观点。值得学习和效仿的是马克思对理想读者的期待，将写作的读者预想为"自我"与"大众"。因为将写作的读者预想为"自我"，可以增强自我的反思意识，以最终真正解决拟研究的问题、对该问题的回答有知识贡献为准绳来严格地要求自己。如此看待学位论文写作，才能真正做到不以物喜、不以己悲，坦然地面对各种质疑乃至责难，才能有如马克思面《德意志意识形态》被拒稿时的释然，认为"既然我们已经达到了我们的主要目的——自己弄清问题，我们就情愿让原稿留给老鼠的牙齿去批判了"[8]。而将写作的读者预想为"大众"，则可以扩大文本的传播面，至少让关注此问题的人读起来少伤些脑筋。笔者在初写博士学位论文导言时，曾以"题解：教育学研究的'问题'与'价值论视角'"为标题，从理论层面阐述了价值论视角下教育学研究所要关注、解决的问题，但将该部分拿给同学看时，其第一反应就是感到有些晦涩难懂，有读不下去的感觉，于是，自己就重写该部分，用"教育学研究的价值危机"为题，分别呈现了普通教师、教育学者与教育决策者对教育学研究的抱怨与指责，这些实例鲜活、具体，具有较强的可读性，且符合人们从具体到抽象的认知规律。

实际上，作为在思想中进行思考的产物，学位论文在写作中不仅要预想写给谁看，而且要持续不断地与已有成果进行对话。比如，在阐释"教育学研究什么"这一问题时，笔者就列举、剖析了"教育现象说""教育规律说""教育存在说"等多种观点，在与这些观点的对话中阐述、论证自己所主张的"教育问题说"，认为"教育现象或教育存在只有转换为教育问题，才能成为教育学研究的对象"，而"教育规律"只能说是教育学研究的目的，不是其研究对象，并进一步阐述了问题导向的教育学研究的价值以及无问题意识的教育学研究的表现及其危害。

如果说学位论文写作是与已有研究成果、自我和读者的三重对话，那么这种三重对话就呈现为围绕拟研究的问题运用事实或理论进行分析论证。在对问题展开分析论证中，无论是肯定某观点，还是否定某主张，抑或是另辟蹊径建构新说，固然皆难能可贵，但某种观点的成立，皆在于充分的分析论证。从图尔敏论证模型来看，对某观点的分析论证至少要包含六个要素：数据（data）即事实论据，相当于三段论的小前提；断言（claim）即理论主张或新颖观点；保证（warrant）相当于三段论的大前提或隐含的假设，类似于道理论据；支撑（backing）为理论论据的"保证"提供支持，用于表明论据和论点间的关联是真实可靠的；辩驳（rebuttal）是对已知的反例、例外和不同意见的考虑、反驳和解释，是辩证说理的体现；限定（qualifier）则是对保证、结论的范围和程度进行限定的修饰，从而使自己论证的观点更加严密、周全。[9] 比如，笔者在辨析"教育理论的实践价值"时，为了论证自己的观点（"断言"），即"教育理论是一个复杂、动态的知识体系，有其'能'与'不能'。其'能'并不是直接产生的，而是需要实践者这个必要的中介，且其'能'的运作有其内在机制"，开头就简述了教育理论面临的困境，即"在后现代主义的冲击下，原先罩在教育理论上的光环被抹去"，诸如对"教育理论指导教育实践"的质疑乃至否定以及教育理论无用论的盛行，就为自己的言说提供了相应的事实论据（数据）；接着，从作为名词和动词的教育理论写起，为自己的观点提供言说的"保证"；最后，不仅从正面回答了教育理论的"能"（支撑），而且通过"辩驳"从反面回答了教育理论的"不能"（限定），从而使自己的理论主张更加全面、周全。[10] 笔者不再像自己从前那样，仅仅运用"数据"、"保证"与"支撑"阐述单面的正面观点，即单向地认可教育理论的实践价值，而忽略或遗忘了否定教育理论实践价值的反例与例外，未能进行反向的"辩驳"与"限定"，主张教育理论的旨趣"不仅在于解释教育实践，更在于指导教育实践"。从这个意义上说，增强对话意识，展示分析论证，不仅意味着写作者要善于通过自我设问、反思，为自己的主张提供充足的理由，并为理由提供"保证"，且为"保证"提供"支撑"；而且要通过设想读者针对自己的主张会提出哪些反例或例外，借助"辩驳""限定"来完善原有的结论，从而使自己的理论观点在分析论证中彰显出理性的光照。

其实，学位论文的写作无非是对自己发现的新事实、新方法或新观点的呈现与论证，以便说服读者，让其认同与接受，但这种看似简单的事情却着实困惑着许多研究生。这一困惑不仅与核心概念界定缺失、研究问题模糊密切相关，而且与对话意识匮乏、分析论证单薄相连。从思维操作上看，研究生要能用一句或几句话概括学位论文的主旨，能用一二百字说清楚概念之间的关系及其论证的思路。学位论文的绪论要"树靶子"，即要么针对既有的观点提出反论或引申新解，要么就习以为常的现象进行"揭秘"，而不能自说自话、空泛阐述。其外在形式包括研究的缘起、核心概念的界定、国内外已有研究成果的综述、研究意义的阐述等。学位论文的本论要"戴帽子"，即每一层论述皆要先加立论或概括，然后再遵循自上而下的原则分别论述。具体而言，全文要有总立论，各部分应有分立论，每一分立论要以概括或提示性语言开始，或交代下面要说的内容，或提示与前面论述的联系，从而使总立论与各分立论构成一个逻辑系统，并运用事实或理论多角度、多侧面地对自己的观点进行翔实的分析论证，做到横向分析有层次、纵向论证符合逻辑，而不能一厢情愿地只是单向度地寻找论据证明自己的观点。那种只想着证明自己观点的写作，不仅会使自己的观点论证缺乏深度，而且展现出作者无视他人观点的强权或独断。学位论文的结语通常是研究结论的归纳与概括，既要全面归纳本论得出的基本观点，也要适当指出有待深入研究的问题。从这个意义上说，学位论文的写作就是构造一个由论文主旨统领的各分论点所组成的论证体系。而要想写出这种逻辑严密、论证清楚、彰显创新的学位论文，则需增强对话意识，用中心论点统领全文，有逻辑地提问，并有逻辑地回答，充分地展示对论点的分析论证过程。

参考文献：

[1] 鲁迅. 鲁迅全集：第四卷[M]. 北京：人民文学出版社，2005：19.

[2] 叔本华. 充足理由律的四重根[M]. 陈晓希，译. 北京：商务印书馆，1996：4.

[3] 徐长福. 论《资本论》逻辑的句法形式——以马克思的商品分析为重点[J]. 马克思主义与现实，2018(4)：44-51.

[4] 李润洲. 教育学原创性研究何以可能——一种教育学经典的阐释[J]. 河北师范大学学报(教育科学版)，2008(5)：11-15.

[5] 李润洲. 实践逻辑：审视教育理论与实践关系的新视角[J]. 教育研究，2006(5)：15-18.

[6] 李润洲. 教育理论如何表达教育实践[J]. 江西教育科研，2007(4)：3-5.

[7] 康德. 纯粹理论批判[M]. 邓晓芒，译. 北京：人民出版社，2004：第一版序 7.

[8] 马克思恩格斯选集：第 2 卷[M]. 北京：人民出版社，1995：34.

[9] 斯蒂芬·图尔敏. 论证的使用[M]. 谢小庆，王丽，译. 修订版. 北京：北京语言大学出版社，2016：83-93.

[10] 李润洲. 教育理论的哲学审视[J]. 教育学报，2010(3)：11-15.

小　结

从形式上看，学位论文无非是连字成句、连句成段与连段成篇，但实质上却是研究生的思想表达和价值创造。正因为学位论文是研究生的思想表达和价值创造，才能基于学位论文衡量、评价研究生的学术水平。在一定意义上，学位论文写得如何，不仅能显示研究生当下的学术水平，而且能预示研究生未来的学术发展。

从结果来看，学位论文是由题目、目录、摘要、绪论、本论与参考文献等构成的，它并不复杂、深奥；但从过程来看，学位论文写作却是一件令人惧怕乃至恐惧的事。在竞争加剧的时代，仅从学位论文写作的字数来看，就呈现出逐年攀升的趋势，一篇学位论文的字数少则十几万，多则二三十万。但学位论文质量的好坏并不取决于其字数的多少，而在于其是否有独创的观点，且这种独创的观点能否经得起时间和实践的检验。

就学位论文写作而言，本章虽然按照定稿的学位论文的顺序，先阐述了学位论文标题（题目、目录）的编制与摘要的撰写，接着论述了学位论文绪论的写法，探讨了核心概念的界定与文献综述的思路，最后例析了学位论文本论的写作要义；但从实际的写作来看，界定核心概念、综述已有文献则是学位论文写作先要做的事情，而学位论文标题的编制、摘要的撰写，大多是在学位论文基本写完后再仔细打磨的。当然，这并不是说学位论文的标题和摘要并不重要，恰恰相反，阅读学位论文，专家们常常仅仅从学位论文的标题和摘要中就判断其优劣，因为学位论文的标题和摘要皆是学位论文正文的浓缩和精华。

就学位论文标题的编制而言，作为学位论文的点睛之笔，学位论文的题目要基于研究问题，概括、涵盖研究对象、核心观点与研究方法三要素；学位论文的目录要聚焦问题、提炼论点，主题贯穿、论点清晰，讲究用词，三位一体。就学位论文摘要的撰写而言，应尽量避免头重脚轻式、王婆卖瓜式、评判式与目录式摘要。就学位论文核心概念的界定而言，应清楚学位论文核心概念的界定是对研究对象的澄清，而不是对关键词的解释；明确学位论文核心概念的界定有三重价值，即明确研究对象、澄清研究问题与孕育创新观点。就学位论文的文献综述而言，要"问题先导"，而不能"主题编织"，其基本思路是逆向求证、顺向表达。展开来说，逆向求证即通过查阅相关主题的文献求证拟研究问题的存在及其价值，顺向表达即按照问题先导的陈述、分类比较的评价与研究意义的廓清进行表达。就学位论文本论的展开而言，学位论文本论的写作，其关键步骤主要有三：一是界定核心概念，澄清研究问题；二是综述已有文献，建构新颖观点；三是增强对话意识，展开分析论证。

/

第三章

/

学位论文写作的类型透视

/

对于人文社会科学研究而言，无论是何种学科的学位论文，皆旨在解释、阐述某种道理，内蕴着一种论证思维。不过，在研究范式多元的当下，学位论文写作也表现为多种类型。从研究范式来看，学位论文写作主要有实证写作、思辨写作与叙事写作。从具体的研究方法来看，无论是实证写作、思辨写作还是叙事写作，皆常常运用个案、比较的研究方法。因此，本章在阐述实证写作、思辨写作与叙事写作后，还专门探讨了个案写作、比较写作的方法论问题。

鉴于实证、思辨、叙事、个案与比较写作在学术论文与学位论文中遵循着大致相同的逻辑，为了便于举例，在探讨实证写作、思辨写作、叙事写作、个案写作与比较写作时，主要或穿插式地运用了一些学术论文的例子。

/

第一节　实证写作的进阶之路

实证写作是指基于观察、调查与实验得来的经验事实进行归纳、演绎的过程及其结果，它遵循自然科学的逻辑和范式，有着相对稳定、统一的外在形式。不过，即使如此，有些研究生在进行实证论文写作时，也存在着实证论文不像实证论文、实证论文不是实证论文的错误。而实证论文写作的进阶之路是实证论文像实证论文、实证论文是实证论文与此实证论文优于彼实证论文。

一、实证论文像实证论文

在方法论上，实证论文写作信奉研究对象是客观存在的，皆受因果或相关律的支配，而事物间的因果或相关关系是可以通过经验而被证实的。因此，从外在结构上看，实证论文有相对固定的表达形式，一般由问题与假设、方法与过程、结果与讨论六要素构成。

问题与假设。一切研究皆是从问题开始的，而写作无非是将问题解决的过程及其结果用文字、数字等符号呈现出来。从目的上看，研究问题大致可分为三类：一是概念性问题，即研究目的不是告诉读者做什么，而是帮助他们理解某个主题。此类问题通常是认识上的问题，诸如何谓教育，教育的影响因素有哪些，教育的形成机制是怎样的等问题。二是实用性问题，即研究目的主要是告诉读者怎么做，才能改变某种棘手的情况或至少使这种棘手的情况得以改善。此类问题通常是实践上的问题，比如，如何增强教育的吸引力？如何提高考试成绩？三是应用性问题，即不仅告诉读者如何做，而且解释如何做的原因。此类问题既不是纯概念性问题，也不是纯实用性问题，而是二者的综合，诸如核心素养的形成机制及其培育，就包含了认识问题与实践问题。[1]研究假设即对拟研究问题的尝试性回答。只不过，对于实证论文写作而言，研究假设通常呈现为对两个或多个变量关系的猜想。只有确定了待证的研究假设，研究问题才算明确，才能进行下一步的方法与过程的阐述。

方法与过程。实证研究要想经得起他人的重复验证，须清楚地阐明研究的方法与过程。自然，方法是过程中的方法，过程是嵌入方法的过程，二者是融合在一起的。对于人文社会科学而言，实证研究的研究方法通常有观察、调查与实验。比如，有研究者在《教育不平等的身心机制及干预策略——以农民工子女为例》中，就详细阐述了自己的研究方法，诸如参与观察法、深度访谈法、问卷调查法与实验法。就实验法而言，该研究者将参与研究的学生随机分成实验组和控制组，并分处不同的教室里，研究者对两组学生施予不同的实验刺激，通过对比因变量的差异，来验证刻板印象对农民工子女学业成就的影响。[2]

结果与讨论。运用实证研究的方法，经历一个研究过程，就能获得各种数据和资料，如此获得的各种数据和资料即研究的结果，需用描述性语言进行客观呈现。举例来说，为了检验关于农民工子女学业成就的负面刻板印象对农民工子女的测试成绩的影响，上文的研究者采用实验研究，在语文测试前，对随机分成的人数均等的四个组，分别施以不同的影响：第一组同时以外显和内隐的方式激活刻板印象；第二组仅以外显方式激活刻板印象；第三组仅以内隐方式激活刻板印象；第四组为控制组，直接进行语文测试。其获得的研究结果是，以外显方式将学生置于刻板印象威胁之下，学生的测试成绩相对于控制组，表现出显著的下降；以内隐方式将学生置于刻板印象威胁之下，其测试成绩虽低于控制组，但两者的差别并不具有统计显著性；而同时以外显和内隐的方式将学生置于刻板印象威胁之下，其测试成绩表现出最明显的下降，是三个实验组中最低的。[3]呈现了研究结果，还需对研究结果进行必要的解释和诠释，此种解释和诠释即讨论。当然，现实的实证论文有着多种变体，有的将研究假设隐匿在"问题提出"中，有的则既呈现出研究结果，也推导出研究结论，且提出相应的对策建议等。但不管实证论文有多少变体，上述六要素则是不可或缺的。

然而，对于初做实证研究的研究生而言，其撰写的实证论文常常存在着上述六要素残缺不全的现象，从而使自己撰写的实证论文不像实证论文。比如，有研究生在《信息技术融入教学的实证研究》中，开篇只是简述了"信息技术融入教学"的一些情况，却既没有提出本课题要研究的问题，也没有提出自己要确证的研究假设。接着，虽然描述了研究方法，诸如深度访谈法与问卷调查法，但未能呈现采用研究方法所获得的第一手资料，没有描述研究结果，就更谈不上对研究结果进行必要的讨论了，只是在结尾处笼而统之地得出结论："我们不可否认信息技术对教学有很大的益处，但也必须承认它给教学带来了一定程度上的弊端。"①试想，这样缺少研究问题、研究假设与研究结果的实证论文，仅从外在的构成要素上看就不像实证论

---

① 凡是未标注的内容皆源于笔者盲审的博士生学术论坛提供的参评论文，且为了避免对号入座，做了技术性处理。

文，研究生的研究能力实在堪忧！

倘若笔者来写"信息技术融入教学的实证研究"，则会先提出一些实用性或应用性问题，比如，信息技术融入教学会遭遇哪些问题，师生是如何看待、认识与化解这些问题的；接着，构想待证的研究假设，诸如无论信息技术如何时尚，皆是一种教育手段，需服务于学生之全面而有个性的成长，信息技术在教学中的运用应符合学科教学的本质特征，并非凡运用了信息技术的教学就必然是优质的等；随后，描述与研究问题或待证假设相适切、匹配的研究方法和过程，且按照拟研究的问题或待证的假设，分类呈现所获得的第一手资料和研究结果；最后，对研究结果进行学理分析与阐释，得出研究结论及其启示。可以说，做到实证论文像实证论文并不难，只要清楚了实证论文主要由问题与假设、方法与过程、结果与讨论构成，以这六要素为框架，将相关的内容匹配、填充进去，就至少会使实证论文像实证论文，然后再在此基础上进一步修改、完善，使实证论文是实证论文。

二、实证论文是实证论文

人学做任何事情，其起步阶段常需借助模仿与练习，实证论文的写作也不例外。但要做到实证论文是实证论文则需在模仿与练习的基础上洞察实证论文写作的内在机理，避免陷入各种伪实证的陷阱，诸如以偏概全、结果倾向性选择与诉诸权威等伪实证。

如果说实证论文是由问题与假设、方法与过程、结果与讨论六要素所构成的，那么表征实证论文的主要成分则是方法、过程与结果三要素。因为研究问题的选择和研究假设的确定必然蕴含着研究者主观的价值倾向，其中，研究问题的选择就意味着并不是所有的问题皆值得被研究，研究者须进行价值甄别。有时，即使所选择的问题值得被研究，受研究者自身的知识储备、现有能力以及资源条件等限制，具体的研究过程也不一定能够展开。因此，研究问题的选择并不是一个经验实证的过程，而是一项价值判断的权衡。而研究假设的确定虽需基于、源于经验事实，但经验事实本身却无法自动地显现研究假设，作为对研究问题的事先回答或对两个及多个变量之间关系的预测，研究假设只是一种主观的心理构想。如此看来，研究假设的确定也不是纯实证的。至于对研究结果的讨论，则需基于经验材料和数据进行科学的抽象、归纳与概括，而抽象、归纳与概括不是实证性的，而是一种逻辑推理。[4]鉴于此，实证论文是实证论文的标识主要体现在方法、过程与结果上，而判断实证论文是不是实证论文也主要看其方法运用是否恰当、过程展开是否规范、研究结果是不是研究方法的运用与研究过程的展开的结果。

可以说，对于人文社会科学来说，由于人文社会现象的复杂与多变，且渗透着人的主观意志，其实证研究难以做到像自然科学的实证研究那样经得起充分经验检验，就相对容易犯伪实证之错误。比如，受研究时间、资金或研究者个人的学识、能力等限制，人文社会学科的实证研究常常运用个案研究、问卷调查法与访谈法等收集资料，并基于研究所获得的资料抽象、归纳与概括出研究结论。运用这些研究方法本身虽无可厚非，但倘若运用个案研究，那么个案选择得是否具有典型性、代表性，就得事先进行充分的考量，并在文本写作中给予详细介绍，且对由此得出的结论持有限的推论。其道理很简单，人们无法从特殊中推导出一般，即使现在所见的所有天鹅皆是白色的，也无法肯定今后不会发现黑天鹅。

不过，有些研究生在运用个案进行实证研究时，却无视个案选择得是否具有典型性、代表性，只是从方便实施、易于取材着眼，且对个案的基本情况缺乏介绍，就笼而统之地推导出研究结论，从而出现以偏概全之错误。比如，有研究生在《高等教育的混合式学习——基于意见领袖的实证研究》中，不仅没有界定何谓"意见领袖"，而且还想当然地将"意见领袖"视为"教育领导者"，更没有介绍自己访谈的三位"教育领导者"的具体情况，就从中得出"兼容性和复杂性是影响混合式学习变革的重要属性"等结论。对此，读者自然会生发疑问：为什么将"教育领导者"视为"意见领袖"？三位"教育领导者"的具体情况是怎样的？从这三位"教育领导者"对混合式学习的看法中何以能得出上述研究结论？

运用问卷调查法、访谈法进行资料收集，则要严格审视问卷编制、访谈提纲编写的科学性与有效性，避免价值倾向性提问。倘若问卷或访谈的问题带有价值倾向性，那么其所得的资料就难免具有结果倾向性选择之弊端。比如，倘若问卷或访谈问"当下，学生的课业负担很重，你如何看待"，那么此问题就带有明显的价值倾向性。因为课业负担至少存在着三种情况：重、一般与轻。因此，上述提问，即使获得的研究资料是真实的，也难以让人信服。有时，有些实证研究者为了证明自己提出的观点或假设是正确的，就从预设的理念出发，用既定的观点来裁剪、选取相应的经验事实，就犯了明显的结果倾向性选择之错误。可以说，无论是问卷或访谈的价值倾向性提问，还是基于既定的观点对经验事实进行裁剪与选取，皆会导致结果倾向性选择之错误，使实证研究蜕化为伪实证研究。

另外，实证研究推崇用事实说话，有一份证据讲一份道理，但在实证研究中，有的研究生却习惯于援引权威观点，而忽略了对经验事实的分析，并试图通过引用权威观点来证明自己主张的正确，这种做法就背离了实证研究的理性精神，犯了诉诸权威之错误。因为从理性上看，某种观点是否正确，并不是由某权威决定的，而是要拿事实来证明。况且，作为人，即使是权威人物，也可能犯错。

要想做到实证论文是实证论文，至少需把握实证研究的优长与局限，综合运用定量与定性研究；加强研究方法的学习与训练，提升研究方法的运用水平；增强问题意识，弘扬理性精神。

其一，为了提升人文社会科学的研究水平，实证研究是一条有效的途径，但人文社会科学的研究对象不同于自然科学的研究对象。自然科学的研究对象是没有人直接参与的现象，是既定的，属于非历史的范畴；而人文社会科学的研究对象则是有人直接参与的现象，是人自身活动的产物，属于历史的范畴。[5]因此，将适用于自然科学的实证研究引入人文社会科学，就需明了其优长与局限。就优长而言，实证研究作为一种具有逻辑结构的模型，能够建立各种事实、概念之间的因果或相关关系，有利于增强人们对事物发展的预测与控制能力。就局限而言，实证研究的对象须具有可观察、能测量的特性，而那些不可观察、无法测量的心理体验、人文情怀等则被排斥在实证研究之外。况且，即使针对可观察、能测量的事实进行实证研究，其问题的选择与假设的确定及其结果的讨论仍需非实证的参与。从这个意义上说，实证与非实证并不是截然对立的，真正的研究常常融实证研究与非实证研究于一体，只是由于研究目的与研究对象的差异，有的研究实证成分多些，有的研究非实证成分多些而已。

其二，加强研究方法的学习与训练，提升研究方法的运用水平。研究方法作为工具，须保证其自身的科学性。倘若研究方法本身就存在着各种各样的问题，那么由此获得的研究资料不是杂乱无章的，就是会误导研究结论。比如，就问卷编制而言，一份完整问卷包括指导语、问题与结束语，而问题的设计并不是想到什么问题，就出什么问题，而是要经历"界定概念—提出假设—确定维度—编拟题项"这一完整的逻辑过程。其中，界定概念在于明确调查的对象是什么，提出假设是进一步明确调查的内容，而确定维度则是对调查内容的进一步分解，最后才是根据确定的维度，在每一个维度上设计若干问题。同时，调查问卷的问题设计须具有清晰性、单一性、中立性、间接性与排他性等特征。同理，访谈提纲的编写也是基于研究问题，先依据标准划分维度，然后按照维度将大问题分解为小问题，且移情地设想：当访谈对象看到问题时，他会怎么想？自己能否得到客观、真实的回答？比如，有研究生在编制教师访谈提纲时，呈现了如下问题："和学生、同事相处时，您是否经常发火，跟别人持相反意见？""您放学后会不会把不愉快的情绪带到家里？""上课时，您是否经常感到身心疲惫？"试想，直接问教师这些负面问题，而不是运用间接的提问方式，教师会真实、客观地回答吗？

其三，增强问题意识，弘扬理性精神。无论何种研究，皆是对研究问题的尝试性回答，而不是对已有事实的简单再现，但有研究生在《项目学习探析——以河水污染检测项目为例》中，却仅仅呈现、介绍了河水污染检测项目的一些基本情况与做法，整篇论文不知其要解决什么问题。笔者问起此事后才知，该文只是研究生为了参加博士生学术论坛而临时从其博士学位论文中摘录的一部分。可以说，没有问题的事实呈现只是对已有知识的宣讲，而不是真正的研究，不宜作为学术论文。而对研究问题的回答，则须放置于理性的天平上进行衡量，根据事实说话，而不是依照某权威观点进行演绎，更不能因自己的想法需某事实的支撑，就人为地忽略相反的事实，犯结果倾向性选择或诉诸权威之错误。

三、此实证论文优于彼实证论文

任何研究的价值皆在于创新，而不管此创新多么微不足道。因此，实证论文写作的意义就在于此实证论文优于彼实证论文。而要想做到此实证论文优于彼实证论文，则需做好文献综述，知道已有研究都做了什么，还存在着哪些问题，且明确自己的研究贡献在何处。

文献综述是知识创新的根基，因为研究就意味着在已有研究成果的基础上继续推进或纠偏。因此，国外的期刊论文或学位论文皆在问题提出后，有专门的文献综述。文献综述即对文献的综合述评，既有述，也有评。确切地说，在实证论文写作中，既要围绕着研究问题对已有研究成果进行分类与概括，也要对已有研究成果做出分析与评价，并在此基础上寻找研究的创新点。从这个意义上说，完整的文献综述是"述"、"评"与"创"的三位一体。

比如，有研究者在《教育实证研究的一般路径：以教师情绪劳动研究为例》中，在概述了从霍赫希尔德首创"情绪劳动"这一概念到哈格里夫斯、赞比勒斯、维诺格拉德对教师情绪劳动的相关研究后，就进行了相应的"评"与"创"。其"评"是自霍赫希尔德提出情绪劳动的概念，并从工作特征和个体应对策略两方面对情绪劳动进行分析以来，后继者大多沿着"聚焦工作"和"聚焦雇员"这两条线索进行情绪劳动研究；虽然情绪劳动广泛应用于社会学、管理学等领域对服务业雇员、护理人员的研究，但"鲜有对教师或教学工作的讨论"。其"创"则表现为"虽然上述学者为教师情绪劳动研究奠定了一些概念基础，但对我们理解教师情绪劳动，特别是中国教师的情绪劳动来说，还有大量问题需要回答。例如，从'聚焦工作'的研究线索出发，在中国教师看来，教学是情绪劳动吗？教学的情绪工作要求对他们来说重要吗？这些要求究竟是什么？从'聚焦雇员'的研究线索出发，除了表层扮演与深层扮演，还有别的情绪劳动策略吗？与服务业雇员相比，教师的情绪劳动有何不同？更重要地，这些策略对理解中国教师的教学工作有何意义？"[6]。如此综述文献，不仅为后续研究指明了方向，而且蕴含着多种创新的可能性。在回答上述问题中，研究者通过问卷调查、深度访谈与参与观察，发现霍赫希尔德所说的情绪劳动，在中国教师的日常语言中转化为一个相当本土化的概念——"操心"，"教学的情绪工作要求及其引发的情绪劳动对教师身心康宁产生的影响是复杂的，其中不乏负面效应"，并归纳、总结了支配中国教师情绪感受与表达的四项情绪法则，即要有激情、隐藏消极情绪、表现积极情绪与利用情绪实现教学目标，以及中国教师在课堂上经常使用的三类七种策略：第一类，表层扮演，包括伪装（pretending）与抑制（restraining）；第二类，深层扮演，包括调焦（refocusing）、重构（reframing）和隔离（separating）；第三类，真实表达，包括释放（releasing）和宣泄（outpouring）。此研究不同于格兰迪的是将"真实表达"列为情绪调控策略的一个类别，凸显了教师与服务业雇员的区别。与格罗斯的过程模型相比，表层扮演的两种策略对应"聚焦反应"的情绪调控，调焦对应"聚焦先因"的情绪调控中的注意调度，这一分类还将格罗斯的"认知改变"细化为"重构"和"隔离"，把"情绪修正"细化为"释放"与"宣泄"这两种真实表达[7]，从而阐释、说明了为何此实证论文优于彼实证论文。

不过，有的研究生在做实证研究之初，虽然也围绕研究主题进行了相应的文献综述，但由于其文献综述只有"述"而无"评"与"创"，文献综述就蜕变成已有研究成果的简单堆砌与无序罗列，丧失了文献综述应有的功能，即通过文献综述，澄清自己的研究问题，明了自己研究的理论与实践价值。

比如，在《高等教育的混合式学习——基于意见领袖的实证研究》中，其文献综述陈述了"国内外混合式学习相关研究"与"创新扩散理论在教育领域的运用"等内容。前者只是呈现了不同学者对"何谓混合式学习"的界定；后者则叙述了创新扩散理论在不同教育领域（政策、课程、教学等）中的运用情况，分析了影响创新扩散的因素。而研究生之所以综述"创新扩散理论在教育领域的运用"，其用意在于借鉴创新扩散理论的分类标准分析、阐述"在高等教育中，混合式学习是如何产生的"。但其文献综述既未回答已有研究成果对自己的研究有哪些启示，自己拟在哪些方面推进、拓展该研究；也未清楚表达自己通过研究要贡献出什么，未能回答自己的研究是要验证创新扩散理论，还是要丰富对混合式学习的认识，若是要丰富对混合式学习的认识，那么是要完善混合式学习的实践路径，还是要探讨混合式学习在高等教育中推广的影响因素，若是要探讨混合式学习在高等教育中推广的影响因素，那么其理论和实践价值是什么等问题。因此，使自己的研究价值消弭在模棱两可的"混乱"中。

其实，研究生大多知道"文献综述的价值在于通过回顾某主题的学术发展史，搞清楚别人解决了哪些问题，还有哪些问题未能解决，从而找到学术创新的起点"这一道理。但要将"知"转变为"行"，一方面，要明确"主题意义"与"研究意义"的区别，不能误将"主题意义"置换成"研究意义"。因为"主题意义"只体现研究的必要性，而"研究意义"才体现研究的创新之处。一旦将"主题意义"置换成"研究意义"，那么即使"主题意义"写得天花乱坠，也无助于学术的进步，反倒让人萌生遗憾：这么重要的一个主题让你研究，你怎么就研究不出新的东西呢？另一方面，具体、清楚地阐述、分析已有的研究成果，且在与已有研究成果的比较中呈现研究意义。如果说研究意义在于创新，那么要想凸显研究意义，则需具体、清楚地阐述、分析已有的研究成果。因为没有比较，创新与否就没有了凭证。既然创新只有在比较中才能显现，那么研究意义就不是自我夸耀与吹嘘，而是在与已有研究成果的比较中呈现出来的，是在"照着已有研究成果说"的基础上的"接着说"。

参考文献：

[1] [美]凯特·L.杜拉宾.芝加哥大学论文写作指南[M].雷蕾，译.8版.北京：新华出版社，2015：5-7.

[2] [3] 高明华.教育不平等的身心机制及干预策略——以农民工子女为例[J].中国社会科学，2013(4)：60-80.

[4] 刘庆昌.走向科学只是教育学的一种策略——兼及实证研究的有限合理[J].四川师范大学学报(社会科学版)，2018(2)：92-98.

[5] 李文华.社会科学与自然科学的五个差异——兼论进一步繁荣发展哲学社会科学的现实意义[J].科学学研究，2006(6)：834-839.

[6] [7] 尹弘飚.教育实证研究的一般路径：以教师情绪劳动研究为例[J].华东师范大学学报(教育科学版)，2017(3)：47-56.

第二节　思辨写作的内在逻辑

通常来看，思辨写作与实证写作相对。如果说实证写作信奉研究对象是外在于人的客观事实，那么思辨写作则坚守研究对象是人参与其中的文化事件；如果说实证写作推崇实验、证明的研究方法，那么思辨写作则运用理解、体验的研究方法；如果说实证写作旨在探求可重复检验的事物或现象之间的因果关系，那么思辨写作则旨在确定事物或现象应当满足的标准或规范。由此可见，与实证写作相对的思辨写作固然不像实证写作那样具有相对统一的显性结构，而呈现为丰富多彩、千姿百态，但因其在本体论、方法论和价值论上共享着相同的研究范式，故具有特定的内在逻辑。那么，思辨写作的内在逻辑是什么样的？

一、澄清核心概念，夯实思辨写作的根基

无论是实证写作，还是思辨写作，皆需借助概念展开。因为概念是人思维的细胞，也是人言说的逻辑起点。如果说实证写作的概念是诉诸人的经验的操作性定义，具有相对的确定性；那么思辨写作的概念则是灌注人的想象的意义概念，具有相对的可变性。不过，无论是诉诸人的经验的操作性定义，还是灌注人的想象的意义概念，皆需具有明晰性。试想，倘若某人连自己言说的对象是什么都没有搞清楚、辨明白，那么其言说就会散漫无边、不得要领，甚至不知所云，就只能以其昏昏，使人昭昭。假如你要探讨教育问题，那么就需先搞清楚"何谓教育"；否则，后续的言说就会信马由缰。从此意义上说，澄清核心概念，才能夯实思辨写作的根基。

一般而言，核心概念是言说的对象，常蕴含在思辨写作的题目中。比如，本节的核心概念就是"思辨写作"。而澄清核心概念至少蕴含着三重含义：一是澄清概念的价值，即阐述为什么提出这样一个概念，提出这样一个概念蕴含着怎样的价值诉求。因为人的任何言说皆由"心动"所驱动。就写作而言，写作需先有一种意向、情感汇聚于人的内心，才能拥有一种表达的欲望与冲动。正如朱熹在回答"诗何为而作"时所言："人生而静，天之性也；感于物而动，性之欲也。夫既有欲矣，则不能无思；既有思矣，则不能无言；既有言矣，则言之所不能尽，而发于咨嗟咏叹之馀者，必有自然之音响节族而不能已焉。此诗之所以作也。"[1]实际上，不仅诗歌的创

作是如此，其他文体的写作又何尝不是如此呢？正所谓"言为心声"。而笔者之所以写"思辨写作"，是因为惑于有些研究生常常"下笔千言，但不知所云；挥洒自如，却言之无物"之现象，想搞个明白、弄个清楚。二是澄清概念的内涵，即用清晰、明白的语言概括、抽析出言说对象的本质及其特征。概念内涵的澄清常采用两种方式：一则分解式分析，用麦金的话说，就是将一个概念的构成要素爬梳出来，然后再合取这些构成要素。[2]形象地讲，分解式分析就像用斧子劈柴将概念拆分，先对概念的特征进行分解、剥离，然后再将概念的特征聚合，按照种差＋属的规则定义概念。二则关联式分析，即把概念放置于一个整体的概念网络中，考察各概念之间的关系，而不是将概念还原为最小单位。通俗地说，关联式分析是将某概念与其邻近的相关概念联系起来进行辨析。三是澄清概念的外延，即在准确把握概念内涵的基础上阐述概念所包含的思维对象的类型或范围。而澄清了概念的外延，则可以从不同的角度透视该概念，进而有利于多维度地展开分析与论证。由于概念内涵和外延的澄清皆服务于写作的价值诉求，因此，在澄清核心概念时，先要澄清概念的价值，清楚自己为什么提出此概念，然后再澄清概念的内涵和外延。

然而，在思辨写作中，有些研究生却常常忽略对核心概念的澄清，其表现主要有三。其一，核心概念的价值模糊，即未能告诉人们为什么提出这样一个概念，遮蔽了核心概念蕴含的价值诉求。比如，在《大学生自我教育的建构》中，理应通过揭示与大学生自我教育相反的概念——"他主教育"或"灌输教育"及其表现，来阐释"大学生自我教育"的价值诉求，进而为下文的立论提供更加正当、合理的价值定位；但论者却笼而统之地直接论述"大学生自我教育"的价值，就在一定程度上削弱了其论证意义。其二，核心概念的内涵朦胧，即核心概念界定得不清不楚，就想当然地发表看法与议论。以上例来说，论者在没有清晰界定"大学生自我教育"内涵的前提下，就畅谈"大学生自我教育的内在机制"与"大学生自我教育的实践建构"，就会导致自己的言说看似怎样都有理，但实际上却陷入经不起仔细推敲、稍加追问的尴尬。诸如倘若"大学生自我教育意味着自我决定"，那么如何理解大学生的"自我决定"与"外在纪律"的联系与区别？即便"大学生自我教育意味着自我决定"，大学生自我教育的自我决定又具有何种特性与意义？其实，只要界定不清核心概念的内涵，后续的言说就会失去逻辑支点，自己的言说就会陷入语言的迷宫之中。其三，核心概念的外延错位，即核心概念的外延与下文阐述的内容发生了错位。之所以说核心概念是思辨写作的逻辑起点，不仅在于核心概念揭示了写作对象，而且在于其蕴含着下文要展开的论述内容。而核心概念的外延则指示、蕴含着下文要阐述的维度。但有些研究生在思辨写作中却常常偷换了核心概念的外延，从而使核心概念的外延发生了错位。比如，在《校长课程领导力的个案研究》中，倘若将"校长课程领导力"界定为"校长在学校管理中以自身知识、能力与情感等影响他人的能力"，那么"校长课程领导力"的外延就包含着校长所拥有的知识、能力与情感对他人的影响力这三个维度，在探讨"校长课程领导力"时，就应从"校长的知识、能力与情感"三个维度切入与展开；但论者在分析"校长课程领导力"的缺陷时却从"人格魅力、课程目标、课程实施"等方面展开论述，从而导致了核心概念的界定与下文的论述相互割裂的两张皮现象。

当下，倾心学术的研究生日益认识到核心概念界定的重要性，其困惑更多地表现为不知如何澄清核心概念。而在澄清核心概念上，除了澄清概念的价值、内涵与外延外，还需注重以下几点：一是廓清某概念提出的认知、情感背景，阐述某概念是在什么背景下提出的。举例来说，在阐释"'老师说'话体"时，笔者开篇就写道："在中小学课堂教学中，不时地会出现'老师说'或'老师认为'、'老师告诉你们'等类似的'老师说'的话语表达方式。"[3]此句就交代了"'老师说'话体"所提出的背景，为阐释该概念提供了一个现实语境，也为下文对"'老师说'话体"进行语境阐发奠定了基础。二是多维度呈现某概念的内涵。从不同的维度看，一个概念常蕴含着相异的内涵，而表达的严密性与准确性就建立在对核心概念多重内涵的把握与认识上。比如，在《教师个人教育哲学的迷失与重构》中，笔者从价值旨趣、过程方式与内容构成三个维度阐释了"何谓教师个人教育哲学"，认为"在价值旨趣上，教师个人教育哲学彰显着教师独立、自主的人格""在过程方式上，教师个人教育哲学是一种基于经验与理论双向互动的建构""在内容构成上，教师个人教育哲学是一种蕴含着多要素且呈现层级关系的复合体"，就为下文揭示教师个人教育哲学的迷失与重构提供了论证前提。三是个性化阐释核心概念。对于研究生而言，核心概念的界定既不是照抄照搬某权威人物的定义，也不是重复呈现某概念词典式的普遍意义，而是根据自己的观察、感悟与研究重新定义某概念。因为倘若照抄照搬某权威人物的定义，那么自己的言说就只能是跟屁虫式的重复说；倘若重复呈现某概念词典式的普遍意义，那么自己的言说就只能是平庸的俗见。如果说对于思辨写作而言，凡是有意义、有价值的主题，前人皆有思考与研究，那么今人所能做之事，就无非是接着别人已说过的主题重新说而已；但重新说绝不能蜕化为重复说与庸俗说，而是通过个性化的核心概念阐释重新说。

二、践行辩证思维，展示思辨写作的深刻

人之所以思辨，是因为所思辨的对象处在经验与超验的边界，它既在经验中，又超越了经验。如果对象只在经验中，那么就无须思辨，而只需运用经验事实进行检验；如果对象只在超验中，那么就只需信仰，也无须理性的思辨。不过，思辨写作的所思、所辨并不是人人皆知的庸俗见解，而是能启发人的超常道理；不是向往思想的平庸，而是力求思想的深刻。而思想深刻则通常表现为透过现象深入本质、揭示事物的内在联系或说出别人没有说出的道理等，诸如"巧言令色，鲜矣仁""夫唯不争，故天下莫能与之争""一切历史都是当代史"等。这些思想之所以被人代代传颂，就在于其透过现象深入了本质或揭示了事物的内在联系，说出了别人没有说出的道理。可以说，思想深刻既是衡量、评价思辨写作的核心指标，也是思辨写作谋求、达成的理想境界。从思维方式来看，要想展示思辨写作的深刻，则需践行辩证思维。

辩证思维是一种全面、动态地认知事物或现象的思维方式，与"非此即彼"的二元思维相对立。历史地看，辩证思维发端于古希腊，其典型形态是苏格拉底的对话。在苏格拉底的对话中，辩证思维就意味着通过一问一答的对话，将论题层层推进、剥茧抽丝，最后得出真理，具体表现为在正、反两种观点中，通过对立双方的辩论获得真理。后来，康德在《纯粹理性批判》中，将世界分为经验的现象世界和超经验的本体世界，认为对于现象世界而言，人能够通过感性质料和知性形式把握真理，而一旦超越了现象世界，人通过感性质料和知性形式获得的就是自相矛盾的命题，从而认为辩证思维是一种"幻相的逻辑"。而黑格尔则把辩证思维理解为最高的思维方式，认为知性思维只有在辩证思维的统领下才有意义，并将古希腊和康德式的一问一答、一正一反的辩证思维改造为"正、反、合"（正题、反题与合题）三段式。不过，黑格尔的辩证思维最终演化为"绝对精神"的辩证运动，使辩证思维丧失了现实根基。而马克思则将辩证思维植根于人类实践，将黑格尔"倒立"的辩证思维"正立"起来，使辩证思维重新回归其作为思维方式的本来面目。[4] 而就思辨写作而言，辩证思维至少蕴含着三重意涵：一是在"一分为二"中展开对话与辩论。辩证思维是在对立中寻求统一，即根据事物或现象所存在的相互矛盾的两个方面或要素进行全面思维，在诸多对立的范畴如好与坏、有与无、生与死、理论与实践、自由与纪律、权利与义务、事实与价值等中开展思考，避免看问题、想事情的片面性。二是在"具体分析"中阐明自己的主张。从形式逻辑上讲，二元对立的两范畴之间是无

法调和的。比如，好就是好，坏就是坏；否则，就会犯自相矛盾之错误。但人们面对具体问题时，通过具体分析则可以实现二元对立的两范畴的相互转化。比如，"好"在有些条件下会变成"坏"，反之亦然。三是在"正题、反题"中寻求"合题"。辩证思维并不止步于"一分为二"与"具体分析"，而是通过对"正题、反题"的讨论，辨析其各自的缺陷，最后获得一个对某问题更为全面、贯通的认识与理解，在二元对立的"正题、反题"中寻求"合题"。

然而，在思辨写作中，有些研究生却缺乏辩证思维的意识，其表现主要有三：一是"以偏概全"，即以片面代全面，未能看到事物或现象具有的两面性。在思辨写作中，为论证自己观点的正确，常常故意隐去相反论据，做着"选择性失明"之事，对某种观点只做正面事实的举例证明，而无视相反事例的存在，缺少主动寻找"黑天鹅"的意识。比如，有研究生为了论证"真正的教育是自我教育"，就将"训练""塑造"视为教育的反面而一概否定，而未能阐述"训练""塑造"在何种条件下是反教育的，在何种条件下又是教育的构成要素，只是揭示了"训练""塑造"对教育可能造成的伤害，而无视其在学生成长中可能具有的积极作用。二是"折中主义"，即在"一分为二"中简单采取"既这样，也那样"的怎么都行的折中，而未能结合具体问题动态、多维地展开分析。这种"这样不好，那样也不好；既应这样，也应那样"的骑墙式的庸俗辩证，只能败坏辩证思维的声誉。比如，有研究生在探讨师道尊严时，一方面认为师道尊严抑制了学生的自主、创新意识，应拒斥师道尊严；另一方面则认为师道尊严是保持教育秩序的必要条件，应强化师道尊严。故此，在师道尊严上，既要维护师道尊严，也要削弱师道尊严，而未能展开分析在何种情况下需要维护师道尊严，在何种情形中需要削弱师道尊严，从而使自己的师道尊严观表现为无立场的怎么都行的折中。三是"公理婆理"之争，即深陷于"正题与反题"的论争中而不能自拔，在洞察事物或现象二元性的同时，却忽视了事物或现象的二重性，不能从"正题与反题"中走向"合题"。的确，对于思辨写作而言，每个"正题"皆存在着一个"反题"，且"正题"与"反题"皆能持之有故、言之成理，从而造成了"公理婆理"之争。即使"公理婆理"之争有助于人看清事物或现象具有的二元性，对于践行辩证思维的思辨写作而言，也不能止步于此，而应通过辩证综合在"正题与反题"中阐明"合题"。

倘若辩证思维意味着在"一分为二"中展开对话与辩论，那么就要清楚各方言说的立场、假设及其局限性，在思辨写作中自觉地摆脱"自我中心"，增强换位思考的"他者"意识，避免"以偏概全"的片面。比如，在教学改革上，有学者站在实践者的立场，有学者则站在理论者的立场，那么虽然赞同相同的观点——"理念和技术是推动教学改革不可或缺的双翼",但倘若一方基于实践者有理念而无技术,而另一方则基于实践者有技术而无理念的假设,那么就不可避免地发生"多提升些技术,少推广些理念——中国教学改革亟待转向"[5]与"中国教学改革亟待实现从理念推广到技术提升的转向吗"[6]的论争。而论争的根源则在于对当下教育实践者素质状态判断的差异,二者之间并无截然的对立。倘若辩证思维意味着在"具体分析"中阐明自己的主张,那么在思辨写作中就要问自己"概念界定是否清晰,证据是否可信,推理是否合逻辑,结论是否有理由"等问题,具体、动态地把握、分析事物或现象所具有的相反相成的两个方面,且基于概念进行合理判断与有效推理。而上述论争之所以发生,是因为对"教学技术"的理解不同:一方认为教学技术是"内化在教师身上的各方面教学素质";另一方则认为教学技术是"外在的规定或固定的流程"。对相同的证据杜郎口中学的"三三六"教学模式,学者也有相异的阐释:一方认为杜郎口中学的"三三六"教学模式是教师在"教学技术"方面的思考和智慧,另一方则认为"杜郎口中学的'10+35'(教师讲解少于 10 分钟,学生活动大于 35 分钟)、'0+45'(教师基本不讲)等教学模式的效果言过其实,往往还是弊大于利"[7]。此外,还运用或然为真的归纳推理,各自得出相异的结论。其实,双方学者对杜郎口中学的"三三六"教学模式这一例证的解释,皆是自己事先预设的观念所引导的"见其所想见"。完整的杜郎口中学的"三三六"教学模式则是理念与技术的合金与综合,并不是仅有理念而无技术,或仅有技术而无理念;即使仅从技术上看,杜郎口中学的"三三六"教学模式也不仅仅体现在教师讲授的时间规定上。倘若辩证思维意味着在"正题与反题"中获得"合题",推动认识上一个新台阶,那么就应将"公理婆理"之争提升为"公共说理",即摆脱个人的预先假设、偏好或成见,站在论题所涉及的对立双方的立场上,力争从"正题与反题"中探寻一种"融会贯通"的"合题"。比如,有学者在批判教育经验主义现象时,就兼顾了实践者和理论者的立场,对造成教育经验主义现象的根源进行了相对公允的分析,认为"教育经验主义现象的根源,主要在于教育经验对教育实践者具有亲和力,而教育理论又过度学术化,说到底是教育理论和教育实践运行着不同的逻辑",进而为论证"消解教育经验主义现象"的价值命题——"揭示教育经验的局限"、"改变教育研究的形象"与"探究两种逻辑的会通"——提供了充分的论据支撑。[8]

三、证成价值命题,实现思辨写作的旨趣

任何写作皆是为了证成某道理,只不过,与实证写作不同,思辨写作所证成的

道理并不是事实命题，而是价值命题。对于事实命题而言，可以用命题与事实是否相符来证实或证伪；对于价值命题而言，因其融入了人的主观欲求和价值设想，不同的人往往对相同的价值命题持有不同的观点，有时甚至截然相反。因此，在有些学者看来，价值命题就无所谓真假，被拒斥在知识言说之外，如卡尔纳普就认为价值命题不过是以判断的形式表达了一项指令而已，"它可能对人们的行为有影响，而且这些影响也可能符合或不符合我们的愿望；但它却既不是真的也不是假的"[9]。的确，价值命题并不是事实描述，难以判断其真假，但价值命题作为从事实判断中推出"什么是好的"的评价以及"人如何思考、言说与行动"的规范，却有正确与错误之分，具有帮助人辨析善恶和指导人如何思考、言说与行动的意义。

从形式上看，价值命题是表达"什么是好的"以及"人如何思考、言说与行动"的语句，它至少有两种基本类型：一是表达"什么是好的"的评价命题，其中，既包括判断事物或行动本身是否为好的目的价值命题，也包括判断行动手段是否为好的手段价值命题。二是表达"人如何思考、言说与行动"的规范命题。就事实与价值的关系而言，自休谟提出从"是"推不出"应该"以来，学术界就从不同的维度阐释了二者的关联。有的从主体维度来看，认为事实与价值皆是相对于人及其认识与需要而言的，因此，即使是事实描述，也包含着价值诉求，事实与价值本来相互贯通，二者之间并不存在不可逾越的鸿沟。有的从语义维度来看，认为"是"并不单单表述事实判断，也可以表达价值判断，比如，"高铁是个好东西"；而"应该"也并非只表达价值判断，同样可以陈述事实，比如，"现在应该中午 11 点了"。有的从逻辑维度来看，认为价值命题是从事实与主体目的、需要、欲望的关系中推导出来的，其推导的逻辑是大前提——事实是什么，小前提——主体的目的、需要、欲望是什么，两前提的关系——事实是否符合主体的目的、需要与欲望，结论——应该（符合）或不应该（不符合）。从主体或语义维度来看事实与价值的关系，实际上就否定了事实与价值的区分，认为休谟的"是与应该"的问题是个伪问题。但不管怎样，事实命题与价值命题毕竟是性质不同的命题，虽然二者的证成皆需充足的理由，但论证价值命题的理由与证明事实命题的理由有所不同。对于事实命题而言，只要命题与事实相符就能获得证明；对于价值命题而言，因其既基于经验又超越了经验而指向"什么是好的"的评价以及"人如何思考、言说与行动"的规范，则需基于事实进行价值判断，或通过事实判断—价值判断—规范判断的"实践三段论"来证成规范命题。比如，边沁在论证"快乐是善"时，就基于人追求快乐而逃避痛苦这一感性经验，从人的自然倾向中推导出"快乐是善"。他论证道："自然把人类置于两位主公——快乐和痛苦——的主宰之下。只有它们才指示我们应当干什么，决定我们将要干什么。"[10]而禁止偷窃，其推理过程则是事实判断（偷窃势必导致财产的无序转移）—价值判断（偷窃会危及个人和公共财产）—规范判断（禁止偷窃）。

然而，在思辨写作中，有些研究生却将"是"与"应该"截然对立起来，认为从"事实"中推不出"价值"，对于学术研究而言，只要描述清楚了事实，且揭示了事实之间的关联，就完成了学术使命，至于基于事实及其关联，人如何思考、言说与行动，那是行动者自己的选择，不应纳入学术研究的视野。用马克斯·韦伯的话说，就是"一门经验科学并不能教给某人他应当做什么，而是只能教给他能够做什么"。[11]的确，对于自然科学而言，将"事实"与"价值"截然分开，不仅不是一个缺陷，反而是研究成果获得承认的前提条件。不过，对于人文社会科学而言，由于其研究的对象大多是文化事件，探讨的主要是人做事之理，因此难免涉及人行动的目的、动机和价值观等因素，就难以将"事实"与"价值"截然隔离。此乃其一。其二，将"应该"建立在纯概念、理论的推导上，而无视从"事实"推导"价值"的逻辑，从而使价值命题的证成凌空蹈虚、游谈无根。比如，有研究生在论证"规范"与"规训"的区别时说：规范为大学生的行为设立界限，但它不像规训那样阻碍大学生的自由，相反，合理的规范保障着大学生的自由，而规训则阻碍着大学生的自由。只要规范在自身的限度内引导大学生，它就不会蜕化为规训。从文字表述上看，该研究生说得也蛮有道理，其要表达的主旨是"规范保障着大学生的自由"，而"规训则阻碍着大学生的自由"。但因没有具体实例的分析用来说明、解释何种规范保障着大学生的自由、何种规训阻碍着大学生的自由，读者读后恐怕仍不知如何做才是"规范"的，在什么情况下规范才不会蜕化为"规训"。其三，无视目的价值命题与手段价值命题的区别，认为只要手段是有效的，就是好的，而不知"目的价值命题是手段价值命题的前提。如果前者正确，后者才可能正确；如果前者错误，后者必定错误"[12]。在"理念先行"还是"技术先导"的教学改革的论争中，倘若有研究生参与论争，就应明确理念关乎着教育目的，而技术只关乎着教育手段，需在确认理念正确的前提下，来论证技术的有效性，而不是相反。因为没有正确理念指导的教学技术，即使其再有效，也难以证成其合理性。比如，教授学生投机取巧、弄虚作假的技术，其方法不管如何有效，皆毫无合理性可言，皆是不正当的。

而思辨写作之所以要从"是"推导出"应该"，从根本上说，是由其研究对象的性质决定的。因为思辨写作所关联的是人生活的目的、价值与意义问题，其言说就不能止步于单纯的事实描述，而应在事实描述的基础上证成"什么是好的"的评价以及

"人如何思考、言说与行动"的规范,需从"是"推导出"应该"。而要证成"什么是好的"的评价以及"人如何思考、言说与行动"的规范,除了以思而辨外,别无他途。因为对于感性直观完全可以明证的事物或现象,比如,河中流动的水,虽然哲人会思辨地说,"水既在又不在"或"既在此又不在此",但此种思辨既破坏了感性的确定性,也没有带来任何比感性直观更确切的明证性。同理,对于知性能够把握的共相来说,其明证性在于按照形式逻辑而将人抽象的共相再回归为直观,也无须思辨。倘若将思辨用于感性或知性的内容,那么这种思辨就只能给辩证思维带来坏的名声。但倘若要证成"什么是好的"的评价以及"人如何思考、言说与行动"的规范,这一相对于具有必然因果关系的自然世界而言的"自由世界",那么人就只能诉诸思辨,通过论证性语言来证成其合理性。不过,话又得说过来,证成"什么是好的"的评价以及"人如何思考、言说与行动"的规范,并不是罔顾事实的信口开河,而是基于事实描述、通过价值判断而形成规范判断。比如,在《"老师说"话体的蕴意、隐忧与超越》中,其规范命题——"增强自我意识,涵养教学勇气""关注整全学生,重塑师生关系""展开对话教学,与学生一起成长",是基于对"'老师说'话体"蕴意的事实描述——"教师'自我'的隐匿""教师'社会角色'的彰显""'知识权威'的宣称",并通过价值判断——"'老师说'话体""抑制了教师的自我意识,阻隔了师生的情感交流,消弭着学生的独特观念"而证成的。

参考文献:

[1] 朱熹. 诗集传[M]. 赵长征,点校. 北京:中华书局,2011:诗集传序 1.

[2] MCGINN C. Truth by analysis:games,names and philosophy[M]. Oxford:Oxford University Press,2012:5.

[3] 李润洲. "老师说"话体的蕴意、隐忧与超越[J]. 课程·教材·教法,2013(3):30-35,29.

[4] 姚大志. 什么是辩证法[J]. 社会科学战线,2003(6):14-17.

[5] 周序. 多提升些技术,少推广些理念——中国教学改革亟待转向[J]. 湖南师范大学教育科学学报,2015(4):63-67.

[6] 朱文辉. 中国教学改革亟待实现从理念推广到技术提升的转向吗——兼与周序博士商榷[J]. 湖南师范大学教育科学学报,2018(1):109-113.

[7] 周序,刘茜. 再论教学改革中的理念和技术问题——兼答朱文辉博士之"商榷"[J]. 湖南师范大学教育科学学报,2018(1):114-120.

［8］刘庆昌．教育经验主义现象批判［J］．北京师范大学学报（社会科学版），2018（2）：13-22.

［9］卡尔纳普．哲学和逻辑句法［M］．傅季重，译．上海：上海人民出版社，1962：10.

［10］边沁．道德与立法原理导论［M］．时殷弘，译．北京：商务印书馆，2000：57.

［11］马克斯·韦伯．社会科学方法论［M］．李秋零，田薇，译．北京：中国人民大学出版社，1999：4.

［12］兰久富．价值命题的对错及其论证方法［J］．江海学刊，2017（2）：52-59.

第三节　叙事写作的方法论反思

近年来，随着叙事研究的兴起，越来越多的研究生运用叙事研究来撰写学位论文，由此形成了一种叙事写作。但叙事写作并不像有些研究生想象的那样只是讲故事，作为一种研究范式，叙事研究有其内在的规定性。那么，叙事写作意味着什么？当下，研究生叙事写作存在着哪些误区？研究生如何优化叙事写作？

一、叙事写作的意涵

叙事写作的兴起源于对抽象、宏大理论的反叛，转而关注、探寻普通人日常经验的意义。但叙事绝不仅仅意味着讲故事，而是揭示故事背后所蕴含的意义。因此，研究生叙事写作至少蕴含着三重逐层递升、相辅相成的意涵：呈现"主题故事"、提炼"核心概念"与建构"扎根理论"。

（一）呈现"主题故事"

从表现形式上看，叙事是一种质的研究，与量的研究相对。如果说量的研究表现为一系列的数字、图表，那么作为质的研究的叙事则展现为一个个的故事，即叙事写作呈现在人们眼前的是一个个故事，是让事实说话，而不是从概念或理论出发进行逻辑演绎。因此，从文本上看，凡是叙事皆呈现大量的"主题故事"。而"主题故事"则意味着叙事并不是记流水账式地呈现所有的故事，而是按照某主题进行了有意的取舍，选取那些具有典型性、代表性的故事。对"主题故事"的描写则需具有情境性，即通过对具体、鲜活的人与事的情境化、动态性的深入描写，向读者展示故事发生、发展的"场景"与"情节"。"场景"既为故事的展开提供了一个空间，也是促使故事发生、发展的要素；而故事的冲突、矛盾、困惑、误解与释疑等，则构成了引人入胜、感人至深的故事"情节"。

从成熟的叙事文本来看，无论社会学叙事，比如美国学者怀特撰写的《街角社会：一个意大利人贫民区的社会结构》，还是教育学叙事，比如加拿大学者范梅南、莱维林撰写的《儿童的秘密——秘密、隐私和自我的重新认识》，皆呈现了大量的故事，但作者为什么呈现这些故事而不是那些故事，实际上受制于作者事先所要探究的主题。比如，在《街角社会：一个意大利人贫民区的社会结构》中，怀特用两编333页的大量篇幅描述了"街角青年和男大学生"的日常生活故事与"非法团伙成员和政治家"的生活经历，这些故事皆是为了探明科纳维尔的社会组织，是围绕着探究主题"社会组织"来呈现的。正如作者所言："我是从科纳维尔的组织方面来讲它的故事的。"[1]同样，在《儿童的秘密——秘密、隐私和自我的重新认识》中，范梅南、莱维林呈现了诸如"秘密的藏身处和过道"、"可以隐遁的秘密场所"与"秘密的房间、抽屉和箱子"等故事，皆是为了探讨"我们是如何体验秘密的"这一主题。[2]

（二）提炼"核心概念"

倘若叙事是围绕某主题来组织、安排的，那么为了凸显、阐释某主题，就离不开"核心概念"的提炼。从理论上讲，叙事本身往往就蕴含着某个"核心概念"，只是这个"核心概念"常常隐而不彰、潜匿于叙事之中。故此，在叙事时，学者们常常倡导寻找"本土概念"，即故事当事人所使用的某些特别有影响力的词语，其判别标准是"看这个词语是否频繁出现或被本地人'重复使用'"，或"该词语是否隐含了当地人的某种生活'冲突'以及相关的'关键事件'"[3]，且将"本土概念"混同于"核心概念"。但实际上，叙事写作即使要寻找"本土概念"，此"本土概念"也不是简单地依据某词语是否频繁出现或被本地人重复使用，或是否隐含了当地人的某种生活冲突以及相关的关键事件来判断的，而是研究者事先在某概念的指引或启示下，再选取某故事揭示、彰显某概念的内涵。比如，在《儿童的秘密——秘密、隐私和自我的重新认识》中，无论是对"秘密的模式"的揭示，还是对"我们是如何体验秘密的？"的阐释，皆是围绕着"秘密"（"秘密意味着'分开、分离、区别'""秘密构成了人与人之间的关系"）这一核心概念而开展的。

当然，有些叙事写作并不着意凸显某个"核心概念"，只是将某个"核心概念"镶嵌在有情节、有主线的故事中，但即使如此呈现"主题故事"，读者稍加留神，也能寻找到其"核心概念"的踪影。比如，《街角社会：一个意大利人贫民区的社会结构》的第一章"多克和他的小伙子们"，先是描述了以多克为首的"诺顿帮的成员"，并用一个等级图展现了当时这些人之间的关系，这些人之间的关系实际上就隐含着"社会组织"这一"核心概念"。正如怀特所言："占据具体的社会位置的人员在不断变换，而这些位置本身则保持不变。长期处于某个社会阶层之中的人们彼此之间十分相像。"[4] 由此，"社会组织"这个概念就浮出了水面。自然，叙事写作往往包含着多个"核心概念"，这些"核心概念"的逻辑阐述与内在勾连，就形成了一种"扎根理论"。

（三）建构"扎根理论"

"扎根理论"是通过对"主题故事"的描述与分析而归纳、概括出的假设与推论，且归纳、概括出的假设与推论能够解释、说明正在研究的对象。"扎根理论"的形成大致要经历从初始编码到提炼"核心概念"再到建立"核心概念"之间的联系的过程。同时，"扎根理论"的形成也不是直线的，而是一个文献、原始观念、概念之间反复比较的过程。对于"扎根理论"的形成，不同的学者开出了相异的处方。比如，施特劳斯和科宾提倡运用开放、主轴和理论三种编码方式。"开放"即以开放的心态，研究故事的条件、行动/互动和结果，逐步形成范畴；"主轴"即围绕现象/本质、因果、干预、互动等关系形成核心概念；"理论"即以理论为框架来形成扎根理论。而卡麦兹则提出通过初始编码和焦点编码来建构扎根理论。"初始编码"即通过逐句、逐行的分析，形成概念；"焦点编码"则是通过类别—亚类别概念、概念关联与核心范畴统整而形成理论。而一种"扎根理论"的成立，需经过"逆证推理"：①D 是数据集合；②H（假设）如果真，将解释 D；③没有其他假设能够像 H 这样解释 D；④所以，H 可能是真的。[5]

可以说，叙事写作之所以不是仅仅讲故事，就在于其最终目的仍是追求一种理论，即使这种理论不再是宏大的叙事。在《街角社会：一个意大利人贫民区的社会结构》中，怀特通过呈现"街角青年和男大学生"的生活故事及"非法团伙成员和政治家"的生活经历，最后得出"社会是一个紧密结合的等级制组织，在这一组织中，人们的地位和彼此间的义务被限定和承认""科纳维尔的问题不在于它没有组织，而在于它本身的社会组织未能与它周围社会的结构融为一体"[6]。在《儿童的秘密——秘密、隐私和自我的重新认识》中，范梅南、莱维林则通过讲述有关儿童秘密的故事，阐述了一种关于"秘密、隐私与自我"关系的理论，即"秘密与隐私在关系意义上不同——秘密解释关系，隐私则拒绝关系""秘密是显露与隐藏的游戏""孩子们发现自己有了秘密，就意味着他们内心世界的诞生"，秘密、隐私与监督之间则存在着一种中性的辩证关系，而教育意义上的"监督"则表现为"对他人的真正兴趣"。[7]

二、研究生叙事写作的误区

倘若叙事写作意味着呈现"主题故事"、提炼"核心概念"与建构"扎根理论"，那么当下有些研究生的叙事写作则主要存在着误把"议论"当"叙事"、错将"本土概念"当作"核心概念"以及误把"自言自语"视为"扎根理论"的误区。

(一)误把"议论"当"叙事"

叙事写作首先要呈现"主题故事"，而不能任凭自己的主观偏好空发议论。但有些研究生在呈现"主题故事"时，却误把"议论"当"叙事"，只是阐述了自己对某件事的看法，而不是基于故事描述进行合理推论。比如，在《攻读教育博士的叙事研究》中，在描述"大师的风范"时，讲某教育学教授的确聪明绝顶、学富五车、满腹经纶，他讲的话语、他的思路与他的分析能够让你茅塞顿开、豁然开朗！突然想起一句话，牛的人就是具有狂的资格，人家那才华就是很多人无法媲美的！不愧为 B 大学的金牌教授！且不说"具有狂的资格"与"聪明绝顶、学富五车、满腹经纶"等议论的不和谐，就是读到"聪明绝顶、学富五车、满腹经纶，他讲的话语、他的思路与他的分析能够让你茅塞顿开、豁然开朗"，读者也是一头雾水。试想，这位教育学教授，其聪明绝顶、学富五车、满腹经纶表现在何处？他的什么话语、什么思路与什么分析让你茅塞顿开、豁然开朗？可以说，因没有对这位教育学教授上课内容的详细描写，上述内容呈现给读者的就不是用事实说话，而是自己在空发议论。

与误把"议论"当"叙事"相对，一位体育教师的教育叙事，则仅仅围绕着"师爱"这一"主题"呈现故事。这位体育老师第一次在室外给学生上体育课时，发现了一名性格异常孤僻的孩子。他描写道："杨君是一个个子不高的女孩子，头发像是很长时间没有洗过，衣服上油渍很多。她没有像其他犯了错误的孩子一样低头等候批评，而是仰着头，怯生生地望着我，我不禁被那眼神击了一下，那是一种什么样的眼神啊，惊恐?! 呆滞?! 我极力把声音放得柔和一点：'第一次上课，你为什么不来呢?'没有回答。'你是不是身体不舒服，或者是得了什么病?'我尽量为她开脱。也没有回答。'你是不是对体育课不感兴趣或者是讨厌上体育课?'仍然没有回答，依然是那样的眼神，这时候，我知道她不可能回答我的任何问题了。"课间，他向学生询问了有关杨君的情况，学生说："她很脏；有时一天也说不上一两句话；她从来不回答问题；她总是一个人玩；她上小学的时候也是这样子……"在呈现了"主题故事"后，这位体育老师才简要地阐述了自己的看法："孤僻！因为孤僻而引来了歧视！又因受到歧视而越发变得孤僻。我一定要试着改变她，哪怕获得一点点改变也值得，因为我有责任这样做，因为我是……老师。"[8]

（二）错将"本土概念"当作"核心概念"

叙事写作的"核心概念"并不是从故事讲述人的话语中抽析出来的，而是根据研究的问题围绕某主题选择的。虽然在叙事时要凸显"本土概念"，但"本土概念"也不意味着就是"核心概念"。当下，有些研究生的叙事写作为了凸显"本土概念"，常常将故事讲述人的话语作为故事的标题。这种做法从形式上看似乎让所呈现的故事有了主题、揭示了立意，但将每个故事的"标题"放到一起，通常会发现这些"本土概念"与所要揭示的"核心概念"并不一致，有时甚至是相互矛盾的。比如，在《高中数学教师学科素养生成的叙事研究》中，一方面，将数学学科素养界定为"数学抽象、逻辑推理、数学建模、直观想象、数学运算与数据分析"；另一方面，在呈现 A 教师有关数学学科素养的故事时，却抽取了 A 教师所说的"话"，诸如"热爱数学，追求数学教学的智性""热爱教学，将学生放在心上""学会反思，建构智性课堂"等作为故事的标题来阐释数学学科素养。仅从文字表述上看，A 教师所说的"本土概念"就与该研究所探讨的"核心概念"不一致。

其实，叙事写作的"核心概念"具有主题先定性，即叙事写作的"核心概念"是由研究主题事先决定的。怀特的《街角社会：一个意大利人贫民区的社会结构》，其核心概念至少有四："社会"、"社会组织"、"社会流动"与"社会结构"。通过描述"多克和他的小伙子们"的故事、"奇克和他的俱乐部"的情况以及"非法团伙成员和政治家"的故事，分别阐释了何谓"社会"、"社会组织"、"社会流动"与"社会结构"。而范梅南、莱维林的《儿童的秘密——秘密、隐私和自我的重新认识》，其核心概念至少有五："秘密"、"隐私"、"谎言"、"自我认同"与"教育学"。这些核心概念表明该专著是通过呈现儿童秘密的故事，来揭示教育学视域的"秘密"、"隐私"、"谎言"与"自我认同"之间的关系的。从一定意义上说，确立了核心概念，也就相应地明确了要研究的问题，从而使叙事有了一条或隐或显的主线，而在叙事中凸显"本土概念"，其目的也无非是揭示"核心概念"的内涵，为人们理解"核心概念"提供生活体验的支撑。当然，"核心概念"与"本土概念"并不是决定与被决定、阐释与被阐释的关系，而是互为启发、相互对照与互为生成的。也就是说，如果说叙事写作并不是漫无目的的闲聊，那么确定"核心概念"也就成了明确叙事目的的前提。但这并不意味着此时研究者已明确了"核心概念"的内涵，而"核心概念"内涵的澄清，则需经历与故事中"本土概念"相互对话、互为诠释的过程。

（三）误把"自言自语"视为"扎根理论"

"扎根理论"强调理论来源于"故事"，是从一个个"故事"中归纳、推论出的结果，而不是从已有理论出发的逻辑演绎。但在"扎根理论"的形成中，研究者却要对前人的理论、自己的前见和故事可能呈现的理论保持敏感与互动。确切地说，"扎根理论"的形成是"前人理论"、"自己前见"与"主题故事"三者互动的结果，而不是无视"前人理论"的"自言自语"。在《儿童的秘密——秘密、隐私和自我的重新认识》中，范梅南、莱维林就援引了大量前人的理论来解释"秘密"以及他们为什么研究"秘密"。诸如德国社会学家齐美尔的观点："'通过积极的或消极的方式'保守秘密，是人类最伟大的成就之一：秘密极大地丰富了生活……因为秘密的体验提供了一个复杂得多的人类生活经历的现实：'与展现在我们眼前的世界同时存在的第二个世界的可能性；前者受到后者决定性的影响。'"精神病理学家的观点："秘密具有教育意义，因为它们能够创造出自我的多个层次和内、外空间，这有助于个人性格的形成。"由此为他们研究"秘密"提供了必要的前人理论的支撑。同时，在阐释"秘密"时，他们也大量引用了人们基于"秘密"已形成的"理论"，诸如"若能保守秘密，你就是秘密的主人；否则，你就成为它的奴隶""在拉丁语中，秘密意味着'分开、分离、区别'"等。

然而，有的研究生在叙事写作中却常常"自言自语"，在建构"扎根理论"时既缺乏与已有理论的对话与互动，也未能在叙述的故事之间建立起内在联系与有效对接，只是在叙事后笼而统之地谈一些心得体会。比如，在《高中数学教师学科素养生成的叙事研究》中，在描述 A 教师对数学学科素养看法的各种故事后，就自言自语地归纳出三点认识："研读教材是根本"、"自主发展是有效途径"与"先进教育理念指引前行方向"。且不说这三点认识与"数学教师学科素养的生成"离得太远，因为即使将这三点认识放到其他主题上，如语文或英语教师学科素养的生成，也同样适用；就是在阐述"研读教材是根本"、"自主发展是有效途径"与"先进教育理念指引前行方向"时，也未能与有关"教材"、"自主发展"与"理念"等的相关理论展开对话，更看不出"研读教材是根本"、"自主发展是有效途径"与"先进教育理念指引前行方向"是如何在 A 教师数学学科素养生成中发挥作用的，且与其所描述的故事不能对接、融通，从而使原先看似有血有肉的故事描述的意义丧失殆尽。应该说，建构"扎根理论"是叙事写作的价值旨趣，也是叙事写作通过讲故事揭示故事背后之意义的必然诉求。不过，倘若"扎根理论"的建构离开了与前人理论的对话和互动，或脱离了所讲的故事本身，那么建构的"扎根理论"就只能成为游谈无根的"自言自语"。

三、研究生叙事写作的正途

在有些人看来，叙事写作似乎比理论阐述、论证更容易。公允地说，作为一种创造活动，哪种写作都不容易。而要做好叙事写作，至少则需澄清研究问题，围绕主题深描故事；增强理论自觉，基于故事阐释概念；对话相关成果，自下而上建构理论。

（一）澄清研究问题，围绕主题深描故事

对于研究生而言，运用叙事呈现研究成果，也是为了解答别人没有或未能很好解答的问题。正像怀特在《引言：科纳维尔和它的人们》中所言："多年来，科纳维尔一直被认为是一个问题区……那些关心科纳维尔的人谋求通过泛泛的调查来解答只有最熟悉当地的生活才能解答的问题……中产阶级的人们把这个贫民区视为一团糟，一种社会混乱状态。而了解内情的人却在科纳维尔发现了一个高度有组织的、完整的社会制度。"[9] 那么，科纳维尔到底是混乱无序的，还是有组织的？怀特正是带着这一疑问，拟通过观察科纳维尔一个个具体人所做的具体事，来摸清它的社会结构及其行动模式的。而范梅南、莱维林在《儿童的秘密——秘密、隐私和自我的重新认识》的第 1 章"有关秘密的问题"中，就指出"有关（病理性）秘密和心理疗法的文献资料已经相当精辟。然而，有关孩子们生活中普通秘密的意义却很少有人论及……在整个哲学和社会科学领域中，对这一主题只有过一些零零星星的不完整的论述"。而其研究是运用现象学的方法来探讨"秘密在个人成长中可能产生的积极或消极的作用"，回答秘密体验对人的自我意识形成的教育意义。[10] 当然，澄清研究问题并不是一件一蹴而就之事，而是一个不断聚焦的过程。怀特在回顾《街角社会：一个意大利人贫民区的社会结构》成书的过程时说："开始，我有个模模糊糊的念头，想去研究一个贫民区……我最初的研究方案是要研究这个地区的历史、经济……政治……教育和娱乐模式、教会、公共卫生保健，以及——尤其是——社会态度。"后来，他又把研究的重点"主要放在对人们的友谊模式进行某种社会测量研究"。最后，通过阅读社会学、人类学文献，他发现以往的社区研究大多是"从社会问题方面来看待社区，所以根本不存在作为一个有组织的社会系统的社区"，才确定通过详细地观察人与人之间的互动模式，来研究科纳维尔的社会组织问题。[11]

一旦澄清了研究问题，那么研究问题所蕴含的主题就会凸显出来，正如范梅南、莱维林一旦确定了探究"秘密体验对人的自我意识形成的教育意义"，那么秘密、隐私、谎言、语言等主题就会彰显出来。接下来要做的事就是围绕主题深描故

事。而深描故事就意味着对故事进行生动、细腻与真实的再现，同时，通过生动、细腻与真实故事的再现彰显出其蕴含的意义，让读者在阅读文本时产生一种身临其境的"现场感"。从此意义上说，倘若我来描述"大师的风范"，就会围绕预定的主题"学了什么"深描某大师的言谈举止：从今天起，接下来的 5 天，我们将学习一门新课——教育学。我会遇到一位怎样的教育学教授？早上 7：50，一位身穿暗红色 T 恤衫的中年老师走进教室，他面带微笑，中等身材，两眼炯炯有神。上课之初，他简要呈现了我们 5 天来要学习的主要内容，诸如何谓教育、怎样进行课程开发等，接着就围绕"何谓教育"，先展示了古今中外学者对教育的看法，然后让我们分组讨论、比较各种教育定义的不同之处，并请各组同学谈谈我们对何谓教育的看法。通过讨论，我猛然发现原来教育还有那么多的内涵，既有教科书上普遍适用的定义，也有不同学者各自的独特看法；既有词源的考证，也有隐喻的诠释……自己工作 10 年了，但今天谈起教育来却深感无话可说。而教授纵论了古今中外的教育定义，难能可贵的是，他清晰地阐述了自己对教育的看法，且指出"定义自己的教育是教师专业成长的原点诉求"。此时，如果非要谈一些感想，发一些诸如"聪明绝顶、学富五车、满腹经纶，他讲的话语、他的思路与他的分析能够让你茅塞顿开、豁然开朗"的"议论"，似乎读者也能接受。

（二）增强理论自觉，基于故事阐释概念

人的生命皆是由一个个的故事所构成的。从此意义上说，只有有心，围绕某主题收集、记录故事并不是很难的事，而真正对叙事写作构成挑战的则是不知从哪里开始"收集故事"，或即使收集了许多故事，也不知如何将现场文本转化为研究文本，甚至发现已收集的故事只是一堆没有意义的"废料"。而之所以会发生上述状况，是因为没有理论自觉，难以从"一团乱麻"的"故事"中"理出头绪"来。而增强理论自觉至少蕴含着两层含义：一是理论储备，即选定研究主题后，要围绕研究主题阅读一些相关的论著。像怀特在研究科纳维尔之前，就系统阅读了林德夫妇的《中城》、卡罗琳·韦尔的《格林威治村》，为其研究提供了一个模板；阅读迪尔凯姆的著作和帕累托的《心灵与社会》及马林诺夫斯基的论著，为其研究储备了相关的理论。[12]二是提炼故事的主题，厘清各故事间的内在关联。主题即故事的主旨或意蕴，它能通过预设的概念嫁接、贯通各故事；而没有主题或意蕴的故事，只能让人不知所云、雾里看花。范梅南、莱维林在《儿童的秘密——秘密、隐私和自我的重新认识》中，就通过概念分析凸显了故事的主旨。在谈起"秘密"时，他们援引了"秘密"的词源解释——"秘密"即意味着"分离、拆散、隐秘"，阐述了"秘密总是与某种关系相连的。秘密不只是体现了当事人与其自我或其内心世界之间的关系，也体现了人与人之间的关系”，并将这种对“秘密”的理解贯穿、渗透在诸如“秘密的藏身处和过道”“可以隐遁的秘密场所”等故事的描写中。[13]

当然，增强理论自觉，对于叙事写作而言，只是为研究文本的叙事提供了一种框架或思路，至于某概念有怎样的意涵，则需基于故事进行概念阐释。从一定意义上说，一个概念往往具有多重意义，而研究者试图凸显某概念的哪种意义，则需基于故事揭示某概念在此故事中的特定语义。比如，在《儿童的秘密——秘密、隐私和自我的重新认识》中，“秘密”既意味着“分离”，也意味着“关系”。为了阐释“秘密”意味着“分离”，作者描述了这样一个故事：小彼得走进房子里，心事重重。他走到爸爸面前，吞吞吐吐地说，“有件事需要告诉您……不是什么坏事，可是……我不太想说”。“没关系，彼得。”爸爸回答道，“你用不着什么都告诉我。有些事情你自己知道就行了。”彼得似乎解脱了一点点。但他还是在房子里跟着爸爸转。终于，他说：“我想还是告诉您的好。”之所以彼得最后还是把“秘密”告诉了爸爸，是因为彼得感受到“保守秘密无异于体验分离的痛苦”[14]，从而阐释了“秘密”在此故事中的语义。因此，若我来写《高中数学教师学科素养生成的叙事研究》，如果确定了数学学科素养包含“数学抽象、逻辑推理、数学建模”等要素，那么就围绕这些要素阐述 A 教师的理解，用 A 教师的“本土概念”呈现其对数学学科素养的看法，诸如“抽象是数学的本质”“逻辑推理是数学的灵魂”“建模是数学走向现实世界的桥梁”等，以便阐释 A 教师对“数学学科素养”的独特观点。

（三）对话相关成果，自下而上建构理论

无论何种写作，皆是因为有东西要向读者表达。因此，对于作者而言，写作之初要思考的问题是你有什么东西要向别人表达，若有，别人读后是否会有收获。对于研究生而言，你要表达的东西须是你自己的研究发现。这种研究发现或表现为新事实或新现象，或表现为新思想或新方法等。叙事写作同样要有一种研究发现，才能使叙事写作具有意义。而对话相关成果，就是寻找别人忽略、遗漏的问题，并对别人忽略、遗漏的问题给予尝试性解答，从而拥有向别人表达的新东西。这也是所有的学位论文都要进行文献综述的要义所在。比如，怀特通过与相关成果的对话，发现“社会学文献往往是从社会问题方面来看待社区，所以根本不存在作为一个有组织的社会系统的社区”，但他通过实地观察、访谈发现贫民区的问题并“不在于它没有组织，而在于它本身的社会组织未能与它周围社会的结构融为一体”[15]，他写《街角社会：一个意大利人贫民区的社会结构》，就是想把他的发现告诉读者。范梅南和莱维林发现"整个哲学和社会科学领域中，对这一主题（秘密）只有过一些零零星星的不完整的论述"，而他们要做的是"以一种现象学的方式来探索秘密和隐私的体验"，揭示"那些迄今为止在心理学、精神病学和政治研究中被忽略了的各种各样儿童时代的秘密"所蕴含的教育学意义，并通过研究发现"能够拥有并保守秘密是儿童走向成熟和独立的一个标志""能够与自己最亲近的人分享自己的秘密更是儿童成长和成熟的表现"，而其写《儿童的秘密——秘密、隐私和自我的重新认识》，就想把这些发现告诉人们，以改变"人们长期以来认为秘密是不好的、不健康的和不应该有的这一传统的错觉"。[16]

对于叙事写作来说，研究的发现是通过一个个"主题故事"的深度描述呈现的，是一种自下而上的理论建构。从写法来看，这种自下而上的理论建构的路径至少有三：一是直接呈现"主题故事"，而将相关的理论隐藏在故事中。这种写法要求研究者有很高的叙事描写能力，像怀特那样，在写《街角社会：一个意大利人贫民区的社会结构》之前，已"写过不少短篇小说和独幕剧"，练就了高超的描写能力。但这种写法也有可能将理论湮没在故事中，使沉浸于故事的读者遗漏一个个故事所蕴含的深意。二是借鉴某理论，分类呈现"主题故事"，即按照某理论的提示来重组"主题故事"，而每一类别的故事实际上就蕴含着某理论的要素。但这种写法稍有不慎，就会存在议论过多、描写过少之弊。三是主题故事与理论言说融合的夹叙夹议，即在保持故事的情节性与完整性的基础上，或先叙事、后解释，或先阐述、后叙事。这也许是一种相对稳妥的叙事方式。如果说任何写作皆非简单运用技巧，而是作者将自己的研究发现呈现出来的价值创造；那么写作的起点就是研究发现，其过程则是研究发现的展示与阐释。而没有研究发现的写作就无异于"无病呻吟"。从此意义上说，叙事写作的关键是在故事的收集和分析中，发现有助于读者重新认识、理解某事实或现象的"扎根理论"，并基于故事自下而上地阐释、论证这种理论。

参考文献：

[1][4][6][9][11][12][15] 威廉·富特·怀特. 街角社会：一个意大利人贫民区的社会结构[M]. 黄育馥，译. 北京：商务印书馆，2006：352，139，352-357，6-7，369-373，372，357.

[2][7][10][13][14][16] 马克斯·范梅南，巴斯·莱维林. 儿童的秘密——秘密、隐私和自我的重新认识[M]. 陈慧黠，曹赛先，译. 北京：教育科学出版社，2004：23-42，80-199，10，15-27，15-16，10.

［3］刘良华. 教育叙事研究：是什么与怎么做［J］. 教育研究，2007(7)：84-88.

［5］景怀斌. 扎根理论编码的"理论鸿沟"及"类故理"跨越［J］. 武汉大学学报(哲学社会科学版)，2017(6)：109-119.

［8］徐建军. 一位体育教师的教育日记［J］. 教师之友，2003(2)：35-36.

第四节　个案写作的方法论反思

近年来，有越来越多的研究生就某问题选择、运用个案研究方法搜集、分析资料，获得研究结论来撰写学位论文，从而形成了一种个案写作。这种个案写作从题目上看，通常采用主副标题的形式，主标题揭示研究的主题或主旨，副标题常常是具体个案的名称，如《学校拓展型课程建构的研究——以 S 中学为例》。从这个意义上说，研究生个案写作中是指研究生运用个案研究方法解决某问题并呈现其研究成果。不过，由于个案研究自身的局限和人们对个案研究的多元理解，在学位论文盲审或答辩时，面对同一篇个案写作的论文，其评价有时会截然相反；同时，个案写作也面临着理论概括的合法性与实践应用的有用性的拷问。那么，研究生个案写作的价值旨趣何在？研究生个案写作中存在着哪些常见问题？研究生如何把握个案写作的言说逻辑？

一、个案写作的价值旨趣

宽泛地讲，研究生的个案写作与其他类型的写作，在价值追求上并没有太大的区别，主要是知识的创新与实践的完善。只不过，研究生的个案写作是通过揭示作为研究对象的个案的自身特征、要素、结构及其发展历程来阐发某种新的道理，并希望个案研究所阐发的新道理能获得他人的认同、接受，更新已有的知识，完善既有的实践。因此，研究生个案写作内在地蕴含着事实描述、理论概括与结论外推三个依次递进的价值旨趣。

(一)事实描述

任何道理的阐发皆需建立在事实描述的基础上，研究生的个案写作所阐发的道理也不例外。当人们阅读一篇个案写作的论文时，单从题目上看，就会逻辑地预测相关的事实描述。比如，读到《学校拓展型课程建构的研究——以 S 中学为例》，就会预设该文应回答如下事实性问题：S 中学是一所什么样的学校？它是出于何种动机建构拓展型课程的？它建构了怎样的拓展型课程？如何建构拓展型课程？其建构的拓展型课程的实施效果如何？只有回答了这些事实性问题，才能从这些事实性问题的回答中逻辑地推导出 S 中学拓展型课程建构蕴含的一般道理及其对其他类似学校拓展型课程建构的启示意义。如此看来，个案写作的首要任务就是围绕拟研究的问题或主题描述清楚个案的特征、构成要素及其结构，以及个案发展、变迁的历史。正如维特根斯坦所言："事实的逻辑形象就是思想。"也就是说，思想既应基于事实，也应符合逻辑，其道理在于"我们不能思考非逻辑的东西，因为否则我们就必须非逻辑地思考"[1]。因此，研究生个案写作要围绕拟研究的问题或主题描述、呈现个案的事实，且对有关个案事实的描述与呈现应符合逻辑，而不能罗列、堆积个案事实。

（二）理论概括

研究生的个案写作并不是仅仅对个案事实的描述，而是通过对个案事实的描述来阐述某一道理。按照维特根斯坦的看法，对个案的事实进行符合逻辑的描述好像就能自然而然地拥有思想、创生理论，但其前提是必须对个案所呈现的事实进行概念界定，并在概念界定的基础上形成判断，而一个个的判断才能形成某种理论。这种理论概括具体表现为对个案事实的命名能力以及对个案事实之间的关系进行判断的能力。可以说，只有通过对个案事实的描述把握了个案事实之间的关系，形成了相应的判断，才能生成自己的理论观点。比如，在《新手教师学情知识的研究——以 Y 中学三位数学教师为例》中，首先，需界定何谓"新手教师的学情知识"；其次，描述 Y 中学三位数学教师学情知识的具体事实；再次，探寻导致 Y 中学三位数学教师学情知识匮乏的原因，从而探明新手教师学情知识形成的内在机制；最后，根据新手教师学情知识形成的内在机制，提出完善新手教师学情知识的路径。其中，描述 Y 中学三位数学教师学情知识的具体事实，只是为探寻导致 Y 中学三位数学教师学情知识匮乏的原因提供事实依据，而只有辨明了导致数学教师学情知识匮乏的因果关系，才能形成各命题判断，各命题判断的逻辑组合，才能建构某一理论。

（三）结论外推

研究生的个案写作不仅有理论概括的需要，而且因其实践关怀也常追求实践价值；但从逻辑上看，从单一的特殊命题却并不能推导出普遍命题。因此，研究生的个案写作就面临着如何实现从特殊、微观走向一般、宏观的结论外推问题，具体包括两个维度的辩护：一是回答从个案事实中概括的理论如何嫁接普遍理论，实现"从特殊走向普遍"；二是回答从个案事实中概括的理论如何对接个案以外的实践，实现"从知识到行动"的实践价值。比如，在《教师个人教育哲学及其建构——名师的视角》中，研究生先描述了多位名师个人教育哲学的内容，后分析了多位名师个人教育哲学建构的影响因素及其历程，最终提炼出"敬业、读书、反思"等教师个人教育哲学建构的路径，就应追问为何"敬业、读书、反思"等能成就教师个人教育哲学，其在建构教师个人教育哲学中起着何种作用，为何有些教师同样具有敬业、读书与反思的行为却未能建构出个人教育哲学等问题。倘若这些问题未能很好地得到阐释与解决，那么其研究所获得的结论——"敬业、读书、反思"等是建构教师个人教育哲学的路径，就难以让读者通过阅读获得情感的共鸣和思想的认同，就毫无推广的意义。

二、研究生个案写作的常见问题

在有些研究生看来，个案写作无非是通过观察、访谈等方法搜集一些事实材料再进行简要的阐述而已，而没有意识到个案写作需要达成事实描述、理论概括与结论外推的完美统一。因此，现实的研究生个案写作常常存在着事实描述凌乱、理论概括任性与结论外推无章等问题。

(一)事实描述的凌乱

事实描述是个案写作的基础，也是个案写作的理论概括、结论外推的前提。但在个案写作中，描述什么事实、为什么描述这些事实而不是那些事实、如何描述这些事实等问题，却并不仅取决于研究者观察、访谈到什么样的事实，而且取决于研究者的理论素养、角色定位与问题意识。这是因为观察、访谈皆渗透着理论，研究者能观察、访谈到什么样的事实，均受一定的理论预设的影响。从一定意义上说，研究生一旦走进个案研究现场，各种事实就弥散于研究生的周围，通过观察、访谈就可以了解、搜集众多的事实。但研究生通过观察、访谈要了解、搜集什么样的事实，需事先有所预设与想象，否则通过观察、访谈所了解、搜集的事实要么派不上用场、无用武之地，要么杂乱无章、让人理不出头绪。同时，研究生在个案研究中拟扮演何种社会角色，也左右着个案事实的搜集、整理与分析。假若研究生对个案持积极、肯定的态度，那么其搜集、分析与呈现的事实大多是正面、向上的；假若研究生对个案持消极、否定的心态，那么其搜集、分析与呈现的事实也许多为负面、向下的。当然，研究生理应秉持一种客观、公正的心态如实地搜集、分析与呈现个案的相关事实。在个案调查中，研究生可以爱憎分明地做个性情中人；但在个案写作时，则应直面个案事实本身，运用学理揭示出即使立场相左的人也感到不舒服的事实本身。尤其重要的是，个案写作要紧紧围绕着拟研究的问题，遵循问题逻辑的时间序列，将各种个案事实有序地描述出来。

然而，现实中有的研究生却往往持有捡到篮里就是菜的庸俗经验论，将各种事实杂乱无章地堆积在一起，从而使个案写作的事实描述凌乱无序。比如，在《学校拓展型课程建构的研究——以 S 中学为例》中，论文主要由个案学校概述、研究结果、研究结论与建议三部分构成。仅就个案事实的描述而言，描述了 S 中学拓展型课程建构的动因后，就应描述其是如何进行拓展型课程建构的，其拓展型课程建构的结果如何，但实际的个案写作却把 S 中学拓展型课程建构的过程错当成了自己的"研究结果"，将 S 中学拓展型课程建构的结果——学校日常生活课程化、学校特色课程化与超学科主题式整合误写在"个案学校概述"中，尤其是在大谈特谈 S 中学拓展型课程建构的成功经验后，在"研究结论"中浓墨重彩地描述了 S 中学拓展型课程建构面临的种种困难，诸如"学校对拓展型课程建构的'困境重重'"、"教师对拓展型课程建构的'力不从心'"与"学生对拓展型课程建构的'置身事外'"。试想，即使 S 中学在拓展型课程建构中确实面临着种种困难，也应将对此内容的描述穿插、放置在 S 中学拓展型课程建构的成功经验的叙述中，S 中学也许正是在克服拓展型课程建构种种困难中，才取得了拓展型课程建构的成功。同时，对 S 中学拓展型课程建构的描述本应按照起因、过程与结果及对结果的评价这一时间序列进行呈现，或遵循课程建设的一般逻辑，即课程目标的确立、课程内容的选择、课程实施的展示与课程评价的落实来组织相关的事实，但该个案写作却既存在着无视问题呈现的时间序列之弊端，也存在着淡视课程理论指导之偏误，还存在着研究立场飘忽不定之羁绊，从而使个案事实的描述杂乱无章、零散无序，让人读后如堕五里雾中。

(二)理论概括的任性

研究生个案写作的目的并不是描述个案的事实，而是通过对个案事实的描述来揭示个案事实之间存在的因果关系。而揭示个案事实之间存在的因果关系的思维路径是先澄清所描述事实的本质特征，在此基础上描述构成事实的要素及其之间的逻辑关联，形成各种命题判断，再通过这些命题判断逻辑地推导出理论观点。因此，鉴于个案事实的既定性，对于个案事实的理论概括，就具体表现为由果求因。个案写作由果求因的具体策略要么是做单个案的纵向比较，要么是做多个案的横向比较。单个案的纵向比较之所以可能，是因为该个案的某些变量会随着时间的变化而变化，而其他变量在一段时间内则具有相对的恒定性，这样就可以从中考察个案事实诸变量间的因果关系。对于多个案的横向比较而言，多个案在某些方面要么相似，要么不同，随后采用"求同法"或"求异法"进行因果判断。[2]而判断事实之间的因果关系是否存在，至少要符合三个条件：一是两个事件之间存在共变关系；二是发生时间上有先后，即原因在先，结果在后；三是两个事件之间的关系不是由第三个变量所导致的。只有描述了个案事实之间的因果关系，寻到造成个案事实的原因，才能为人的未来行动提供理由，从而使人的行动摆脱盲目性而达到自由、自觉的境界。

不幸的是，有些研究生的个案写作却回避了对所描述事实之间因果关系的探寻，在描述个案诸多事实后，就直接阐述自己的理论观点，且缺乏对自己理论观点的充分论证，就盲目、随意地下结论。比如，在《新手教师学情知识的研究——以Y中学三位数学教师为例》中，在描述了Y中学三位数学教师学情知识的事实，诸如"与学生生活经验脱节、缺乏与学生的交流、对学生数学理解方式的误读"等后，就阐述了"新手教师完善学情知识"的理论观点，诸如"立足对学科课程的理解"、"精确把握学科课程特色"与"读懂学生的思维"等。先不说这些理论观点究竟是针对何种新手教师学情知识的事实而言的，就是针对这些理论观点本身，由于缺乏对三位数学教师学情知识匮乏的原因分析，其理论观点的阐发就丧失了立论的前提。试想，"立足对学科课程的理解"就能完善新手教师学情知识的理由何在？为什么说只有"精确把握学科课程特色"，才能设计出适合学生的教学策略？实际上，上述理论观点与新手教师的学情知识匮乏并没有直接的关系。即使是"读懂学生的思维"看似与完善新手教师学情知识密切相关，"读懂学生的思维"能完善新手教师学情知识的哪些知识，如何真正做到"读懂学生的思维"也只字未提，只是在文中空洞地宣讲"教师应关切学生思维的发展特征、分析学生的先前经验"等。倘若研究生的个案写作不能在个案事实与个案结论之间构建一个严密的逻辑链，不能做到从事实到理论的逻辑自洽，那么其理论概括就难免表现出盲动、随意的任性。

（三）结论外推的无章

研究生个案写作面临的最大挑战并不是个案的事实描述与理论概括，而是研究结论的外推，即通过个案研究所获得的结论是否适用于个案以外的类似个案，其适用范围有多大。因为事实描述与理论概括只是个案写作的内在要求，而结论外推则是理论者或实践者对个案写作的期待。倘若个案写作不能满足理论者或实践者对个案写作的期待，那么个案写作就只能是一种自娱自乐的行为。因此，研究生的个案写作大多事先就抱有走出"个案"、将研究结论外推的意向。但由于从特殊性命题并不能直接推导出一般性命题，所以，个案写作就应正视个案的特殊性与外推的普遍性之间的矛盾，遵循个案研究结论外推的各种方法，诸如罗伯特·殷的"序贯访谈法"（按照时间顺序对不同个案进行深度访谈，只有当研究者感觉访谈内容已开始重复时，才停止选择其他个案）、费孝通的"类型比较法"（先将个案视为某一类型，再在多类型个案研究的基础上进行类型间的比较）、布洛维的"拓展个案法"（通过参与观察将个案置于更加宏观的历史境脉中加以考察，从而将微观的个案研究与宏观的社会情境勾连起来）和格尔茨的"深描说"（先对个案进行精细、深入的描述，再进行反思性理解，最后获得有关已知的新洞见）等[3]，在个案选择、事实描述与理论概括时，主动设想对立面或假想敌，注重用丰富的事例、详尽的描述与严密的论证回应他者的质疑或疑问，自觉地承担起论证者、辩护者的责任。即便如此，在结论外推时也应持谨慎、谦虚的态度，不能随意夸大结论外推的范围与可能性。

　　但有些研究生的个案写作却无视结论外推的方法与逻辑，在呈现自己的研究成果时，常常运用单个个案，或至多进行两个个案比较，而很少进行三个及三个以上的个案比较，就将那种零碎、表皮的个案叙事视为证实或反驳某种理论的"例子"，在个案的具体分析与一般结论之间存在着逻辑推论的不一致或很不一致，甚至荒谬的问题，从而表现为随意夸大个案研究的理论意义或实践价值的倾向。[4]比如，在《教师个人教育哲学及其建构——名师的视角》中，在概述了诸位名师个人教育哲学的内容及其影响因素后，就笼而统之地用"站稳讲台时个人教育哲学的萌芽期"、"站好讲台时个人教育哲学的发展期"与"成为名师后个人教育哲学的升华期"来描述名师个人教育哲学的建构，既没有分析不同时期名师个人教育哲学的特征，也没有提炼名师建构个人教育哲学的内在机制，就推论出教师个人教育哲学的建构应"敬业、认真读书、实践进取"等理论观点。从字面上看，教师个人教育哲学的建构，的确离不开"敬业、认真读书、实践进取"，但"敬业、认真读书、实践进取"何以能够成就教师个人教育哲学，对此问题却缺乏深入的学理论证和其他个案的佐证，从而使个案研究的结论外推有随意夸大价值、强制他人认同之嫌疑。

三、个案写作的言说逻辑

　　尽管研究生的个案写作并不追求宏大的叙事或建构普遍适用的理论，但研究生必须回应对其言说的理论合法性与实践有用性的质疑，清楚个案写作的内在机理，在明了个案写作能为的同时，避免其误入歧途。从一定意义上说，随着个案写作的论文日益增多及其问题的暴露，急需澄清个案写作的言说逻辑。

(一)基于理论观照的事实描述

一般而言，事实是指真实存在着的事物、现象及其发展过程，但个案写作要描述的显然不是与个案相关的所有事实，而是对与个案相关的事实有所选择与取舍。而选择、取舍哪些事实，则取决于研究者拟运用哪些事实证伪、证实或完善哪些理论。因为事实"并不像鱼贩子案板上摆着的鱼。事实是像游泳在广阔的、有时是深不可及的海洋里的鱼。历史学家能钓到什么，这一部分要靠机会，而主要地要靠他到海洋的哪一部分地区去钓，他用的钓具是什么——这两个因素当然是由他要钓哪种鱼而决定的"[5]。对于研究生的个案写作而言，选择、取舍哪些事实又何尝不是如此？同时，也只有基于某一理论的观照，才能将所描述的事实放置于一个有联系的逻辑框架中，才是可以被理解的。倘若将那些毫无联系的碎片化的个案事实罗列、堆积在一起，那么个案事实的描述就会蜕变为既不能让人动情也不能让人信服的材料汇编，这样的个案事实描述就缺乏主题与灵魂。而理论作为体系化的思想表达，既有相对清晰的术语界定，也有一套相对明确的假设，因此基于理论的观照，就为个案事实的描述提供了一种逻辑框架与运思路径。

的确，当下的研究生个案写作在绪论部分也呈现了有关某研究主题的已有研究成果，阐述了有关某研究主题的相关内容。确切地说，研究生在研究某个案之前，也阅读、掌握了有关某研究主题的大量文献，熟悉了某一研究主题的相关理论，其个案写作至少从文字表述上是基于理论观照的，但实际情况却是，对有关某主题的文献综述与其个案写作大多呈现两张皮的现象，甚至有些文献综述只是开题报告相关部分的复制与粘贴，而没有将个案事实的描述与其文献综述进行对接、沟通。这样，对已有相关理论的文献综述就只不过是为了凑字数填充于学位论文中而已，从而使个案写作丧失了对已有理论的观照。如此处理、对待有关某主题的已有理论，其个案写作的事实描述杂乱无章就不足为奇了。倘若笔者来写《学校拓展型课程建构的研究——以 S 中学为例》，则会在对接已有学校拓展型课程建构研究成果的基础上，进一步澄清自己的研究在学校拓展型课程建构研究中的价值，先界定何谓学校拓展型课程建构，再遵循拓展型课程建构的相关理论，按照 S 中学拓展型课程建构的目标、过程、结果及其启示这一问题逻辑的时间序列，来选择、取舍 S 中学拓展型课程建构的有关事实，并从中提炼、概括出自上而下学校拓展型课程建构的内在机制及其所需解决的问题，以便为其他类似学校的拓展型课程建构提供理论指导与实践启示。

(二)基于概念澄清的理论概括

在学术界，对于个案写作能否建构理论命题，至少存在着三种观点：一是持肯定的态度。认为个案写作能从事实中抽绎出某种理论，其根据是任何社会现象皆不是孤立存在的，而是由各种社会力量、影响因素导致的，其中必然存在着某种必然趋势、蕴含着某种道理，个案写作能做到"以微明宏，以个别例证一般"[6]，即通过对个案的"解剖麻雀"来认识某类事实，从而实现由"个"到"类"的认识提升。二是持否定的态度。认为个案写作仅能获得具体命题，而这种具体命题却难以提升为一般理论。其根据是"所有个案都是一个有机的特定个体，个案是一个'有界的系统'"[7]，作为"有界的系统"，任何个案皆具有跟其他同类事物与众不同的独特性。个案写作只是出于对个案本身的兴趣，并没有走出个案的意图，把个案的事实搞清楚了，就完成了个案写作的使命。三是走中间路线。认为单个个案写作具有自身难以克服的局限性，而通过后续研究则可拓展、建构中层理论[8]，因为个案研究并非一次性、孤立性的"单个案"研究，其生命力流淌在学术传承的脉络之中[9]。由此可见，虽然不同的学者对于个案写作能否建构理论，存在着不同的认识倾向，但即使是持否定态度者，也希求获得具体命题。实际上，不管对个案写作持何种态度，倘若个案写作不能通过对个案事实的描述揭示出个案事实背后蕴含的理论命题，那么其写作的价值将会大打折扣。因此，研究生的个案写作需要一定的理论概括。

从操作上看，研究生个案写作的理论概括，也需遵循命名、界定与判断的一般规则。命名即为所描述的个案事实赋以贴切的名称，界定是对命名的内涵与外延的充分阐释，而判断则是对所描述的个案事实之间的关系做出断定。由于理论皆是以命题的形式存在的，因此个案写作只有在对所描述的个案事实之间的关系进行判断、形成命题时，才能说其概括了理论命题。而有些研究生的个案写作之所以表现出理论概括的任性，是因为其不仅失之于核心概念的清晰界定，而且缺乏对所描述事实之间因果关系的辨明，从而使其理论概括让人感到莫名其妙。倘若笔者来写《新手教师学情知识的研究——以 Y 中学三位数学教师为例》，则会在界定何谓"新手教师学情知识"的基础上，具体描述 Y 中学三位数学教师的学情知识状况，深入分析导致 Y 中学三位数学教师学情知识现状的原因，据此论证完善 Y 中学三位数学教师学情知识的策略，并着重阐释"有效的知识教学是嫁接学情知识的教学"这一理论命题。同时，在这一理论命题的引导下，结合具体的教学案例，尝试着让 Y 中学三位数学教师重构自己的课堂教学，进而检验有效的知识教学是嫁接学情知识的教学这一理论判断。

(三)基于总体逻辑的结论外推

在认识论上，柏拉图曾将世界划分为"本质的世界"（word of being）和"形成的世界"（word of becoming），且认为真理是先于人类而永恒存在的，只存在于"本质的世界"中。此真理观对于自然科学而言是真切的，但对于人文社会科学而言，此真理观就显得荒谬。但柏拉图的两重世界说却正确地指出"形成的世界"就是人现实生活中的一切，是人类创造出来的。正因为现实生活中的一切是人类创造出来的，是"本质的世界"的"拙劣的复制品"，因此"形成的世界"才五彩缤纷、千差万别，并因为其五彩缤纷、千差万别而体现出其存在价值。如果说自然科学对"本质的世界"的探究遵循的是"类型逻辑"，那么人文社会科学对"形成的世界"的探秘遵循的则是"总体逻辑"。这种"总体逻辑"并不像"类型逻辑"那样关注永恒的真理，而是关注"独立各异的个案的完整分布"。[10]因此，基于总体逻辑的个案写作，其结论外推之思维路径至少有三：一是，通过翔实的事实描述和严密的理论论证获得读者的感同身受。"如果从一个样本中获得的结果揭示了同类现象中一些共同的问题，读者在阅读研究报告时在思想和情感上产生了共鸣，那么就起到了'推论'的作用。"[11]二是，通过个案比较获得对其他同类个案的解释力。费孝通先生是类型比较法的倡导者，在他看来，"一切事物都是在一定条件下存在的，如果条件相同就会发生相同的事物。相同条件下形成的相同事物就是一个类型"[12]。因此，个案研究者若对不同类型的个案逐一研究，则通过类型比较法就有可能从个别逐步接近整体。三是，通过将个案研究所获得的结论与其他相关理论观点进行互相参照，证伪、证实或完善某一已有的理论观点。一般而言，个案写作是在既有的理论体系脉络中开展的，而通过将个案研究所获得的结论与其他相关理论开展对话，就能明晰个案研究所得出的结论在何种意义上是有价值的，是对原有理论的"接着说""反着说"，还是"另外说""综合说"。这样，通过与其他理论命题的对话，个案研究获得的结论就获得了学理上的确认，个案写作的理论意义也就得以彰显。

因此，直面人们对个案写作结论外推的质疑，研究生的个案写作应基于总体逻辑，通过选择回应结论外推质疑的恰当的思维路径进行有理有据的释疑。具体而言，当研究总体未知时，即当人们对某一主题一无所知时，个案写作可运用罗伯特·殷的"序贯访谈法"或费孝通的"类型比较法"等，通过一个又一个的"个案"积累来刻画研究总体的"异质性"。而当研究总体已知时，即当人们对某一主题有所认识时，则可以通过将个案研究所获得的结论与其他相关理论进行对话，来证伪、证实或完善某一已有的理论观点。这样说来，倘若笔者来写《教师个人教育哲学及其建构——名师的视角》，那么由于"教师个人教育哲学"并不是一个新概念，因而就可通过描述"名师个人教育哲学及其建构"来与既有的理论观点展开对话，分析、论证"名师个人教育哲学及其建构"能证伪、证实或完善哪些已有的理论观点，而不是平铺直叙或自说自话地描述、呈现"名师个人教育哲学及其建构"，如此才能真切地让读者感受到个案写作的魅力与价值。倘若发现已有关于教师个人教育哲学及其建构的理论大多囿于教育这一狭隘的视野，诸如"增进职业认同，奠个人教育哲学之基；坚持研究创新，绘个人教育哲学之图；秉承自知无知，拓个人教育哲学之疆"等，那么就应通过"名师个人教育哲学及其建构"的写作来拓展视野，从教育拓展到社会，阐述一种教师个人教育哲学建构的内外因、"理想之我"与"现实之我"、社会进步的"大时势"与教育发展的"小时势"交互影响、互动生成的机制，从而丰富、完善已有的研究成果，增进人们对教师个人教育哲学及其建构的认识与理解。

参考文献：

[1] 维特根斯坦. 逻辑哲学论[M]. 郭英，译. 北京：商务印书馆，1985：28.

[2] 张杨波. 重构社会研究的逻辑——基于受控比较视角下的社会科学方法探索[J]. 甘肃行政学院学报，2010(3)：65-72.

[3] [10] 柳倩. 从"逻辑"到"意义"的个案研究外推分析——通过与统计调查对比[J]. 社会学评论，2017(1)：62-75.

[4] 张立昌，南纪稳. "走出个案"：含义、逻辑和策略[J]. 教育研究，2015(12)：99-104.

[5] 爱德华·霍列特·卡尔. 历史是什么？[M]. 吴柱存，译. 北京：商务印书馆，1981：21.

[6] 费孝通. 论人类学与文化自觉[M]. 北京：华夏出版社，2004：82-99.

[7] 诺曼·K. 邓津，伊冯娜·S. 林肯. 定性研究：策略与艺术[M]. 风笑天，易松国，郝玉章，等译. 重庆：重庆大学出版社，2007：466.

[8] 董海军. 个案研究结论的一般化：悦纳困境与检验推广[J]. 社会科学辑刊，2017(3)：53-59.

[9] [12] 费孝通. 学术自述与反思：费孝通学术文集[M]. 北京：生活·读书·新知三联书店，1996：64，132.

[11] 陈向明. 从一个到全体——质的研究结果的推论问题[J]. 教育研究与实验，2000(2)：1-7.

第五节　比较写作的方法论反思

比较是人的一种日常行为，在很多情况下，理智正常的人靠比较来认识与实践。因为倘若没有比较，人就无法分清眼前的事物，继而难以从事认识与实践。只不过，在日常生活中，比较大多处于无意识状态，而研究生比较写作则是指自觉运用比较方法对某(些)问题进行创新求解的认识过程及其结果。从题目上看，比较写作至少有两种形态：一是显性比较，即运用"比较"二字直接表明其写作意图，诸如《比较视野下的中西知识论概观》[1]《核心素养的边界与限度——一种比较分析》[2]等；二是隐性比较，即运用与"比较"密切相关的"差异""异同"等词语间接地表明其比较用意，诸如《中西审美取向之差异与融通》[3]《继承与超越——"三维目标"与"核心素养"的异同辨析》[4]等，或者借助表示变化的"从……到……"的句子或相互对照的词语等来暗示其比较用意，诸如《从"双基"到三维目标再到核心素养——改革开放40年我国课程教学改革的三个阶段》[5]《启蒙中的明与暗：柏拉图的洞穴和鲁迅的铁屋子》[6]等。倘若借助成熟的比较写作透视研究生的比较写作，则会发现有些研究生的比较写作存在着"有比较而无阐释""有阐释而无评价""有评价而无深度"等缺陷。那么，何谓研究生的比较写作？研究生比较写作常存在哪些问题？研究生如何进行比较写作？

一、研究生比较写作的意涵

从过程来看，研究生比较写作是对两个对象进行比较，以区别其优劣与异同，增进人们对某问题的认识，因为即使对三个或三个以上的对象进行比较，实际上也是通过多次的两两比较完成的。它至少蕴含着三重依次递进、彼此呼应的意涵，即基于描述的比较、基于比较的阐释与基于阐释的评价的有机统一。

(一)基于描述的比较

倘若对两个对象进行比较，那么自然要先对两个对象进行描述。此描述即对两个对象的经验事实的呈现，而比较皆是建立在对已知两个对象的经验事实的把握上的。比如，在《比较视野下的中西知识论概观》中，为了说明中西知识论的不同形态，在阐述中国知识论的形态时，论者列举了董仲舒、朱熹、王阳明等人对知识的看法，并将以儒家为代表的传统知识论概括为一种旨在求善的道德的知识论，尤其是"'力行'的知识论"；在谈起西方知识论的形态时，论者列举了柏拉图、亚里士多德、休谟、康德、罗素与黑格尔等人对知识的看法，并将西方知识论提炼为旨在求真的"知道如是"的命题知识。[7]在《核心素养的边界与限度——一种比较分析》中，论者为了论证"'素养'与'competence'的语词释义不相匹配"，就从中英文"素养"与"competence"的语义分析着手，转引了《现代汉语词典》对"素养"的解释，探寻了"competence"的语义演变，依据素养是指"平日的修养"，主要强调知识和道德，而"competence"则是指"人为适应环境而合力奋斗"，主要强调人做事的能力，认为"胜任力"才能较好地诠释出 competence 所具有的意涵。[8]可以说，无论是比较两个对象的优劣，还是比较两个对象的异同，皆需在呈现两个对象相关经验事实的基础上，才能给予判断与澄清，而无相关经验事实依据的比较，就只能是捕风捉影或信口开河而已。

从形式上看，凡是比较，皆是基于两个对象所共有的领域，选择某标准对两个对象如何的判断，即两个对象需共属于同一领域，拥有公共域，且一次比较需运用同一比较标准，而不能在不可比的领域运用不同的标准进行比较。上述的中西知识论比较，其公共域是"知识论"，其比较标准分别是"中西知识论的形态""中西知识论的价值追求""中西知识论的文化背景"。在核心素养与 key competence 的比较中，其公共域是"核心素养"，其比较标准是核心素养的"语义""产生背景""教学实践的表现及其功能"。因此，比较写作首要的是要确定比较两个对象的什么（公共域）和用什么标准（比较标准）来比较，然后在列举相关经验事实的基础上进行优劣或异同的判断。

（二）基于比较的阐释

在有些人看来，基于对经验事实的描述，澄清了两个对象的优劣或异同，也就意味着比较的完成。实际上，基于描述的比较只是其表面，因为针对两个对象的优劣或异同，人们自然要追问两个对象何以会呈现出这个样子。因此，比较写作在基于描述的比较的基础上，会进一步阐释两个对象何以呈现为如此状态。比如，上两例的比较，看似都是围绕着不同维度、运用不同的标准对"中西知识论"或"中西核心素养"进行的比较；其实，随着比较标准的转换，基于描述的比较之后，是对基于描述的比较所得出的结论的阐释。在"中西知识论"的比较中，论者在基于描述的比较得出中西知识论各自具有的特征后，就通过揭示"中西知识论在文化背景上的差异"回答了"为什么中西知识论会呈现出各自不同的特征"，诸如"语言文字上的差异""数学与逻辑的影响""科举的系统"等。对"中西核心素养"的比较,同样通过揭示"key competence"的演变历史,指出"key competence"是"时代更迭演进的产物"和"职业领域变迁的结果",回答了"key competence"何以与中文的"核心素养"不匹配的原因。

当然,基于比较的阐释从表面上看仍然是在比较,但其比较的旨趣则是探寻造成两个对象优劣或异同的原因。倘若没有基于比较的阐释,那么比较就会停留在对两个对象的表面描述上,难以洞察、把握两个对象何以存在着优劣或异同,从而使比较写作缺乏深度。不过,倘若比较写作停留在基于比较的阐释上,这仍不是理想的比较。理想的比较还需进一步在比较了两个对象的特征及其原因后,进行基于阐释的评价,阐发自己对两个对象所在公共域的新颖观点;否则,比较写作的意义仍会大打折扣。

(三)基于阐释的评价

在阐释了两个对象何以存在着优劣或异同后,比较写作的价值仍有待提升,或者说仍未达到理想的状态。因为无论是基于描述的比较,还是基于比较的阐释,皆是在已知的经验事实上进行的,还没有阐发出任何新的东西,没有表达出比较写作的现实或理论意义。而基于阐释的评价就是通过对两个对象的比较与阐释,来阐述作者对两个对象所在公共域的看法,它既能彰显比较写作的意义,也能凸显作者的研究贡献。在上述例子中,正如论者在中西知识论的比较与阐释后所言:"进入现代,不论是张东荪还是金岳霖,他们的知识论的出发点与所借助的思想资源都是属于西方的,尽管不排除其中也暗含着一些中国哲学的东西。他们的思考以及所产生的论著体现了现代中国知识论的一种趋向,这就是对西方知识论的吸收、对话和融合。"[9] 在《核心素养的边界与限度———一种比较分析》中,论者通过比较核心素养与国外使用的"key competence"的异同,在发现核心素养在语义、时空和教学等方面均超越了"key competence"的边界和限度的同时,旨在表达在核心素养的研究中,要"清晰核心素养的概念边界,理解其理论理念的限度,才能克服'万应灵丹式'的狂热,恢复其应有的功能,为基础教育发展与改革提供切实而有意义的新思路"[10]。

从一定意义上说,在学术写作中,比较无处不在,即使简单地下一个判断,也是建立在比较基础上的。举例来说,"这是一张桌子",就是将桌子与他物进行比较的结果。可以说,没有比较,就无法言说。因此,除了显性的比较写作遵循上述基于描述的比较、基于比较的阐释与基于阐释的评价的三位一体外,隐性的比较写作中,同样需要展示、呈现上述三要素。比如,在《中西审美取向之差异与融通》中,论者基于描述将中西审美取向在类型、体验上的差异概括为"和美与壮美""乐感与痛感"，接着从本体论的差异"天人合一"与"主客二分"阐释了中西审美取向差异的原因，并在此基础上，基于对中西审美取向差异的阐释进行了评价，表达了自己的观点，认为"中西审美差异的背后其实蕴涵着共同的追求和融通的契机，这就是人类共有的、普遍的、追求自由与超越的情怀"[11]。同样，在《继承与超越——"三维目标"与"核心素养"的异同辨析》中，论者也是基于对"三维目标"与"核心素养"演化的描述，比较了二者在价值旨趣、推进方式与实践效应上的异同，并给予了学理的阐释，且将二者的关系提炼为"继承与超越"，阐发了论者对"三维目标"与"核心素养"的认识与理解。

二、研究生比较写作的问题表征

时下，随着研究生学术视野的拓展和新的统计方法的引用，有些研究生热衷于运用比较方法研究某（些）问题，比较写作渐成为一种新的写作范式。不过，有些研究生未能洞悉比较写作的内在机理，往往陷入一些习焉而不察的误区，主要表现为"有比较而无阐释""有阐释而无评价""有评价而无深度"，从而严重削弱了比较写作的价值。

（一）有比较而无阐释

比较写作自然要比较两个对象的优劣与异同，这是比较写作的应有之义，但比较写作却不能止步于对两个对象优劣与异同的揭示，而应进一步阐释两个对象的优劣与异同何以如此，其内在的原因是什么，或者说是什么导致了两个对象的优劣与异同。不过，有些研究生却想当然地认为围绕某公共域呈现了两个对象的优劣或异同，就算完成了比较写作的任务，从而使比较写作呈现为有比较而无阐释。比如，有研究生在《中国、韩国品德教材比较研究》中，分别从栏目、插图、言语与知识等维度对中国、韩国的品德教材进行了对比分析，诸如在"栏目"维度上，分析了中国、韩国品德教材在"提示、练习与补充"上有何异同等，然而，在基于对中国、韩国品德教材各维度的描述进行比较后，却没有回答中国、韩国品德教材为何呈现出这些差异，它们各自的编写意图、指导思想是什么，就直接得出比较研究的结论和建议，认为两国品德教材皆与学生生活紧密相连，且符合学生的认知和学习特点等，并提出建议"创设连续情境，增强故事性""丰富练习和活动方式，增加趣味性"等。试想，当读者不知两国品德教材为何呈现出上述差异，其各自要解决什么问题时，这种比较写作就只能使比较停留在外在的形式上，读者不知二者异同的内在机理，即使想要学习别人的长处，也只能是学其形而难以学其神。

（二）有阐释而无评价

比较写作既要清楚两个对象之间的优劣与异同，也要对两个对象之间的优劣与异同进行阐释，还要在阐释的基础上对两个对象给予合理的评价，阐发自己对两个对象所蕴含的问题的看法。比如，在《从"双基"到三维目标再到核心素养——改革开放 40 年我国课程教学改革的三个阶段》中，论者在比较、阐释了"双基"本位、三维目标本位与核心素养本位的课程教学改革在知识观、课程观与教学观等方面的差异后，对改革开放 40 年我国课程教学改革进行了评价，认为"从'双基'到三维目标再到核心素养，其变迁体现了从学科知识到学科本质到学科育人价值的转变，从而使学校教育教学不断地回归人、走向人、关注人，进而实现真正的以人为本，人成为教育教学真正的对象和目的。这是教育领域最深刻的变革"[12]。然而，有些研究生在比较写作中，也许深知自己对某问题根本就没有自己的看法，或者面对已有的观点，自己难以说出更深刻的见解，因此，在比较写作中，即使对比较对象进行了阐释，也仍不敢或不能做出自己的评价，从而使比较写作呈现为有阐释而无评价。比如，在《部编版高中语文教材的新变化及其教学意义研究》中，研究生陈述了部编版高中语文教材新变化的具体表现，诸如增加了专题阅读、整本书阅读等，其教学内容呈现"双线组织单元结构"，且解释了部编版高中语文教材出现新变化的原因，但在论及部编版高中语文教材新变化的教学意义时，却未能结合当下高中语文教学所存在的问题阐发自己的观点，而只是笼统地重复了部编版高中语文教材的编写理念，诸如语文教学应注重其实践性与人文性，要以生为本，培育学生的语文核心素养等。

（三）有评价而无深度

任何写作的意义皆在于写出自己的独特看法，比较写作也不例外。确切地说，比较写作也需通过比较就某问题阐发出一种新颖的观点，使自己的写作能增进人们的认知。比如，在《启蒙中的明与暗：柏拉图的洞穴和鲁迅的铁屋子》中，论者先分析了柏拉图、鲁迅所直面的启蒙困境，接着解释了三种启蒙方案（柏拉图的古典理性的政治哲学启蒙、康德的自由主义的哲学启蒙与民族主义的革命或政治启蒙）的优劣，最后评价道："无论是无条件地信任民众'可启蒙性'的政治启蒙，还是瞩目于'群兽性'的政治启蒙，鲁迅最终的目标，都是要打破'铁屋子'，建立一个'宽阔光明'新世界，'此后幸福的度日，合理的做人'。哲学的启蒙与政治的启蒙之别，只不过是打破'铁屋子'的手段之别。而柏拉图政治哲学的启蒙，却是在保留'洞穴'的前提下，在'上面'的光明世界和'下面'的洞穴世界'之间'展开的。"因此，"不少人把《理想国》看作是乌托邦思想的老牌蓝本，而事实上，以打破'铁屋子'为终极目标的现代性启蒙思想，才是货真价实的乌托邦冲动。它幻想着有朝一日，人类的理性将会彻底消除黑暗，数量庞大的凡庸之众也将从充满了'群兽性'的乌合之众，变成彬彬有礼的世界公民。""而一旦把立足点从'将来'的可能性，转换为'现在'的事实性，问题就很清楚。第一，'现在'既存在着'明哲之士'，存在着光明，也存在着大数量的凡庸之众，存在着黑暗。第二，凡庸之众体内也存在着光明，存在着'可启蒙性'，而作为启蒙者的'明哲之士'体内，也存在着黑暗，存在着'鬼气'。"倘若"回到事实性的'现在'，就意味着我们必须承认：人类凭借自己的力量所能建立的，只能是一个无限接近于光明但永远包含着黑暗的理想城邦，而决不可是一个打破了'铁屋子'，只有光明而没有黑暗的'黄金世界'"[13]。然而，有些研究生的比较写作却难以走出已有研究所构建的话语体系，从问题到方法再到观点，大多重复着已有研究的套路，论文整体上要素齐全、完整，有基于描述的比较、基于比较的阐释与基于阐释的评价，但基于阐释的评价却缺乏应有的深度，没有阐发让人思维洞开、理智愉悦的观点。比如，有研究生在《教师媒体形象的比较研究》中，虽然对教师形象在不同媒体中的表征进行了比较、阐释与评价，诸如有关教师形象关键词出现的频次比较、教师形象演变的过程比较与教师形象演变的原因分析，但在对教师媒体形象进行评价时，却笼而统之地评论道："教师媒体形象的建构是受多种因素影响的，主要有现实的社会需求、教育政策导向与个体的理想期待等，因此，教师媒体形象会呈现出一种持续的演变过程。"像这样的评价，即使不做研究，别人也知道，而没能阐发出令人想不到却有理有据的新颖观点，从而使比较写作显得虎头蛇尾，其写作意义就难免令人生疑。

三、研究生比较写作的完善路径

从学理上看，无论何种类型的写作，皆需回答"是什么""为什么""如何"的问题。就比较写作而言，基于描述的比较相当于"是什么"，回答两个对象的优劣与异同；基于比较的阐释相当于"为什么"，用比较的形式回答两个对象优劣与异同的原因；基于阐释的评价则相当于"如何"，旨在对两个对象在公共域的主题进行评价，阐发自己的观点。从此意义上说，研究生比较写作的完善路径至少有三：一是占有翔实资料，明确比较标准；二是澄清理论框架，诠释异同缘由；三是发表新颖观点，彰显比较意义。

（一）占有翔实资料，明确比较标准

任何研究皆建立于占有翔实资料的基础上，比较研究也不例外。笔者在写《继承与超越——"三维目标"与"核心素养"的异同辨析》时，不仅阅读了有关"三维目标"和"核心素养"的文献，而且分别撰写了以"三维目标"和"核心素养"为主题的文献综述。前者以《"三维目标"研究的回顾与创新》为题目，发表在《教育科学研究》2016 年第 9 期上；后者以《何谓核心素养——一种"人—学习—知识"视角的回答》为题目，发表在《教育科学研究》2018 年第 5 期上。当对"三维目标"与"核心素养"有了充分的了解时，回答从"三维目标"到"核心素养"到底经历了哪些变化、二者之间有何异同、如何看待二者关系等问题，就不再是难事，也才有了《继承与超越——"三维目标"与"核心素养"的异同辨析》一文。自然，对两个对象进行比较时，既要占有有关两个对象的翔实资料，也要明确比较两个对象的标准。因为没有确定的比较标准，对两个对象的比较就无从下手。

然而，在知识爆炸的互联网时代，当下有些研究生在搜集、阅读相关主题的文献时，大多满足于浮光掠影式地搜集、储存相关主题的信息，而缺乏虚心涵泳式的精细阅读，即使阅读与比较写作密切关联的文献，也不舍得花费太多的时间，从其写了什么、如何写及为什么写进行全面的追问与思考，而是通过网络或电子检索尽快地在相关文献中找到直接"有用"的内容，从而使相关的阅读停留在浅表的层面。在比较写作中，之所以有比较而无阐释，就是因为在占有相关主题的资料时缺乏深究精神，未能深问两个对象何以如此的内在机理。因此，倘若我来写"中国、韩国品德教材的比较研究"，就不会仅仅满足于对中韩品德教材的表面（栏目、插图、知识等）的异同比较，而是深究中韩品德教材这些差异背后的原因，从而使中韩品德教材的比较更加深入、透彻。

（二）澄清理论框架，诠释异同缘由

在比较写作中，到底用何种观念一以贯之地进行比较，就牵涉到比较的理论框架。这种比较的理论框架通常表现为某种核心概念或者一组概念关系，其背后实质上是贯穿全文的理念或观点。当下，搜集有关比较对象的资料并不难，难的是用什么理论框架组织、重构相关的资料。因为不管搜集到多少有关两个对象的事实资料，它们皆是论据，是产生论（知识）的据（根据），而不是比较写作所要阐发的观点本身。而任何证据皆需通过逻辑进行组织与重构，否则众多的资料就会相互混杂、让人理不出头绪。而比较的理论框架不同，针对同样的事实资料，不同的研究者就会得出不同的论点。比如，同样比较"三维目标"与"核心素养"，有学者静态地从知识观、课程观与教学观三方面比较"三维目标"与"核心素养"的差异，其背后的主导理念是"核心素养"对"三维目标"的超越；而有学者则动态地从价值旨趣、推进方式与实践效应上对"三维目标"和"核心素养"进行异同比较，其背后的主导理念则是"继承与超越"。从此意义上说，无论是静态地比较两个对象的差异，还是动态地透视两个对象的异同，起决定作用的并不是有关三维目标和核心素养的事实资料，而是主体人持有的理论框架。

一旦明确了比较写作的理论框架，那么对两个对象的所有阐释皆是为了最终证成预设的理论框架，就不会犯"有阐释而无评价"的错误。因为在对两个对象的比较中，无论是事实资料的选择，还是比较标准的取舍，皆围绕着预设的理论框架有序推进。当然，预设的理论框架的最终成立，并不取决于事先的理性构想，而是取决于比较对象自身的事实和基于比较对象自身事实的论证。因此，倘若我来写"部编版高中语文教材的新变化及其教学意义研究"，就会紧紧围绕"为谁而教"这一问题，立足高中生语言学习的特征，诸如逻辑思维的增强、独立意识的觉醒和个人观点表达的强劲等，来阐释部编版高中语文教材"为高中生而教"的新变化，以及这些新变化在语文教学中的具体表现及其意义。而"为高中生而教"这一理念，既切合部编版高中语文教材编写的主旨，也在部编版高中语文教材编写的体例、提示、内容与练习题等方面有所体现。

(三)发表新颖观点，彰显比较意义

"没有比较，就没有鉴别。"比较是认识、理解某事物或现象的一种有效方法，但这并不意味着任何比较都有意义，而有意义的比较是通过对两个对象的比较，让人对某问题获得一种新的认识。这种新的认识萌芽于比较公共域的选择与澄清，形成于对两个对象的比较阐释，最终体现为对两个对象某一共同主题所阐发的新颖观点。不过，对于人文社会科学研究而言，要想对某一主题阐发某种新颖观点，并不比自然科学研究容易。因为人文社会科学研究的新颖观点的建构既要继承关于某一主题的合理观念，也要超越关于某一主题的已有观念。而对于自然科学研究而言，只要发现了其关于某对象的认识错误，就可以抛弃其关于某对象的错误认识而另立新说。在此背景下，人文社会科学的研究生的比较写作，其创新大多局限在新材料的提供与新方法的运用上，而对最有意义的新颖观点的阐发却有所忽视乃至有心无

力。比如，在《教师媒体形象的比较研究》中，其创新之处是借助媒体这一载体为教师形象的研究提供了一种新材料，且运用了当下流行的 NVivo 统计软件，对表征教师形象的关键词进行了词频分析与比较，但在有关教师形象的评价上，却大多重复了已有的看法，未能在教师形象上阐发出自己的新颖观点。

从操作上看，在比较写作中，若要发表新颖观点，彰显比较意义，则需在选择两个对象的公共域、比较标准与比较的理论框架上下功夫。可以说，两个对象可比较的东西有许多，到底选择什么样的公共域进行比较，在一定意义上就决定了创新空间的大小。比如，在中西方，可比较的公共域就有许多，诸如哲学、经济与文化等。即使就某个相对具体的领域，诸如哲学或经济等，可选的公共域也有许多。因此，观点创新就需在别人未涉足或较少涉及的公共域着眼。倘若在中西哲学比较中，人们大多着眼于具体观念的比较，那么就不妨选择具体观念背后的思维方式进行比较；倘若人们已对中西哲学的思维方式进行了比较，那么就不妨选择中西哲学思维方式背后的理性结构进行比较。依此类推，找到一个相对新颖的比较公共域，也就为比较写作的观点创新提供了前提条件。此乃其一。其二，比较标准的选择。在同一公共域中，人可以从不同的维度、运用不同的标准进行比较。当比较标准不同时，也会使比较写作呈现新意。比如，在比较中西哲学理性结构的异同时，是采用语言呈现方式还是采用历史叙事作为比较标准，其最终的比较结果也会呈现出差异。其三，比较的理论框架的事先构想。无论是比较公共域的遴选，还是比较标准的确认，最终皆受制于比较的理论框架。举例来说，在历史事实的比较中，当秉持一种进步历史观时，两个对象的比较就会显示出超越的样态；而当抱有一种循环历史观时，两个对象的比较就会显示出回环的样态等。从此意义上说，比较写作要想阐发新颖观点，就得事先建构比较的理论框架，且在比较的理论框架的引领下，遴选比较的公共域、确认比较的标准，最终达成比较的公共域、比较标准与比较的理论框架的相互协调与共存共生。

参考文献：

[1][7][9]陈嘉明. 比较视野下的中西知识论概观[J]. 天津社会科学，2018(5)：35-41.

[2][8][10]马健生，李洋. 核心素养的边界与限度——一种比较分析[J]. 北京师范大学学报(社会科学版)，2018(3)：28-40.

[3][11]林季杉. 中西审美取向之差异与融通[J]. 哲学研究，2018(9)：97-103.

[4]李润洲. 继承与超越——"三维目标"与"核心素养"的异同辨析[J]. 当代教育科

学，2016(22)：11-16.

[5][12] 余文森. 从"双基"到三维目标再到核心素养——改革开放 40 年我国课程
教学改革的三个阶段[J]. 课程·教材·教法，2019(9)：40-47.

[6][13] 段从学. 启蒙中的明与暗：柏拉图的洞穴和鲁迅的铁屋子[J]. 文艺争鸣，
2015(11)：64-72.

小　结

研究有规范，写作有章法，且研究的规范与写作的章法相互影响、彼此协调，进而使学位论文的写作有章可循、有规可学。

从研究范式来看，学位论文写作大致形成了各具特色的实证写作、思辨写作与叙事写作三种典型样式。由于实证写作具有明确的外在规范，基于模仿，研究生在实证写作中，往往存在着拾级而上的三进阶，即实证论文像实证论文、实证论文是实证论文与此实证论文优于彼实证论文。与实证写作相对，思辨写作则没有明确的外在要求，其表现形式千姿百态、灵活多样，但思辨写作却具有特定的内在逻辑：澄清核心概念，夯实思辨写作的根基；践行辩证思维，展示思辨写作的深刻；证成价值命题，实现思辨写作的旨趣。叙事写作虽然表现为一个个的主题故事，但其价值追求却在于探问一个个主题故事背后所蕴含的意义，因此，叙事写作的要义就表现为：澄清研究问题，围绕主题深描故事；增强理论自觉，基于故事阐释概念；对话相关成果，自下而上建构理论。

从研究方法来看，学位论文写作主要有个案写作与比较写作。个案写作的关键在于实现由"个"到"类"的外推，因此，个案写作的言说逻辑是基于理论观照的事实描述、基于概念澄清的理论概括与基于总体逻辑的结论外推。比较写作是研究生自觉运用比较方法对某(些)问题进行创新求解的认识过程及其结果，是基于描述的比较、基于比较的阐释与基于阐释的评价的三位一体。鉴于此，比较写作的践行路径是：占有翔实资料，确定比较标准；澄清理论框架，诠释异同缘由；发表新颖观点，彰显比较意义。

/

第四章

/

学位论文写作的内功修炼

/

从时间上看，学位论文的集中写作大多要经历1～2年，研究生攻读学位的其他时间则主要用于修炼学术内功。这种学位论文写作的内功修炼，主要体现为将课程论文变身为期刊论文、增强学位论文写作的体系意识、实现学位论文与期刊论文的融创以及达成学术论文深度写作的三跃迁。

倘若研究生能将平时的课程论文变身为期刊论文，那么就练就了学术研究能力，为学位论文写作奠定了坚实的基础；倘若研究生能增强学位论文写作的体系意识，那么就习得了搭建学位论文写作框架的能力；倘若研究生能实现学位论文与期刊论文的融创，那么既能及时发表期刊论文，也能通过期刊论文印证学位论文的学术水平。倘若研究生能逐渐达成学术论文深度写作的三跃迁，那么其学术能力就经得起时间的考验，在学术成长的道路上，其就会越走越顺畅。

/

第一节　课程论文变身为期刊论文的路径

对于研究生而言，学业评价大多已不再以书面考试的方式检验研究生对已有知识的掌握情况，而是以课程论文为凭证予以评分。作为学术表达，课程论文与期刊论文具有相同的价值追求，其评价标准皆以期刊论文的要求为参照；或者说，只有达到了发表的期刊论文要求的课程论文，才是合格的文本。然而，从研究生提交的课程论文来看，却鲜有达到期刊论文要求的文本，主要表现为思想创新匮乏、表达规范缺失、对话意识薄弱与语病频发。那么，研究生的课程论文如何变身为期刊论文？

一、思想创新：课程论文变身为期刊论文的追求

思想创新是撰写课程论文与期刊论文的共同追求，自然也是课程论文变身为期刊论文的追求。因为倘若没有思想创新，那么课程论文的撰写将会失去意义，课程论文也就不可能变身为期刊论文。对于绝大多数有志于学术研究的研究生而言，此种道理并不难理解，但问题是，从当下研究生提交的课程论文来看，许多课程论文却鲜有思想创新。

研究生提交的课程论文鲜有思想创新，其主要表现有三：一是无研究问题的已知陈述，即编辑、再现已有的知识。这种无研究问题的已知陈述大多采用教科书呈现知识的方式，表现为先概述某主题，再揭示某主题的特征，最后论及某主题的意义。比如，撰写"教师的实践性知识"的课程论文，就先概述"教师的实践性知识"的已有定义，然后转述别人对"教师的实践性知识"特征的概括，最后阐述"教师的实践性知识"对教师成长的意义。整篇论文没有自己对"教师的实践性知识"的思考与看法，将课程论文蜕化为已有知识的再现。二是有研究问题的常识性观点阐述，即研究生的课程论文看似也是在回答某个问题，但其回答并没有超出已有的认识，从而使课程论文呈现为已知的再现。此类课程论文，与无研究问题的课程论文的区别在于作者是按照问题的逻辑展开的。仍以"教师的实践性知识"为例，其遵循着何为"教师的实践性知识"，"教师的实践性知识"有何意义以及如何增进"教师的实践性知识"的问题逻辑进行阐述，但读者读后却没有增进自己的认识，所阐述的观点皆在其已知的范围内。三是无已知对照的自以为新，即研究生自认为提出、论证了某

新观点，但其实只是囿于自己的见识而不知别人已经阐述与论证过。此种情况主要表现为自言自语、自说自话，缺乏与已有知识的对话，对已有的观点没有呈现出赞成什么、反对什么，且没有区分出哪些观点是别人的、哪些观点是自己的，是无知者之无畏的盲言导致的"伪"思想创新。

既然思想创新是课程论文变身为期刊论文的追求，那么如何实现思想创新就成了课程论文变身为期刊论文的首要问题。如果说思想创新的背后皆是思维创新，那么从思维创新上看，课程论文变身为期刊论文的思维路径主要有三。一是基于"异见"补充、完善对已有事物的认识，即直面就某主题的各种纷争观点，辨析其利弊，进而提出一种新的主张。比如，在教师威信的问题上，主要存在着两种不同的观点：一种认为"有威就有信"，另一种认为"有信才为威"。那么，究竟何为教师威信，如何培育、提高教师威信就有进一步探讨的必要。于是，笔者带着上述问题回答了教师威信由权力性教师威信、非权力性教师威信构成，阐释了权力性教师威信与非权力性教师威信的辩证关系，论述了培育、提高教师威信的策略，即"真挚地热爱、信赖学生""严格要求学生""公正严明地善待学生""以身作则，率先垂范"。现在回头去看，此"教育社会学"的课程论文得以发表，所阐述的"培育、提高教师威信"等策略并没有什么新意，其思想创新主要体现在对"教师威信"构成的两要素的区分及其辩证关系的阐述上。二是通过概念移植、拓展将已有观点运用到其他领域，改变已有观点的运用范围。比如，有研究生将在教育哲学课上所学的"教师个人教育哲学"这一概念移植、拓展到"幼儿教师个人教育哲学"，就写了一篇课程论文，即《从经验走向自觉：论幼儿教师个人教育哲学的生成》。[1]此课程论文得以发表，就在于其将"教师个人教育哲学"这一概念具体运用到"幼儿教师"上，在演绎"教师个人教育哲学"一般特征的同时，揭示了"幼儿教师"个人教育哲学的特殊性，有助于增强幼儿教师的教育自觉。三是在观点借鉴中批判、在批判中创新观点，即在肯定已有观点"合理内核"的基础上予以改造，进而提出一种新的观点。比如，有研究生初写"经验的教育价值"时，主要阐述了杜威对经验的认识和观点，就没有超出有关经验的已有看法。后来，在借鉴"经验"作为名词、动词的认识的基础上，对作为名词、动词的经验进行批判性审视，认为"如若仅仅从名词意义上理解经验，则容易使经验'走向僵化、茧式化、独断化的拒绝成长的发展样态'。如若仅仅从动词意义上理解经验，则会把经验当成人直接接触客观事物的过程，是经历或体验的同义语……因此，要全面地理解经验的意涵，不可仅仅停留于名词性质上的静态阐述，也不可止步于动词性质上的动态诠释，而是实现两者的结合，从形容词意义上理解经验"[2]，从而阐述了一种作为形容词的经验观，增进了人们对经验的认识，且带着这种对经验的新认识，诠释、论证了"经验的教育价值"，实现了"在观点借鉴中批判、在批判中创新观点"，此课程论文就发表在《上海教育科研》，2021 年第9 期上。

二、表达规范：课程论文变身为期刊论文的遵循

"语言是人存在的家"，表达是人的一种基本生存方式。为了运用语言有效表达，人们创造了不同的文体。作为一种文体，课程论文是一种索解"真理"、拒斥"谬误"，以逻辑为基石、以论据为支撑、以说服读者接受自己的观点或采取行动（或两者兼而有之）为写作意图的学术表达，它具有相对明确的表达规范。如果说思想创新是课程论文变身为期刊论文的追求，那么这种思想创新追求的实现则需遵循必要的表达规范。

在课程论文写作中，如果说思想创新解决的是为什么写、写什么的问题，那么表达规范解决的则是如何写的问题，即如何谋篇布局和遣词造句。而为了谋篇布局和遣词造句，就得事先知道学术表达的形式规范。通常来看，学术表达一般由题目、摘要、关键词、正文与参考文献等构成。对于学术表达的这些外在形式，好像明眼人一看就知，而实际上有些研究生却不明其究竟。比如，题目，"题"，额头也，"目"，眼睛也，题目就犹如人的额头与眼睛。这种以人喻文，就意味着题目具有重要作用。从题目中，应让读者窥见论文的旨趣与主要内容，其基本要求是准确、新颖与简洁。准确即文题一致，能高度凝练、概括出论文的旨趣及主要内容；新颖即不落俗套，能揭示、投射出论文的新意；简洁即用词尽量简短。摘要即摘录论文要点，是对拟研究问题的回答，呈现为"问题＋答案"，而不必过于强调写作的意图、意义，更不能将论文开头的内容当作摘要。关键词是对摘要的进一步浓缩，通过关键词，读者能大致了解论文要解决什么问题，采取何种解决方法。因此，关键词主要是题目中的实词。正文一般按照提出问题、分析问题与解决问题的思路开展，由开头的绪论、主体内容的本论与结尾的结语构成。开头的绪论主要写清两层含义：一是为什么写的目的或意义，二是下文要写什么的事先提示。主体内容的本论既可以从揭示某主题所存在的问题开始，也可以从阐释主题的内涵起笔，但无论是哪种情况，本论的写作皆需聚焦研究问题，按照问题解决的线索展开阐述。由于论文有前置的摘要，倘若作为结尾的结语只是总结、回顾上文的主要内容，则可以省略。参考文献是课程论文不可或缺的重要组成部分，它既体现了作者不掠人之

美、尊重他人劳动成果的情操，也便于读者了解和查阅相关材料的出处。注释是对正文中某一内容做进一步解释或补充说明的文字，或者是对引用未公开发表的文献的标注。对于这些表达的形式规范，初写学术论文的研究生也许会犯一些不应犯的错误，但大多能在课程论文的修改阶段予以修正。

如果说课程论文的形式规范可以通过模仿进行学习，那么课程论文的实质规范则需要深入研究与体悟。课程论文的实质规范是指促成上述学术论文外在的形式规范的内因。其实，学术论文的形式不管如何变化，其实质皆是对尚存在疑惑的问题进行探索性、创新性的回答。因此，学术论文的实质规范就是"研究问题＋新颖观点＋分析论证"。而有些研究生之所以命名不好自己的课程论文，其根本原因在于未能澄清自己的研究问题。一旦澄清了自己的研究问题，题目就会浮现在眼前。比如，将实践逻辑引入教育，人们会发现教育实践具有其特有的实践逻辑，进而倡导尊重教育的实践逻辑，而不是任意地改变其逻辑；用实践逻辑审视教育理论创生这一实践，同样会发现教育理论创生的实践逻辑，于是用实践逻辑重新审视教育实践与教育理论的关系，就会发现"教育理论与实践间的隔阂、脱离是双向的，有一定的必然性。同时，教育理论与实践间保持一定的张力也是教育理论发展的一个必要条件"[3]。而一旦澄清了自己对问题的回答，那么课程论文的摘要就会自然形成，正如上文用实践逻辑重新审视教育实践与教育理论的关系所得出的结论那样。论文的正文则是研究生对拟构想答案的分析论证，而分析论证就是为摘要中所阐述的观点提供理论和事实的依据。不过，在对自己观点的分析论证中，有些研究生常常局限于"论点＋事例＋分析＋结论"的思维路径，仅仅瞄准论点直线式地"证明"，而缺少对"异见"的辨析，从而使自己的观点缺乏应有的思想深度。对此，可运用"图尔敏论证模型"，将顺向直线式的"证明"提升为逆向多元视角的"辨明"。在图尔敏看来，一个完整的论证是由"数据"（论据）、"断言"（自己的观点）、"保证"、"支撑"、"限定"与"辩驳"六要素构成的[4]，其中，"限定"与"辩驳"就充分考虑了那些"已知的反例、例外、异见"等，就事先预设了"假想敌"或"论敌"，从而使论证更加严密与周延。

三、读者明确：课程论文变身为期刊论文的催化

作为学术表达，课程论文是面向本专业的学术同行而写的，其受众是某学科的专业人员，而非普通大众。因此，课程论文写作应有明确的读者意识，清楚课程论文是写给谁看的。不过，上述观点仍有些空泛，因为学术同行是一种抽象的群体；

而读者明确是指研究生在写课程论文时，既要知道自己的观点是针对哪些观点而发的，以便预想原有观点的作者读到此文时的反应，也要清楚自己预设的读者读后有怎样的收获或启发。

从写作学的视域来看，读者主要有两类：一是现实读者，即现实世界中发生了阅读行为的读者，此类读者常常凭借阅读经验展开阅读行为，故又称为"经验读者"；二是隐含读者，即相对于现实读者而言，包含作者写作时的隐含读者、读者阅读时的隐含读者与文本层面的隐含读者。[5] 对于课程论文写作而言，研究生确定怎样的隐含读者，以及如何根据隐含的读者选择写作的意图、内容及表达方式对课程论文变身为期刊论文具有重要的催化作用。通常来看，研究生的课程论文是给任课教师评定的，需考虑所学课程的相关主题、特点，而要想课程论文变身为期刊论文，还要考虑预投稿期刊的选题特色，预想编辑读后会有怎样的反应。无论是教师，还是期刊编辑，此类隐含读者则较为明确，可称为"聚焦式隐含读者"。除此之外，研究生在写课程论文时，还应根据预投稿期刊用稿的栏目与特色，揣摩其服务的读者有哪些，预想这些读者读后会有怎样的认识和看法。倘若研究生在写课程论文时，能明确上述读者对象，做到读者明确，那么就会促使自己进行思想创新，而不是老生常谈，就会考虑表达规范，而不是信口开河。因为任何写作皆是作者与潜在读者的对话和交流，是为了阐述新颖观点而让读者认同与接受。那种没有明确的读者意识的课程论文，即使能变身为期刊论文，其实现也只能说是"撞大运"；而通常情况则是课程论文投稿期刊，犹如泥牛入海、杳无音信。

然而，有些研究生在写课程论文时却无明确的读者意识，既没有思虑教师和编辑看后会怎样想，更无视期刊的特色及服务的对象，这样的课程论文往好处说仅仅能兑换学分而已，根本无法实现从课程论文至期刊论文的"华丽转身"。记得自己在撰写"教育社会学"这门课程的论文时，就选择了"教师文化"这一主题。因为一方面，教师文化是教育社会学探讨的主题之一；另一方面，自己感到对教师文化的已有认识过于宽泛，好像教师文化无所不包。因此，就以《我们塑造什么样的教师文化》为题目，从静态和动态两个层面对"教师文化"重新定义，认为"从静态来看，教师文化就是教师群体在长期的教育教学实践中形成的教育思想、教育信念、教学观念以及教师角色认同等精神因素的总称，其核心是教育教学价值观；从动态来看，教师文化就是教师在教育教学活动中表现出来的习性、习惯、思维与行为方式，其核心则是行为方式。前者主要体现在教师身份文化之中，后者则主要表现在教师形象文化、交往文化之中"，且根据对教师文化的界定回答了教师文化应做出转型性发展，即"在教师角色文化上，要从'工具人'转变为'目的人'""在教师形象文化上，从外在形象而言，要从刻板划一转变为个性多样；就内在形象而言，要从促狭无力转变为博学善能""在教师交往文化上，要从封闭疏离转变为和谐协作"。自己在讲解"研究生学术阅读'三境界'"时，就明确告诉研究生，我是基于导师的身份探讨研究生如何进行学术阅读的，倘若研究生自己思考学术阅读的问题，那么就应基于"学生"的视角，反躬自问研究生如何进行学术阅读。有研究生欣然领悟，就写了一篇《谈人文社科研究生学术阅读的功利尺度——基于学生的视角》的课程论文，从研究生的视角阐述了"研究生学术阅读的功利尺度"及其利弊得失，进而探讨了如何理性地看待"研究生学术阅读功利尺度"的问题。此课程论文发表在《学位与研究生教育》2021年第1期上。

四、修改合意：课程论文变身为期刊论文的坚守

"文章三分写，七分改""文章不是写出来的，而是改出来的"，就足以表明修改在论文写作中的重要作用，这也是课程论文变身为期刊论文的重要环节。而修改合意是指在课程论文修改时，不仅要准确、生动地表达出自己预设的主旨，而且要能满足研究生预想的潜在读者的阅读期待。修改合意表面上体现为对论文语词、句子和结构的修改，实际上对论文语词、句子和结构的修改皆服务于表达的主旨、满足预想的潜在读者的阅读期待。因此，修改合意则需在澄清表达主旨的基础上完善论证结构、优化语言表达。

然而，有些研究生在课程论文写作之初，就不知道自己要表达什么，不清楚自己论文写作的主旨何在；即使明确自己要表达的观点，也不知此种观点是否有意义、值得写。这是思想创新缺乏的表现。倘若在修改论文时不能确信此论文的创新意义，那么即使其语言表达流畅、富有文采，也难以变身为期刊论文。此乃其一。其二，课程论文皆有题目、摘要、关键词、正文与参考文献，但阅读时则会发现，题目与正文内容往往存在着割裂现象，主要表现为题目与标题之间缺乏内在的逻辑联系，其观点的论证牵强附会、难以服人，让人读后的感觉是单独看每一句话还能看懂，但将一句句话放在一起就读不懂了。自然，有些课程论文也不乏相对新颖的语词或当下时尚的学术概念，但读后则会发现这些相对新颖的语词或时尚的学术概念大多解释、运用得似是而非、不得要领，只是论文的点缀或包装。其三，有些课程论文的语病一抓一大把，即使语句通顺，也常常显得单调、乏味，常见的有在揭示某主题的问题时，惯用"不""欠"等否定词，诸如"课程设置不科学""教学内容欠

丰富"等。试想，"课程设置不科学"是怎样的"不科学"？"教学内容欠丰富"是如何的"欠丰富"？这种看似正确实则空泛的"用词"，并不能准确地揭示出某主题存在的问题。有时，研究生在阐述建议时看似也注重了语言修辞，常采用对仗的方式呈现，但其用词却非常死板、机械，大多用"坚持什么，反对什么"或"在这方面应怎样，在那方面应怎样"的句式呈现，诸如"坚持育人，反对育分""坚持启发，反对灌输""在教师方面应确立正确的育人观，在学生方面应确立正确的学习观"。且不说这些万金油式的建议皆是正确的废话，单从语言运用上就足以让人读后生厌、倒胃口。

倘若课程论文是对创新思想有理有据、清楚明白的表达，那么在课程论文修改时，就应澄清表达主旨、完善论证结构与优化语言表达。

首先，澄清表达主旨，即在修改论文时，研究生应进一步追问论文要表达的基本观点是什么，相对于已有观点而言，这些基本观点的创新处何在。而要想明确自己对某问题是否有创新的观点，则需知道就某主题学者说了些什么，相对于已有观点，此课程论文的基本观点是对已有观点的引申应用，还是补充完善，抑或是推倒重建。比如，《发展性评价：教师评价的新理念》，就是运用移植思维将学生发展性评价运用于教师评价中，是对已有观点的引申应用。而《实践逻辑：审视教育理论与实践关系的新视角》，则是运用辩证思维克服、完善了教育理论与教育实践的统一说和对立说，是对教育理论与教育实践关系的一种补充与发展。

其次，完善论证结构。创新思想、生成自己的观点确实不易，但将自己的创新思想和观点论证出来让读者了解和接受也面临着诸多挑战。在论文修改时，研究生应自觉地将自己由作者变成读者，设想读者阅读后会有何想法，尤其是会有哪些不同的意见，然后根据读者的想法和意见完善论证结构。动态地看，论证是基于逻辑提供理由、证据证成某个观点的过程；静态地看，论证则表现为一个命题集合，是一个由前提、理由、证据和结论构成的结构。因此，完善论证结构，则需追问论文的前提是否成立，理由、证据是否充足。同时，要言之有序，论证要符合逻辑。这种言之有序的逻辑既表现在上下文的承前启后上，也体现在前因后果、时序递进、空间扩展等逻辑安排上。因此，完善论证结构，则需厘清先写什么、后写什么。通常而言，课程论文是按照"是什么""为什么""如何做"三问展开的。在对三问的回答中，往往先总说、再分说，即先概括、后分说，做到上文管下文、下文承上文，从而构成一个闭合逻辑体系。

最后，优化语言表达。新颖观点的表达最终要落实到遣词造句上。在修改时，要对语词、语法、句式等保持高度的敏感性，并不断优化语言表达。在一定意义上，作为学术表达，课程论文并不追求华丽的辞藻，而是力求准确、清晰地表达自己的观点。但"言之无文，行而不远"则表明，语言修辞也直接影响着课程论文的质量。不过，优化课程论文的语言表达并没有什么捷径可走，而只能在反复的字斟句酌中不断完善。在修改文字时，可以问一问，核心概念界定得是否清楚，在文中是否始终保持了其含义的一致性；各种数据、表格和图形的格式是否统一，尤其是要检查是否存在着语病；标点符号运用是否恰当等。不管怎样，好文不厌多改。只要以挑剔的目光审视自己的论文，就不难发现其存在的各种缺陷。好文章是改出来的，这并不是一句空话，而是成就好文章的不二法门。

参考文献：

[1] 童宏亮. 从经验走向自觉：论幼儿教师个人教育哲学的生成[J]. 中国教育学刊，2020(11)：92-96.

[2] 李洋洋. 经验的教育价值探索[J]. 上海教育科研，2021(9)：5-9.

[3] 李润洲. 实践逻辑：审视教育理论与实践关系的新视角[J]. 教育研究，2006(5)：15-18.

[4] 斯蒂芬·图尔敏. 论证的使用[M]. 谢小庆，王丽，译. 修订版. 北京：北京语言大学出版社，2016：83-93.

[5] 李华平. 对话中的"读者"长什么样？[J]. 语文教学通讯，2020(29)：52-56.

第二节　学位论文写作的体系意识

学位论文作为一个完整的有机体，是由一系列的概念、命题组成的逻辑体系。在学位论文写作中，研究生则需确立体系意识。这种体系意识是指就某问题言说时具有通盘筹划、整体观照的意识，能紧紧围绕着自己的核心观点取舍材料、逻辑论证。然而，每年评审学位论文时，乍一看，有些学位论文在形式上看似"完美"，有问题的提出、相关文献的梳理、核心概念的界定、观点的论证等，但细读则会发现上述各部分之间缺乏内在联系，缺乏一以贯之的灵魂；或者说，只是围绕某主题罗列了相关的知识，却没有基于核心观点建构出一个完整的知识体系。有时即使将段落与段落、句子与句子连起来读，也会让人摸不着头脑，需反复琢磨、猜想或意会。这已不是什么新鲜事。有时与同事交流学位论文评审的感受，同事们也有此感慨。即便有些学位论文顺利通过了盲审，在学位论文正式答辩时，也常常能听到答辩老师追问研究生某句话是什么意思、某段落表达的观点是什么、整篇论文的主旨何在等看似低级的问题。之所以造成这种状况，原因自然有许多。但研究生在学位论文写作时，缺乏一种体系意识，未能将学位论文作为一个完整的有机体而予以整体筹划与合理安排，或者即使研究生试图将学位论文建构成一个完整的体系，也心有余而力不足，这也许是造成上述问题的重要原因。那么，在学位论文写作中，研究生如何将学位论文建构成一个完整的体系？

一、在构思时，澄清研究问题，预想竞争性观点

学位论文的写作总需经历一个过程。从过程看，学位论文写作大致要在研究的基础上经历构思、写作与修改三阶段。如果说学位论文是对某问题的探索性回答，那么学位论文的构思就犹如建大楼前的图纸设计。如果说建大楼前的图纸设计要清楚呈现大楼的整体布局和具体样式，那么学位论文的构思则需澄清研究问题、预想竞争性观点。因为学位论文写作是对某研究问题的创新性解答，既要知道研究问题是什么，也要清楚研究问题的预想答案。倘若学位论文的研究问题模糊，且缺乏竞争性观点，那么学位论文写作就好比建大楼没有图纸一样，将会茫然无措、无从下手。

本来，学位论文的开题报告就犹如建大楼的设计图纸，因为在学位论文写作前，开题报告就主要承担着澄清研究问题、预想竞争性观点的功能。然而，由于有些开题报告将研究理由当成了研究问题，将文献综述写成了主题编织，因此开题报告只是呈现了拟研究的某个主题，并没有澄清研究问题，也没有预想竞争性观点，其具体表现是即使没有相关的文献阅读或专业知识，一般人也会提出类似的问题。比如，研究高质量教育体系，人们势必要问"何为高质量教育体系""高质量教育体系建构面临着哪些问题""如何建构高质量教育体系"等问题。将上述问题的主题词置换成其他主题词也能成立。如此发问，所问的就不是研究问题，而仅仅是一般人皆能提出的研究主题。即使详细地陈述了有关高质量教育体系研究的相关成果，诸如按类别分述了基础教育高质量发展研究、高等教育高质量发展研究，或按照教育构成要素（教师、课程、教学、学生等）分列了高质量教师教育体系研究、高质量课程体系研究等，如此呈现的文献综述因未能找出已有研究成果所存在的缺陷，也不能澄清研究问题，更难以构想出竞争性观念，从而使开题报告呈现出形式的完美而

实质的贫困。鉴于此,学位论文构思时,仍需追问"我为什么要研究此主题?它的价值何在?""我希望通过研究此主题达到什么目的?影响或说服哪些人?""我研究的主攻方向是什么?与其他同类研究成果相比,我的研究贡献是什么?"等问题,从而进一步澄清研究问题,预想竞争性观点。

其实,高质量教育体系是对教育发展的一种理想期待,是对预定的教育目的达成的另一种表述,是直面教育健康发展所面临的问题构想的一幅教育蓝图。我们需对各种有关高质量教育体系的描述进行比较与分析,澄清其异同,并予以差异性发问。这种差异性发问是针对各种高质量教育体系的言说话语进行比较,追问为什么不同的学者在言说高质量教育体系时表达了相异的观点,这些相异观点背后的预先假设是什么等问题。倘若在比较各种高质量教育体系的言说时发现相异的话语表达其实大多是从宏观层面对高质量教育体系的教育政策话语的阐释,那么作为研究,就应从中观(区域)或微观(学校)层面切入,将高质量教育体系的建构聚焦于区域教育或学校教育等实体层面,搜集区域教育或学校教育发展的现状资料,抽析出其面临的问题,预想竞争性观点,诸如区域教育的高质量发展在于办好每一所学校,而每一所学校的发展则需其在与区域经济、社会、文化等匹配中寻找、彰显各自的独特功能。

这种差异性发问至少有五个优点:一是差异性发问能直面某一主题所具有的复杂性,从而展开比较和分析。二是对于价值倾向不强的研究生而言,差异性发问能让其确定初步的研究方向,知道要搜集哪些研究资料,哪些资料与发问存在着可能的因果关系,以及所搜集的研究资料是否充足。三是对于价值倾向强的研究生而言,差异性发问能迫使其在研究时保持一定的价值中立。对于人文社会科学研究而言,一定的价值预设是开展研究的前提,但差异性发问的好处在于不管研究的初衷是什么,最终的研究结论皆需建立在事实和理论的基础上,能在很大程度上做到与价值预设无关。四是差异性发问包含了更多的信息,其他研究者能透过这些信息看到研究者对已有事实的了解程度及其价值观、兴趣所在。五是差异性发问需针对各种差异找到可靠的测量方法、适切的对话对象,推动研究者寻找新的差异性现象、探索各种差异性之间的内在联系,不断对其提出疑问,从而深化研究、修正观点。[1]因差异性发问建立在对已有研究成果的比较、分析的基础上,因此一旦清楚了有关某主题研究的异同,在阐释其异同中就能评价其优劣,从而有望预想出竞争性观点。

如果说差异性发问能澄清研究问题,那么一旦澄清了研究问题,是否要预想竞争性观点?对于此问题,很多研究生会生发疑问:研究还未展开,怎么能事先预想竞争性观点呢？这种疑问看似有理，其实反映了研究生不知在研究中，一定的理论预设是人们观察事物、搜集相关材料的前提。正如卡西尔所言，"根本没有所谓'赤裸裸'的事实，有的只是那些涉及特定的假设和凭借这些假设而被固定下来的事实。所有对事实的证实，都只有在一特定的判断蕴涵关系中才是可能的"[2]。当然，预想竞争性观点，事先对研究问题给予回答，并不是说此时预想的竞争性观点就一定是正确的；恰恰相反，所预想的竞争性观点要始终接受搜集的事实和公认的理论的检验，一旦发现竞争性观点与事实或理论不符或存在着矛盾，就应探查原因，从竞争性观点与事实或理论等方面查寻缘由。倘若事实或理论是正确的，那么就应勇于修正竞争性观点。只不过，预想竞争性观点并不像有些人设想的那样可以任意妄为、海阔天空，而是基于已有的经验、知识乃至直觉所做的审慎判断；也不是轻而易举、唾手可得之事，而是要在已有经验、知识的基础上充分地发挥研究者的想象力。这种"想象力是这样一种能力，它翱翔于规定与不规定、有限与无限之间的中间地带"[3]。想象力能让人通过相近或类似联想，基于已有的意象而产生一种新的构型，从而为预想竞争性观点提供前提，其内在机制是基于想象力，研究者能通过对"在场"的暂时"飞离"，使"不在场"有可能获得关注，进而能在认识上重新赋予某研究问题以一种开放的结构，从而能通过不断地超越"在场"的已知而推动、增进对某问题的理解与阐释。

二、在写作时，界定核心概念，形成树状概念体系

无论学位论文研究什么样的问题，所研究的问题总是有关某对象的问题，研究者需对某对象进行核心概念的界定。因为核心概念的明确和清晰是学位论文写作的逻辑前提，而学位论文核心概念的模糊与腾挪则是学位论文写作的最大陷阱。只不过，在有些研究生看来，核心概念的界定无非是对核心概念下一个定义或给予一定的解释而已，而不知核心概念的界定事关学位论文的核心观点，蕴含着学位论文运思的逻辑主线，且孕育着学位论文的创新胚胎。

核心概念的界定事关学位论文的核心观点。学位论文的核心概念一般是学位论文题目和摘要中的关键词，通常有 1～3 个。学位论文的写作是围绕着核心概念展开的，核心概念就预示着学位论文的核心观点。比如，余清臣教授的博士学位论文《师生交往的实践逻辑——一种微观政治学的视角》，其核心概念至少有三个：师生交往、实践逻辑与微观政治学。从此三个核心概念中就能大致推测出其拟阐明的核心观点是从微观政治学的视角揭示、论述师生交往的实践逻辑。[4]此乃其一。其二，

核心概念的界定蕴含着学位论文运思的逻辑主线。还以上述博士学位论文为例，要阐明微观政治学视角的师生交往的实践逻辑，那么一旦将实践逻辑界定为"实践中的内在法则，可以具体理解为各种实践构成成分的内在联系"[5]，也就意味着澄清了学位论文运思的逻辑主线，即按照各种实践构成成分"利益、策略、场域、符号与谈判"来组织、建构论文的内容。其三，核心概念的界定孕育着学位论文的创新胚胎。上述的博士学位论文在"结语 师生交往的实践逻辑"中总结道："从微观政治学视角对师生交往实践逻辑所做的理解在很多具体方面都与师生交往理论逻辑有着显著的差异"，具体表现为"师生交往的驱动因素不是外在的规范，而是师生个体的多样利益""师生的交往行为不是外界给定的规范性行为，而是一种自主筹划的策略性行为""师生交往的环境不是由规范性规则系统建构的环境，而是由复杂性规则系统搭建的场域"[6]等。这些创新性观点皆孕育在核心概念的界定中。从此意义上说，学位论文写作的成败与其核心概念的界定与否就具有内在的关联。展开来说，核心概念的界定既是学位论文写作的起点，也是学位论文写作运思的逻辑线索，还是学位论文观点创新的发源地。

当然，在学位论文的写作中，从核心概念的界定到创新观点的确证，中间需要依靠各种事实、理论的论据进行逻辑论证，才能最终形成一篇完整的学位论文。正如刘勰曾言："方其搦翰，气倍辞前，暨乎篇成，半折心始。何则？意翻空而易奇，言徵实而难巧也。"而之所以"意翻空而易奇，言徵实而难巧也"，不仅在于观点的论证需要充分的事实、理论的论据，而且在于话语表达皆需遵循一定的规范。如果说一篇完整的学位论文是由众多的概念、命题构成的，那么这些众多的概念、命题的表达样式是怎样的？赵汀阳先生曾指出，"一种语言总需要一种作为它的词库的管理/生成方式的概念体系。最有效率的概念体系就是亚里士多德式的种属概念体系……如果没有这种概念体系就不可能清楚表达"，他将这种亚里士多德式的种属概念体系形象地概括为"树状层层发展概念体系"[7]。不过，这种"树状层层发展概念体系"仍需进一步具象化。准确地说，学位论文写作作为一种概念性操作，要想清楚地呈现其研究内容，则应自觉地在界定核心概念的基础上形成一种树状概念体系。这种树状概念体系以核心概念为"树根"，以核心观点为"树干"，以各种分论点为"树枝"，以各种论据及论点的论证为"树叶"，从而建构一种主次清楚、条分缕析的概念体系。从操作上看，形成一种树状概念体系，则需洞察、把握学位论文的形式和内容结构。从形式上看，一篇完整的学位论文大多呈现为"总（绪论）—分（各章）—总（结语）"的样式，犹如一个"橄榄形"，两头小，中间大。"绪论"主要澄清研究问题及预想的竞争性观点；"各章"分别阐述、论证各分论点，相当于分析问题，是研究问题和预想的竞争性观点的铺陈与确证；而"结语"则针对绪论所提出的研究问题做概括性的回答，类似于解决问题。从内容上看，学位论文的概念、命题皆需紧紧围绕着中心论点开展，构造出一个类似圆球的结构。用叶圣陶先生的话说，就是论文写作"要把材料组成一个圆球，才算到了完成的地步。圆球这东西最是美满，浑凝调合，周遍一致，恰是一篇独立的、有生命的文字的象征。圆球有一个中心，各部分都向中心环拱着。而各部分又必密合无间，不容更动，方得成为圆球。一篇文字的各部分也应环拱于中心（这是指所要写出的总旨，如对于一件事情的论断、蕴蓄于中而非吐不可的情感之类），为着中心而存在，而且各部分应有最适当的定位列次，以期成为一篇圆满的文字"[8]。也就是说，一篇完整的学位论文从内容上应组织成一个以"中心论点"为核心的圆球，这种在内容上以"中心论点"为核心的圆球，因语言文字的表达呈现为一种线性推进，在形式上就表现为"总—分—总"的"橄榄形"样式，而从整体上看就会形成一种树状概念体系。

三、在修改时，明确自己的知识贡献，搭建金字塔式对话结构

修改是学位论文写作的必要环节，且很多时候，修改比写作更难。这也许才是常说的"论文不是写出来的，而是改出来的"的真谛。而学位论文的修改之难表面上在于遣词造句、谋篇布局，实质上却在于明确自己的知识贡献。倘若学位论文初稿写完后仍不清楚自己的知识贡献何在，那么所写的学位论文的价值就值得被怀疑。因为学位论文作为研究成果，其价值主要体现为研究生在对某问题的研究上拥有自己的知识贡献，拓展了已有知识的存量。

在修改时，要想明确自己的知识贡献，就要追问学位论文是否具有创新性，具体表现为是否回答了前人尚未回答或回答得不够完善的理论或实践问题，是否提出、论证了某（些）新概念、新命题或新理论。从类型上看，学位论文的创新表现为材料创新、方法创新和理论创新。因此，为了回答上述问题，研究生就应自问学位论文是否提供了新材料、新方法与新理论。对于新材料而言，问新材料是仅仅证实了某种已有的结论，还是拓展或证伪了某种已有的结论。倘若是前者，那么所提供的新材料的创新意义就非常有限，是一种"低水平重复"的表现；只有后者，才具有真正创新的意义。对于新方法而言，相比于已有研究成果而言，新方法既可能是已有研究尚未运用的新技术、新设计，也可能是已有研究尚未运用的新理论视角（框架）。这些新技术、新设计与新理论视角在弥补已有研究成果缺陷的同时应有实质

上的知识创新，而不是运用新技术、新设计与新理论视角仍是为了获得一种已有的见解。倘若运用新技术、新设计与新理论视角仍是得出了一种已有的见解，那么新技术、新设计与新理论视角的运用也犹如新材料仅仅证实了已有的结论那样，仍是一种"较高级的重复研究"。因为运用新技术、新设计与新理论视角，其初衷是在弥补已有研究成果于方法运用上的缺陷的同时，能增进、完善人们对某问题的认识，能提供新的知识。从此意义上说，学位论文的创新虽可表现为新材料、新方法与新理论，但其最终皆应表现为新理论。

所谓"新理论"表现为某(些)新概念、新命题。学位论文只有提出了某(些)新概念、新命题，才能真正表明学位论文的知识创新。比如，滕大春、陆有铨先生在金生鈜教授博士学位论文《理解与教育》出版时评论道："作者阐述了理解性教育的生成，继而又从受教育者的精神建构等方面陈述新哲学所希冀的教育……学术论证有理有据，而且颇多创见性的议论……"(滕大春语)[9]"从解释学的角度对当前的一些教育现代性问题进行研究……展现了解决当代若干教育问题的新思路……对于几个重要教育问题的论述和观点，都颇有新意，具有创造性，给我国教育理论的研究，开拓了一个新的视野。"(陆有铨语)这些评论虽未能清晰指出该博士学位论文究竟提出了哪些新概念、新命题，但读者通读后就不难发现此博士学位论文所阐述、论证的"理解性教育""'我—你'：新型的师生关系""基于完整生活的课程整合""从理解到实践"等概念和命题。[10]

不过，明确自己的知识贡献是一回事，让评阅专家或读者认同、接受自己的知识贡献则是另一回事。一方面，在阐述自己的知识贡献时要有对照、比较意识，要在思想中进行思考，而不能自言自语、自说自话。因为新与旧是在对照、比较中显现的；没有与已有研究成果的对照和比较，所谓的"创新"往往是自以为新的"伪创新"。比如，笔者在撰写博士学位论文《论教育学研究的价值生成》时，为了阐明"洞察研究路径，保障教育学研究的价值"，在陈述了教育科学研究、教育人文研究各自具有的价值悖论后，就着重阐述了一种新的教育研究路径，即教育实践研究，认为"教育实践研究就是直接面对和紧紧围绕当下教育实践中的人、事以及人与事之间的相互作用，从教育实践中获得研究的问题和资料，运用各种研究方法，探寻、解释教育实践的实际运作过程及其隐含的意义和规则，并从中提炼出描述、阐释教育实践的学术观点和理论概念的一种研究类型，它既关注教育的工具理性，也探寻教育的价值理性，但其最终目的在于寻求教育行为的合理性"，并阐述了教育实践研究的践行逻辑，诸如"以教育行动作为观察与描述的焦点""以教育场域作为阐述与解释的背景"等观点。"教育实践研究"之新是在其与教育科学研究、教育人文研究相对照、比较中呈现的。另一方面，明确了自己的知识贡献，就应紧紧围绕着自己的知识贡献运用各种理论、事实进行充分的分析与论证，搭建一种金字塔式对话结构。美国学者巴巴拉·明托曾说过："对读者来说，最容易理解的顺序是先了解主要的、抽象的思想，然后再了解次要的、为主要思想提供支持的思想。因为主要思想总是从次要思想中概括出来的，文章中所有思想的理想组织结构也就必定是一个金字塔结构——由一个总的思想统领多组思想。在这种金字塔结构中，思想之间的联系方式可以是纵向的（vertically）——即任何一个层次上的思想都是对其下面一个层次上的思想的总结；也可以是横向的（horizontally）——即多个思想因共同组成同一个逻辑推断式，而被并列组织在一起。"这样，"首先表达的主要思想将使读者对作者这样表述产生某种疑问，而主要思想的（金字塔结构中的）下一个层次上的思想将对此问题作出回答。通过不断地进行疑问/回答式的对话，读者就可以了解文章中的所有思想"，而"对文章所述思想作出的疑问/回答式反应是人类的一种自然反应，没有国籍和民族的差别"[11]。这种金字塔式对话结构是树状概念体系在思维运作时的另一种表达，它嵌入了作者和读者的互动，能让读者真切地感受到学位论文写作的对话场景与思维展开，能让作者确立一种明确的读者意识，并在与读者对话中阐明自己的思想。从这种金字塔式对话结构来看，研究生在修改学位论文时就应聚焦题目——澄清研究问题，厘清核心概念；凝练摘要——廓清、明确自己的知识贡献；梳理目录——呈现研究的创新点和逻辑顺序；通读全文——基于自己的知识贡献，搭建金字塔式对话结构。

参考文献：

[1] 赵鼎新. 质性社会学研究的差异性发问和发问艺术[J]. 社会学研究，2021(5)：113-134.

[2] 恩斯特·卡西尔. 人文科学的逻辑[M]. 沉晖，海平，叶舟，译. 北京：中国人民大学出版社，2004：58.

[3] 费希特. 全部知识学的基础[M]. 王玖兴，译. 北京：商务印书馆，1986：127-135.

[4][5][6] 余清臣. 师生交往的实践逻辑——一种微观政治学的视角[D]. 北京：北京师范大学，2007：14-31，26，178.

[7] 赵汀阳. 长话短说[M]. 北京：东方出版社，2001：190.

[8] 叶圣陶. 谈文章的组织[J]. 全国优秀作文选(高中)，2017(11)：10-12.

[9] [10] 金生鈜. 理解与教育——走向哲学解释学的教育哲学导论[M]. 北京：教育科学出版社，1997：封底，1-176.

[11] 巴巴拉·明托. 金字塔原理[M]. 王德忠，张珣，译. 北京：民主与建设出版社，2002：2.

第三节　学位论文与期刊论文融创的内在机制

造成研究生延期毕业这种现象的原因之一是有的研究生期刊论文及时发表了，但学位论文却未能按时完成；有的研究生学位论文按时完成了，但期刊论文却未能及时发表。而走出上述困境的良策之一是将学位论文与期刊论文有机统一起来，使学位论文的写作成为期刊论文的一个个问题的解决，期刊论文的撰写成为学位论文写作的有机组成部分，从而实现学位论文与期刊论文的融创。这种学位论文与期刊论文的融创是指学位论文与期刊论文的相互印证、彼此成全，是二者的融合与创生。然而，在有关学位论文与期刊论文的关系上，学者们大多聚焦于从学位论文中析出期刊论文发表是否符合学术规范的问题。比如，有学者认为"先发学位论文后发拆分论文属于重复发表"[1]；有学者则认为"学位论文的再发表，并不违背现有的法律规定，有利于传播学术成果、培养学术新人，符合业界传统，应予以肯定"[2]；有学者则进一步指出"由于学位论文网络出版合约中均没有对专有出版权的特别约定，著作权人具有学位论文再发表和出版的权利，期刊发表学位论文的析出论文不会产生版权问题。由于期刊单位具有自身的首发权利益，在期刊发表合约中通常会有对专有出版权的约定，明确不接受已发表过的稿件，因此学位论文的期刊再发表处于合法但不合约的状态"，并针对这种"学位论文的期刊再发表处于合法但不合约的状态"，提出"制定针对学位论文的特别合约，营造青年学者的良好发展环境……加强及时发表的教育宣传，设定学位论文上传网络数据库的灵活机制"[3]等建议。试想，假如在学位论文写作中，自觉、有意识地将学位论文与期刊论文结合起来，并实现二者的融创，根据"先发表期刊论文，再出版专著"的惯例，那么不仅能规避从学位论文析出的期刊论文能否发表的问题，而且能达成期刊论文与学位论文的相互印证、互为成全之功效，还能有效避免期刊论文发表了而学位论文未能及时完成或学位论文完成了而期刊论文未能及时发表的尴尬局面。那么，学位论文与期刊论文是何关系？学位论文与期刊论文融创的内在机制是什么？如何基于学位论文与期刊论文融创的内在机制实现二者的融合创生？

一、学位论文与期刊论文的融创关系

无论是学位论文，还是期刊论文，皆是研究成果的表征。作为研究成果，学位论文与期刊论文皆是知识创新、认识增进的表达，二者共享着相同的价值追求与结果呈现，能够实现融合创生的双赢，是一种相互印证、互为成全的关系。学位论文与期刊论文的融创关系，不仅体现在实际的研究生教育中，而且很多研究生早已身体力行地践行着、确证着。或者说，学位论文与期刊论文的融创在学术界并不是什么秘密，而是师生共知的常识。那么，是什么原因导致了期刊论文发表了而学位论文未能完成或学位论文完成了而期刊论文未能发表？

其一，将学位论文与期刊论文对立起来，而淡忘了学位论文与期刊论文的融创。有些研究生由于自身兴趣广泛，或源于热点问题的诱惑，或考虑期刊论文发表的需求，常常偏离自己预定的研究主题而另选其他主题撰写期刊论文，乃至认为既然学校有明文规定需先发表期刊论文，才准许参加学位论文答辩，那就先寻找容易发表的主题撰写期刊论文，等到期刊论文发表后再撰写学位论文。殊不知，部分学校规定研究生要有期刊论文公开发表才准许其参与学位论文答辩，其初衷除了增加学校的学术声誉外，主要是想用发表的期刊论文来印证学位论文的质量。正如孙正聿教授所言："尽管博士学位要求博士生发表论文，在某种意义上是不应当的，但是如果你不能写出 5 篇达到公开发表要求的学术论文，你就不可能写出一篇合格的学位论文。"[4]那种偏离自己预定的研究主题而选择其他主题撰写期刊论文的研究生，势必要耗费很多时间、精力用于期刊论文写作，即使能如愿以偿地将期刊论文发表出来，也意味着对自己预定的研究主题的忽视和削弱，就变相地等同于对预定研究主题的自我否定。对于研究生而言，预定的研究主题是经过自己反复思考、慎重考虑，且与导师协商并通过开题报告环节的审查给予确定的研究内容。因此，既然已确定了研究主题，那么研究生就应一如既往地精思、深研下去，而不能半路停下、另寻新爱；否则，就有可能导致期刊论文及时发表了，而学位论文却未按时完成的尴尬。

其二，将学位论文等同于知识编织，而无视学位论文与期刊论文共享着相同的知识创新之追求。有些研究生能在确定研究主题后，持续思考、跟进，按时完成学位论文，但从学位论文中却难以抽析、拆分出一篇能公开发表的期刊论文，没有期刊论文发表。其中原因也许有多种，但无视学位论文与期刊论文的融创关系仍不得不说是原因之一。因为学位论文作为研究成果，其价值就在于创新。相对于已有研究成果来说，研究生就某主题深入研究了三四年，总该有所发现、有所超越。因此，从学位论文中拆分出几篇期刊论文，总该不是什么难事；否则，所写的学位论文的质量就值得被怀疑，其创新价值就难免引起他人的质疑。倘若学位论文真的有自己的创新之处，那么基于学位论文的创新之处展开论述，应该能写出期刊论文来。当然，即使写出期刊论文，其能否发表则受制于多种因素，诸如论文的创新水平、期刊选文的要求、用稿的周期等。但不管如何，只要学位论文真的有自己的创新之处，那么即使根据学位论文的创新之处所撰写的期刊论文，一时难以发表出来，也总有一天能够发表。当下，期刊论文发表的难度在逐年增加，对于研究生发表期刊论文来说，更是如此，这也是有些研究生延期毕业的原因之一。不过，期刊论文发表的难度在增加，只意味着学术界的学术水平在提升，并不意味着真有创新的论文难发表。实际上，真有创新的论文并不难发表，而是那些滥竽充数的伪创新论文越来越没有了发表的空间，此乃学术进步的必然。

质言之，关于学位论文与期刊论文的关系探讨，与其聚讼于从学位论文析出的期刊论文能否发表或是否违规的问题，不如从现实出发正确认识学位论文与期刊论文的融创关系，并在二者融创的导向下，或先将研究主题、问题细化为不同的小主题、小问题，再按照不同的小主题、小问题，本着"无创新则不表达"的原则，撰写期刊论文，最后重组、整合一篇篇的期刊论文，完成学位论文的写作，或在撰写学位论文时，基于学位论文与期刊论文的融创关系，在提炼某问题的创新观点时，联系学术界关切的热点、难点问题，延伸、拓展对某问题的创新观点，写成期刊论文，使学位论文的写作与期刊论文的撰写同步共振、相互促进与相得益彰。但不管采取哪种学位论文撰写的路径，学位论文与期刊论文的融创皆有望实现一边写学位论文、一边发表从学位论文中析出的期刊论文的效果。

二、学位论文与期刊论文融创的内在机制

学位论文与期刊论文之所以能够融创，是因为二者具有相同的逻辑构造。这种相同的逻辑构造主要表现为通过概念、判断与推理等逻辑形式对某问题的创新回答，进而建构出一个由各种概念链接、编织的知识体系。因此，学位论文与期刊论文融创的内在机制主要表现为界定概念是学位论文与期刊论文融创的根基，综述文献是学位论文与期刊论文融创的切口，创新观点是学位论文与期刊论文融创的

展开。

一则，界定概念是学位论文与期刊论文融创的根基。无论是学位论文，还是期刊论文，皆是关于某研究对象的阐述，需先界定清楚研究对象是什么，然后再在概念的基础上言说。正如梁启超所言："大抵西人之著述，必先就其主题，立一界说，下一定义，然后循定义以纵说横说之。"[5]也就是说，对某研究对象的阐述起于对该研究对象的概念界定。界定概念要揭示出某研究对象所具有的本质属性，阐明具有这种本质属性的事象有哪些，即在概念界定中揭示出某研究对象具有的内涵与外延。概念的内涵是指某研究对象的特有属性，是概念质的方面，回答某研究对象"是什么"；概念的外延是概念所反映的具有某本质属性的所有对象的总和，是概念量的方面，回答具有某本质属性的研究对象"有哪些"。概念的内涵和外延是其不可分离的质和量的两个方面，二者彼此相映、互为依存。比如，在博士学位论文《论教育思维》中，刘庆昌教授就先界定了"教育思维"，揭示了其内涵，即教育思维是"一定的教育观及其支配下的教育操作思路的总和"，从不同的维度阐述了教育思维的外延，诸如从时间上看，教育思维有"过去的教育思维和现在的教育思维"，从水平上看，教育思维有"经验的教育思维和理论的教育思维"等[6]，并以《教育思维：一个新的教育理论范畴》为题，将该内容转化为期刊论文。笔者在撰写博士学位论文《论教育学研究的价值生成》时，在"导言"陈述"教育学研究的价值危机"后，就界定了"教育学研究的价值"，认为教育学研究的价值是"研究主体意欲达成而创造的，能够满足自身和其他主体需要的存在"，在主客体关系的框架下，将教育学研究的价值划分为"个体价值"与"社会价值"，并以《论教育研究的价值及其限度》为题将相应的内容变成了期刊论文。

然而，当下有些研究生在撰写学位论文或期刊论文时，却忽视了对研究对象的界定，习惯于日常表达的随口言说，而不知概念不清，就会导致信口开河，想怎样写就怎样写，最后连自己想要写些什么都搞不清楚。从思维方式上看，这种不界定概念就言说的习惯，植根于缺乏对事物或现象具有特定的恒定性质的预设，认为万事万物皆处于发展、变化之中。的确，事物或现象是发展、变化的，但即使事物或现象是发展、变化的，为了清晰地呈现某事物或现象，也需准确揭示出某事物或现象所具有的独特性；否则，就难以说清楚、讲明白某事物或现象。此乃其一。其二，虽然有些研究生能对研究对象下一个定义，但此定义多是别人已有的界定，而未能根据自己的理解与语境，下一个独特的定义。此种概念界定就为学位论文或期刊论文的创新表达埋下了隐患。因为运用已有的概念界定，就只能看到已看到的内容，难以有新的发现，不能形成自己独特、创新的观点。其三，有些研究生也煞费苦心地界定了研究对象，且有一定的新意，但在界定的概念与论述的内容之间却缺乏必要的照应与联系，表现为概念界定是一回事，下文的论述是另一回事，不能严格按照自己界定的概念进行言说。

二则，综述文献是学位论文与期刊论文融创的切口。学位论文和期刊论文的写作皆需与已有的研究成果展开对话，其前提是综述有关某主题的研究成果，清楚有关某主题的研究成果都解决了哪些问题，还有哪些问题值得进一步研究。从此意义上说，综述文献就成了学位论文与期刊论文融创的切口。时下，学位论文写作皆有专门的文献综述要求，需呈现已有研究成果就某主题解决了哪些问题，辨明其是否还存在着值得进一步研究的问题。若回答是肯定的，那么就能证成学位论文研究的价值，也为学位论文写作寻到了研究的问题。比如，在《论教育学研究的价值生成》中，笔者先概述了有关教育学研究的已有成果，陈述了已有的观点，然后自问统揽中国教育学研究面临的基本问题（意识形态与教育学研究、异域教育理论与教育学研究、其他学科知识与教育学研究以及教育理论与教育实践的关系），还有哪些问题有待继续探究。在此追问下，就问出了该研究所要解决的问题，诸如"难道教育学研究与意识形态的关系只是'意识形态总会对教育学研究发生这样或那样的影响，而教育学研究也必须始终不放弃意识形态批判'吗？果真如此，教育学研究与意识形态之间的关系岂不由原先的'被控制'与'控制'转变为'批判'与'被批判'了吗？难道教育学研究只能采取批判意识形态的立场才能获得学术自主、实现学术追求吗？"。就期刊论文来说，有些期刊虽对文献综述未做明确要求，但作为作者，倘若自己写的期刊论文并不是基于对已有相关研究成果的缺陷或问题而展开阐述与论证的，那么如此所写的期刊论文大多是自以为新的伪创新，就难以入编辑的"法眼"，其结果就只能是石沉大海、屡投屡败。对此情况，研究生就应反身自问，相对于已有研究成果来说，自己所写的期刊论文是否有创新？其创新在何处？而要回答这些问题，同样需要文献综述。也就是说，无论某期刊是否要求文献综述，文献综述也是期刊论文写作的前提。因此，无论是撰写学位论文，还是撰写期刊论文，综述文献皆是二者融创的切口。

然而，有些研究生在综述文献时，不是将文献综述写成"某学者说了什么，某学者又说了什么，某学者还说了什么"的文献列举，就是按照不同的维度解读已有文献，至于从已有文献中能否引出、寻到自己的研究问题，则被置之度外，不在其考虑的范围。即使明示研究生按照"问题先导"而不是"主题编织"的方式综述文献，着重寻找已有文献所存在的缺陷或不足，以便为学位论文的展开提供一个切口，为自己研究奠定基础[7]，也常常会发现其文献综述与学位论文的本论缺乏必然的联系，从而使文献综述与学位论文的写作呈现"两张皮"现象。倘若在学位论文中，专门的文献综述只是相关知识的汇编，且与本论的内容缺乏内在联系，那么就很难期待研究生在撰写期刊论文时，能从已有文献中发现、提出有价值的研究问题。而做好文献综述，博士生围绕某研究主题至少要做三件事："一是追溯关于这个问题既往前辈已经提出了哪些看法；二是检查、讨论这些看法是否合理；三是提出自己的看法。"[8]此三件事实际上蕴含着对文献综述的三点要求，即先陈述前辈就某个问题的观点，然后评价其观点是否正确，最后提出自己对某问题的预想答案。

三则，创新观点是学位论文与期刊论文融创的展开。在学位论文和期刊论文的写作中，界定概念和综述文献皆服务于创新观点，而创新观点则是学位论文和期刊论文写作的最终归宿。因此，创新观点就成了学位论文与期刊论文融创的展开。或者说，无论是先写学位论文，还是先写期刊论文，作为研究成果，二者皆因观点的创新而融创起来。从逻辑学上看，观点的创新是学术命题的创新。学术命题大致可以分为四类："一是作为基本理念和解释原则的学术命题，此类命题是总体性的学术思想的理论结晶；二是作为基本范畴和基本原理的学术命题，此类命题是具体性的学术观点的理论升华；三是作为逻辑环节和理论论证的学术命题，此类命题是概念发展的学术体系的理论支撑；四是作为标志概念和术语革命的学术命题，此类命题是创新性、开放性学术研究的新'阶梯'和新'支撑点'。"[9]对于博士生来说，也许难以提出、论证"作为基本理念和解释原则的学术命题"，但提出、论证其他三类学术命题，应成为博士生学术研究的追求。倘若学术命题的创新是在与已有成果的对话中彰显出来的，那么在学位论文和期刊论文的写作中，这种与已有研究成果的对话，表现为先陈述针对某问题前人所论证的观点，接着对这些观点展开评论，最后提出自己的看法，并展开论证。比如，在回答"教育学研究的逻辑起点"时，笔者先陈述了教育学研究对象的"规律说""现象说""存在说"，并做了相应的评论。诸如对于"规律说"评论道，"凡是研究都是探索未知，并将未知变成已知。倘若教育学研究所要探究的'教育规律'已现成地摆在那里，还研究它干什么。正确的认识是'教育规律'只是教育学研究所要达致的目标，是教育学研究的结果，而不是教育学研究的对象"，最后倡导一种"问题导向"的教育学研究。

然而，有些研究生却长期困于无观点创新的煎熬中而无计可施，其原因多种多样。对此状况，作为导师，应着重培养博士生的问题意识、批判性思维与创新思维。就问题意识而言，作为矛盾或困惑的问题，从实践来看，体现为应然与实然的差距。一旦对实践之事拥有了一种理想期待，那么就会萌生出问题。从认识来看，问题是某理论自身或不同理论之间存在的矛盾或冲突。一旦发现了某理论自身或不同理论之间存在着矛盾或冲突，那么就寻到了问题。当然，寻到或发现了问题，仍存在着一个对问题的价值判断问题。就批判性思维而言，作为"根据理智标准，对认识和实践中的思考、推理和论证进行多方面、反思的分析、评价和判断的活动"[10]的批判性思维，其自我修炼之路径是"辨析观点，从矛盾中寻求新解""透视行动，从缺憾中筹划良策""反思自我，从无知中生成智慧"[11]。就创新思维而言，假如创新思维主要表现为发现问题的批判思维、求解问题的发散思维与论证答案的聚合思维的有机统一，那么直面研究生创新思维主要遭遇的"无问"之尴尬、"无解"之煎熬与"无路"之迷茫，在学术研究中，研究生应"通晓学科历史，学会学术提问""锁定研究问题，发挥人的想象力""绘制概念导图，澄清论证思路"[12]，进而实现学术命题的创新。

三、学位论文与期刊论文融创的达成路径

倘若学位论文与期刊论文融创的内在机制主要表现为界定概念是学位论文与期刊论文融创的根基，综述文献是学位论文与期刊论文融创的切口，创新观点是学位论文与期刊论文融创的展开；那么其达成则需界定概念，撰写概念性论文，综述文献，写作综述类论文，创新观点，建构命题式论文。

首先，界定概念，撰写概念性论文。在学位论文和期刊论文的写作中，概念界定的意义已无须多论。对于概念界定来说，要杜绝那种对研究对象不界定就言说的现象或只是列举已有概念界定的做法，而应对研究对象重新界定，以便为学位论文写作和概念性论文撰写提供创新的可能。倘若一篇学位论文和期刊论文不能在概念界定上有所创新，那么就注定了论文写作的平庸。道理很简单，学位论文和期刊论文的写作皆是基于概念界定而展开的；离开了概念创新，那么学位论文和期刊论文的价值就会消失殆尽。从新颖的程度上看，概念创新主要有三种类型：概念独创、概念重构与概念借鉴。但无论是概念独创，还是概念重构，抑或是概念借鉴，对于博士生而言，大致要经历对相关主题的已有概念的阅读与学习，再结合自己的思考进行概念批判，进而实现概念界定的创新。比如，在界定"教育公平"时，势必先要阅读、学习有关教育公平的阐述及其观点，但在阅读有关教育公平的文献时，笔者发现有的学者将教育公平混同于教育平等或教育机会均等，有的学者则将教育公平

理解为教育正义，那么到底何谓教育公平就有重新界定的必要，因此就将教育公平所蕴含的本质作为切入点，阐述了教育公平的三重蕴意，即"教育公平蕴涵着人对自己、对他人、乃至对人类的意义关怀""教育公平反映着教育利益在人们之间的分配关系""教育公平是规范概念与描述概念的统一"，并将教育公平的内涵概括为"人际间教育利益关系的反映、度量和评价"[13]。

当然，概念创新的基础是学会下定义。定义的句式是"A 是 B"，其基本样式是"被定义概念＝种差＋邻近的属"，用以回答"什么是什么"。按照定义的方式，概念界定主要有四种类型：性质定义、发生定义、功能定义与关系定义。性质定义是以事物或现象的本质属性为种差进行概念界定，如"人是理性的动物""人是伦理的动物""人是符号的动物"。发生定义是以事物发生、形成的过程为种差所下的定义，如"圆是在平面内，一个动点围绕一个定点做等距离运动所形成的轨迹"。功能定义是以事物或现象的功用为种差所下的定义，如"教育是一种培养人的社会活动"。关系定义是通过揭示被定义概念与其他事物或现象的关系来界定概念，如"真正的教师是能触动学生的心灵、让学生记住且经常挂念的教师"。

其次，综述文献，写作综述类论文。只有综述文献，描述有关某主题的知识地图，才能寻到研究的问题起点，从而避免不必要的重复劳动。因此，无论是学位论文写作，还是期刊论文撰写，皆要有文献意识，并通过查阅、综述已有文献，来印证自己研究的价值。从此意义上说，要杜绝那种告诉读者自己读了哪些文献的直接或间接的文献罗列。直接的文献罗列是指仅仅就某主题罗列已有的内容；而间接的文献罗列则是按照不同的维度解读、呈现某主题的内容，它看起来更像文献综述，但实质上仍是一种精致化的文献罗列。真正的文献综述，应带着拟研究的问题，看看已有文献是否有所回答。若有回答，就自问对其回答，自己有哪些看法；若无回答，就自问自己能给出什么样的答案。但不管是哪种情况，好的文献综述一般包括三个必要环节："述"、"评"与"议"。"述"即根据拟研究问题，描述、呈现相关的研究成果；"评"即评价相关研究成果的优劣与得失，阐述其贡献与不足；"议"即对已有研究成果进行讨论，论证自己的观点。

从表达上看，学位论文的文献综述与期刊论文的文献综述也有区别，并不完全相同。学位论文的文献综述意在寻找自己研究的问题，期刊论文的文献综述也大致遵循着此种思路，其区别在于：期刊论文的文献综述寻到的有待进一步研究的问题，并不一定是综述者要回答的问题，而主要用以揭示、指出今后某主题研究应努力的方向，常常以"某研究的未来展望"来表述；而学位论文的文献综述则既要揭示出已有研究成果所存在的问题，也要在正文中予以分析与解决。换言之，学位论文的文献综述所揭示的问题，是学位论文的本论拟解决的问题，也是贯穿于学位论文的一条问题线，既使学位论文写作有了明确的问题"靶子"，也使学位论文写作对相关内容的取舍、立破有了选择标准，还能凸显学位论文写作的创新价值。

最后，创新观点，建构命题式论文。创新是学位论文和期刊论文的生命，主要表现为观点创新；而观点创新则意味着对某问题的再回答，具体呈现为对某问题形成相对新颖的观点，建构命题式论文。其实，即使是概念性论文和综述类论文，也蕴含着新颖的观点，只是这些新颖的观点包含在概念界定和文献综述中而已。命题式论文则主要呈现为一系列新颖的判断，由一些新颖的判断句构成。从新颖的程度上看，这种命题式论文的命题创新主要有三种类型："正着说"、"反着说"与"综创说"。"正着说"即援引某种新的理论透视某一旧的问题，进而阐述创新的观点；"反着说"即将已有的观点作为批判的"靶子"，在指出其缺陷或问题后阐述自己的观点；"综创说"则是对"正着说""反着说"的辩证运用，对已有观点既有引证，也有反驳，从而创生出一种新颖观点。比如，石中英教授为了揭示、阐述与论证教育学的文化性格，在其博士学位论文《论教育学文化性格》中专门诠释了"教育学理论中的隐喻"，阐述了"教育学隐喻"所具有的"教育学活动的文化意义"，批判了那种无视教育隐喻的存在及其意义的倾向，指出"我们需要的不是彻底地抛弃隐喻，而是需要能够更好、更有力地传达时代教育精神的新隐喻！"[14]。

诚然，对于研究生而言，几乎人人皆知创新观点在学位论文与期刊论文写作中的重要意义，但在创新观点、建构命题式论文时，即使清楚观点创新的路径，也会时常遭遇苦思不得、无新东西可写的"卡壳"现象。针对这种思维"卡壳"现象，与其深陷其中，不如暂时脱身而出。自然，这种脱身而出并不是不再思考此问题，而是抽身出来阅读相关内容、丰富自己对某研究问题的认识，然后再回到原先问题的解决上。但不管怎样，无论是撰写学位论文，还是撰写期刊论文，皆不可能一蹴而就，尤其是撰写学位论文，其成文的结构并非与预设的写作顺序一致。比如，绪论是学位论文的开篇，但由于绪论需对整篇论文进行总括式阐述，因此，作为开篇的绪论常常是在写完主体内容后才写的。可以说，在学位论文与期刊论文的写作中，出现"卡壳"现象难以避免。在此情况下，硬写是写不出来的，要善于采取迂回的策略，将"卡壳"的部分暂时放一放，先写自己能写的内容。笔者在写博士学位论文《论教育学研究的价值生成》时，在对论文内容有了大致的整体考虑后，总是先写自己当时能写的内容。记得，当时自己是先围绕着"教育理论与教育实践"的关系，写了一系列的命题式论文，诸如《实践逻辑：审视教育理论与实践关系的新视角》《教育理论如何表达教育实践》《教育理论何以称为理论——兼论教育理论与实践的关系》《"教育理论指导教育实践"意味着什么》等；然后，再思考、撰写有关"意识形态与教育学研究""异域教育与教育学研究"等论文。等一篇篇命题式期刊论文成形后，学位论文的主体内容、整体面貌就会逐渐清晰地呈现出来。当然，在学位论文与期刊论文融创的视域下，也可以在学位论文整体成形后，在修改、完善学位论文的同时，按主题或问题将学位论文拆分，撰写期刊论文。比如，《关于教育公平问题的理论思考》就是在写《我国现阶段教育公平问题的理论探讨》后经拆解、整理而成的。但无论先分后整，还是先整后分，最终皆能实现学位论文与期刊论文的融合创生，在提高学位论文质量的同时，彰显自己的学术贡献。

参考文献：

[1] 金铁成，赵枫岳，邓秀林. 研究生学位论文拆分发表问题探析——由"学术不端文献检测系统"检测结果所想到的[J]. 研究生教育研究，2012(3)：84-86.

[2] 钟羡芳. 论学位论文析出内容能否在期刊再发表[J]. 科技与出版，2014(7)：123-126.

[3] 苏明，陈·巴特尔. 研究生学位论文析出发表的合法性与合约性[J]. 研究生教育研究，2022(2)：91-97.

[4] 孙正聿. 立德树人：导师的形象和工作[J]. 学位与研究生教育，2020(4)：1-10.

[5] 梁启超. 论中国学术思想变迁之大势[M]. 上海：上海古籍出版社，2006：36.

[6] 刘庆昌. 论教育思维[D]. 兰州：西北师范大学，2005：11-19.

[7] 张斌贤，李曙光. 文献综述与教育学博士学位论文撰写[J]. 学位与研究生教育，2015(1)：59-63.

[8] 吴国盛. 学术写作的三大意识[J]. 学位与研究生教育，2021(7)：1-6.

[9] 孙正聿. 理论思维：学术研究的"普照光"[J]. 学术月刊，2022(3)：5-17.

[10] 董毓. 批判性思维原理和方法——走向新的认知和实践[M]. 北京：高等教育出版社，2010：50.

[11] 李润洲. 论研究生批判性思维的自我修炼——一种教育学的视角[J]. 研究生教育研究，2018(6)：18-22.

[12] 李润洲. 论研究生创新思维的培育——一种教育学的视角[J]. 学位与研究生教育，2018(10)：26-31.

[13] 李润洲. 我国现阶段教育公平问题的理论探讨[D]. 曲阜：曲阜师范大学，2002：2-5.

[14] 石中英. 论教育学的文化性格[D]. 北京：北京师范大学，1997：70-77.

第四节　学术论文深度写作的三跃迁

研究生是学做研究的学生。如果说学做研究既是一个过程，表现为观察、实验、收集资料等，也是一个结果，表现为对研究过程的呈现；那么从结果来看，学做研究就表现为学术论文写作。不过，从研究生提交的学术论文来看，当下有些研究生的学术论文写作主要存在三种缺陷：一是仅仅停留在事实描述的表面而难以深入分析，缺乏学理的支撑；二是仅仅重复已有的观点而难有新意，没有自己的独立思考与新颖见解；三是为观点创新而创新，但其观点却令人不解、难以服人，存在着伪讲理、不讲理乃至讲歪理的现象。如果说创新是研究生学术论文写作的生命，那么从审美的意义上说，作为研究生学术论文写作生命的创新则表现为深度写作。而研究生学术论文的深度写作则具体表现为在发现问题、加工材料、论证观点等方面体现出深刻性，需实现从事实描述走向学理阐释、从学理阐释走向新理论证与从新理论证走向辩证综合的三跃迁。

一、从事实描述走向学理阐释

学术论文写作总要解决某(些)问题，并不是为了写论文而写论文，这是常识；而论文所要解决的问题则是需要研究予以解答的疑难或困惑。但有些研究生却仅仅将现实中某事物或现象所存在的缺陷或不足视为问题，而不知现实中某事物或现象所存在的缺陷或不足只是一些事实的呈现，而真正要研究的问题却是为什么现实中某事物或现象存在着这些缺陷或不足及其如何完善。"为什么"和"如何改变"才是真正的研究问题。从此意义上说，学术论文写作就不仅仅是对有关某事物或现象的事实呈现与描述，而是对造成这些事实的学理阐释。在围绕教师教学情感的专题写作中，有研究生在写"教师教学情感的迷失"时，主要描述了教师教学情感迷失的各种表现，诸如"教育理想信念的匮乏"、"教学功利心的滋长"与"随大流的盲从"等，但这些只是教师教学情感迷失的事实描述，还不是研究的真正问题，而研究的真正问题则是"为什么教师在教学情感上会出现如此的迷失"与"教师应如何走出教学情感迷失"。因此，研究生学术论文的深度写作则需从事实描述走向学理阐释。

要想从事实描述走向学理阐释，就不得不借鉴某(些)理论。因为各种事实并不会自动地显现其内在联系，而要在各种事实之间建立联系，就需借助某(些)理论。正如爱德华·霍列特·卡尔在《历史是什么?》中所言：缺乏理论解释的事实就像一个空口袋，你不放进一些东西，它是立不起来的。只有基于理论解释，才能在孤立事实之间建立联系，孤立的事实才能因理论解释而坚挺起来。[1]因为理论能给人阐释各种事实提供一种概念框架，有了这种概念框架，人才能将各种事实串联、贯通起来，得出基于某(些)理论的符合逻辑的推论。

在从事实描述走向学理阐释的启发下，有研究生在撰写"教师教学情感"的论文时，就借鉴布迪厄的实践逻辑理论，运用惯习、场域、意图与时间等概念框架，回答了"教师为什么会出现教学情感迷失"，诸如"惯习的羁绊与束缚"、"场域的关系与斗争"与"实践的意图与时间"，以及"教师如何走出教学情感迷失"的问题，诸如"情感'去魅'：教师教学情感实践中的主体返场"、"场域'改造'：教师教学情感实践中的利益平衡"与"理想'规范'：教师教学情感实践中的价值生成"。[2]此论文之所以得以发表，就在于其将教师教学情感迷失的事实描述提升到运用布迪厄的实践逻辑理论的学理阐释，从而使该论文在增强学理性的同时具有了一定的深刻性。

当然，在不同的理论观照下，同样一些事实往往会呈现出不同的景观。比如，同样研究教师的教学情感，倘若运用情感分析的叙述学理论，根据情感的三大模态，即连接模态(肯定与否定)、主体模态(肯定主体在：喜；否定主体在：悲；肯定主体做：欲；否定主体做：惧)与他者模态(肯定他者在：爱；否定他者在：恶；肯定他者做，恩；否定他者做：怨)，以及主体和他者的交叉模态，诸如"肯定主体在—肯定他者在：喜爱；肯定主体在—否定他者在：轻蔑；否定主体在—肯定他者在：同情；否定主体在—否定他者在：悲厌"等[3]，就有可能更加全面地透视、分析教师教学情感所存在的样态，从而为探讨教师的教学情感提供更加充分的事实与认知基础，深化对教师教学情感的研究，进而对教师教学情感拥有一种更加充分的认识。当下，研究生已日益增强了学术论文写作的学理阐释意识，其突出表现就是在论文题目上有意识地彰显某理论视角。比如，研究教学设计，不是泛泛而谈，而是从"大概念""核心素养""深度学习"等视角进行论述，在凸显教学设计研究新意的同时，也将教学设计的阐述嵌入了某种学理，增强了学术论文写作的学理性。

自然，从事实描述走向学理阐释，其前提之一就是对相关理论的熟知与理解。比如，运用布迪厄的实践逻辑理论阐释教师的教学情感，就应先明了其实践逻辑的主要内容，洞悉其所言的"惯习""场域""实践感"的意涵，掌握其所说的实践逻辑的特征(非总体性与模糊性)等。不过，在运用某(些)理论阐释事实时，一方面，要认识到任何理论在逻辑的规导下必然会寻求一种一以贯之的圆合理论体系的建构，使理论自身成为一个自我规定、自我繁衍的自洽体系。诸如柏拉图的理念论，将一切都纳入其理念中；黑格尔的绝对精神说，将一切统一在其精神哲学中；而康德为了建构完整的体系，则把一切纳入其三大批判中。一旦将这些自圆其说的理论运用于事实的阐释时，就应警醒其可能导致一种强制阐释的倾向，即无视客观的事实，用预设的立场、观点来选择、剪裁事实，从而使对事实的阐释沦为某理论的证明或脚注，乃至产生曲解、歪曲事实之弊端。另一方面，理论是灰色的，而实践之树则常青，尤其对于人文事实而言，随着其不断发展、演化，总会出现一些新情况、新问题，需要基于事实的分析创生一些新理论，而不能因循守旧、亦步亦趋，总是用已有的理论来透视、规整新情况与新问题。

其实，即使阐释事实时不得不依靠某(些)理论，也并不意味着唯某(些)理论是瞻，而应直面事实本身，就事实本身来运用某(些)理论来展开分析与阐释。由此，学术论文写作就有可能从学理阐释走向新理论证。

二、从学理阐释走向新理论证

学术创新是研究生学术论文的价值所在，而学术论文写作从事实描述走向学理阐释，之所以说其具有一定的深度，也在于其超越了人们对事实的日常理解，将事实描述嵌入学理中，学术论文写作就具有了一定的创新性。不过，学术论文写作将事实描述提升到学理阐释，只是相对于人们对事实的日常理解具有一定的创新性而言的，但相对于所运用的学理而言，却只能说是已有理论观点的运用，学术创新的程度总归有限，仍需进一步提升。而从学理阐释走向新理论证，就不再停留在对已有理论观点的运用上，而是站到已有理论的对立面，在吸纳已有理论的优长的同时，丰富、完善已有理论。比如，针对核心素养，有学者从人的视角描述了一种理想人的形象，诸如具备由"创新能力、批判性思维、公民素养、合作与交流能力、自主发展能力、信息素养"构成的核心素养[4]；有学者从学习的视角阐述了由"双基"层、问题解决层与学科思维层构成的三层结构核心素养，既隐含着一种理想人的新面貌，也指明了核心素养达成的路径[5]。再研究核心素养，自然可以基于现实和理论再建构一种不同的理想人的形象，诸如基于伦理学的视域，将公平、正义作为人的核心素养[6]，或沿着已有的思路进一步思考如何贯彻、落实的问题；但如此研究核心素养，其创新的意义就有限。于是，笔者转换视角，从知识三重观的视角，重新建构了一种由知识内容（概念、命题与理论）、知识形式（方法、思想与思维）与知识旨趣（人文情怀与科学精神）构成的三圆嵌套核心素养，从而丰富、完善了已有核心素养理论。

一旦实现了从学理阐释走向新理论证，那么这种论证的新理就会具有一定的辐射、拓展能力，使学术论文写作呈现出由点到线的创新格局。比如，当带着由知识内容、知识形式与知识旨趣构成的三圆嵌套核心素养观认识、理解学科核心素养及其培育时，就会发现学科核心素养呈现出三种形态：一是从结果来看，由事实或概念性知识、方法性知识与价值性知识构成的层级结构；二是从过程来看，由价值旨趣＋问题＋方法（论）＋事实或概念性知识构成的顺序结构；三是从过程的结果来看，由事实或概念性知识、方法性知识与价值性知识构成的层核结构。学科核心素养的各构成要素就不再仅仅是一种有机统一的关系，也存在着从低到高逐层递升的关系，还存在着从表层到内核逐层深入的关系。而学科核心素养的培育需"基于学科知识的层级性，用学科思想或价值观引领教学；基于学科知识的顺序性，让知识学习成为学生发现之旅；基于学科知识的层核性，以意义获得统御各种教学方式"[7]。进行基于完整知识观的素养教学，即"将素养目标知识化、知识教学素养化与素养教学评价化，实现'目标—教学—评价'的相互促进、良性互动"[8]。

同时，从学理阐释走向新理论证，就潜在地蕴含着不再将既成的理论成果奉若神明，而是将其放置于理性的天平上进行审慎的评价，萌生、培育质疑的勇气、批判的精神和挑战的胆识。一旦具有了质疑的勇气、批判的精神与挑战的胆识，那么既有的理论就仅仅是知识创新的基础，而不再是知识创新的模板。对既有理论的理解就既能看到其创新之处，也能意识到其问题所在。比如，有学者通过回顾国内外有关知识与素养的关系研究，发现已有的"构成说"（知识是素养的要素）、"排斥说"（拒斥知识本位）与"联系说"（知识的积累并不必然带来素养的发展，但素养的生成又离不开知识）等，虽有利于深化对核心素养内涵及其与知识关系的理解，也拓展了核心素养培育的路径与策略等，但上述诸多研究却忽视了知识观立场的自觉，因此"有必要明晰素养所蕴含的知识观意义，探寻素养时代知识观变革的路向，进而从知识观重建的视角探究核心素养的生成路径"[9]。从这个意义上说，从学理阐释走向新理论证就是基于对既有理论的合理性质疑，在发现问题的基础上论证自己的新观点，从而达成知识创新的目标。

当然，从学理阐释走向新理论证，说说容易，而实践操作起来却异常艰难。因为新理论证不仅需要质疑、批判的眼光，而且需要潜心的探寻与发现的慧眼。具体而言，新理论证首要的是寻找到学术研究的空白点，做到"找块空地，再播种"。这既要明了已有理论的观点，也要清楚已有理论的运思，更要洞悉已有理论的前提。在此基础上，灵活地转换视角或视域，从一个新的角度、侧面或立场进行审视。因为人们对某事物或现象的认识，皆蕴含着一个观测视角，不可能也不会有一个所谓全息式的观测点，而只能从某个观测视角切入。明于此，审视某事物或现象时，转换视角或视域，就必然会使某事物或现象呈现出一种新的景观，从而为新理的论证提供一个逻辑前提。

比如，同样是从知识观的视角研究核心素养，笔者主要从知识观来审视核心素养，而有学者则从素养观来审视知识观的重建，辨析了核心素养所蕴含的知识论意义，认为核心素养视域的知识是"问题解决的工具、交往协作的媒介以及自我实现的资源"，现成性、实体性的传统知识观阻隔着核心素养的生成，而要想将知识转化为素养，则需确立一种情境性、实践性与个体性的知识观，进而为核心素养的生成提供了一种知识观重建的新思路。[10]

同时，在建构新理中，要充分地发挥人的想象力，运用隐喻和类比的方式建构新的认知图式。比如，夸美纽斯将教育类比为自然，建构了学年制、学科课程制与班级授课制以及循序渐进、直观展示等教学原则。杜威将教育与生活、生长和经验联系起来，论证了"教育即生活""教育即生长""教育即经验的持续不断的改造与重组"等著名的命题。正是这些隐喻或类比，让教育问题呈现出新面貌，为新理的论证提供了一个框架结构，并最终成就一家之言。

三、从新理论证走向辩证综合

从一定意义上说，新理论证能成就一家之言。对于研究生而言，若学术论文写作能达到新理论证，就已表明其具有了独立的学术研究能力。不过，论证的新理也存在着那些已有理论所具有的缺陷，即在有所创见的同时，也存在着遮蔽。倘若研究者沉迷、陶醉于自我建构的新理中，那么新理也会成为学术创新的羁绊与桎梏。比如，在对待教师评价上，笔者起初只是基于以学生考试成绩、升学率为标准的奖惩性教师评价的弊端，诸如"不利于教师健全人格的形成，却极易形成'经济人'、

‘机器人’的人格”“迫使教师追逐学生升学率、考试成绩，视学生为教师考评分数的‘工具’，形成功利性的师生关系”等，倡导一种发展性教师评价，主张“发展性评价是教师评价的新理念”；后来则慢慢意识到奖惩性教师评价也有其存在的合理性，而发展性教师评价却存在着一些悖论，故认为“两种评价都非完美的评价模式，只有把二者有机统一起来，对教师实施复合性评价，才是对教师评价的理性选择”。如今再读这些拙作，自然会感到其庸常，但在当时，阐述“发展性教师评价”至少具有一定的新意，且由“发展性教师评价”延伸到“复合性教师评价”，就实现了从新理论证走向辩证综合，深化、拓展了有关教师评价的认识。

之所以要从新理论证走向辩证综合，就在于人的认识常常要经历“一致而百虑”“百虑终一致”的思维矛盾运动，表现为正题、反题与合题的辩证过程。通俗地讲，由于人认识的立场、视角与知识的局限性，人对某事实或现象持有的某观点，自然会有所见，也有所蔽。起初，当人从某一立场、视角出发对某事实或现象形成某观点这一正题后，人就会基于相反的立场、视角，援引其他知识来批评或证伪已有的观念，就有了反题。而反题与正题一样，同样会存在着弊端，大多呈现为“片面的深刻”，进而人就在正题、反题的基础上提出一种更加合理、全面的合题。而有了合题之后，人又会提出一个新的反题，从而呈现出“一致而百虑”“百虑终一致”的无限的认识前进运动。而从新理论证走向辩证综合，就是自觉地遵循“一致而百虑”“百虑终一致”的思维规律，通过对正反命题的辩证综合，将人对某问题的认识提升到一个新的高度。

比如，自新课程改革提出“三维目标”以来，围绕着“三维目标”就聚讼纷纭、莫衷一是，既有对“三维目标”的正面阐述，也有以“三维目标”的反面驳斥，到底如何正确地认识、理解“三维目标”就成了一个难题。而运用辩证综合，笔者在梳理“三维目标”的立论和反论的基础上，就提出了一种“三维目标”的新论，即将“三维目标”修改为“三重目标”，将原来的“知识与技能”“过程与方法”“情感态度与价值观”改为“概念命题与理论”“过程与方法”“情感态度与价值观”。如此认识、理解“三维目标”就既能消除人们对“过程与方法”“情感态度与价值观”的质疑与困惑，也能实现基于“完整的知识”的教学培育“完整的人”的预定目标。再如，在后现代主义反本质主义的激荡下，在教育学界，既有主张教育有本质的论证，也有反对教育有本质的新论，那么面对这种有无教育本质的正反两种观点，简单地选择某一立场进行辩驳，对教育本质的认识就不会增加更多的新知。基于人认识的辩证综合规律，依据人的认识历史与逻辑相统一的原理，笔者就通过回顾新中国成立以来，教育本质研究所经历的由"一"到"多",再到对"多"的省思与新说阐发的过程,在澄清教育本质到底是"一"还是"多"、是"有"还是"无"的基础上,论证了关于教育本质的研究应有的路径,即洞察教育本质研究的意涵,用关系思维取代实体思维,确立一种新的本质观(以生成变化的、朝向未来开放的教育本质取代那种永恒不变的教育本质,以一定情境中的关系本质取代教育固有的内在本质,用复数教育本质观取代单数教育本质观)。[11]因为"教育是什么"并不是一种事实判断,而是一种价值认识。对"价值认识"的"教育是什么"的探寻需要转换路径,用实践理性取代理论理性,并基于实践理性寻求其多元统一。

要想从新理论证走向辩证综合,自然要熟知某事物或现象发生、演化的轨迹以及人对某事物或现象的认识历程,按照从具体到抽象再到具体的历史与逻辑相统一的原则,对某事物或现象进行重构。因为人的认识起于人的感官对某事物或现象所形成的表象,进而从表象中抽象出概念,而各种概念之间构成多种联系,就形成了对某事物或现象的抽象具体,而这种从具体到抽象再到具体的过程,则表现为人认识的历史与逻辑的统一。这种体现人的认识从具体到抽象再到具体的历史与逻辑相统一的辩证综合反映在学术论文写作中,就是对某事物或现象发生历史的梳理以及对某事物或现象的认识史的勾画,从中找出其异同,并在比较、评价其异同中寻求一种融会贯通的道理。

比如,有学者直面教育思辨研究与教育实证研究的纷争,通过回顾思辨研究与实证研究的历史过程,剖析了其在研究对象(超验与经验)、研究思路(演绎与归纳)与证据运用(或然与充分)等方面的差异,论证了"教育思辨研究与教育实证研究促进教育知识进步的机制",即"教育思辨研究带来教育观点的创生""教育实证研究带来教育假设的确证",具体表现为"思辨研究(观点)→实证研究(确证)→思辨研究(观点)→实证研究(确证)……"的动态序列,指出"所谓两种研究范式的'范式之争',一定程度上是来自研究者自身利益的考量,而不是研究范式本身。学术研究本是求真,不是求风头、赶潮流。如果教育研究者能真正面向教育事情本身,使两种教育研究范式如其所是地发挥作用,它们相得益彰的共生合力就一定会显现出来"[12]。

不过,任何事物或现象皆是不断发展、变化的,且人的认识也是不断丰富、拓展与更新的,即使对某问题的认识达到了某种辩证的综合认识,这种辩证的综合认识也是暂时、有条件的。当事物或现象发生变化,人的认识也会随之更新,对某事物或现象的原有结论就有待发展与推进,从而使认识的辩证综合呈现为无限的前进运动。而基于辩证综合所获得的特定认识既要分析、批判旧说，也要提出、论证新说，同时将旧说的合理成分包含在新说中。

参考文献：

[1] 爱德华·霍列特·卡尔. 历史是什么？[M]. 吴柱存，译. 北京：商务印书馆，1981：6.

[2] 陈斯琪. 论教师教学情感的实践逻辑[J]. 教育理论与实践，2019(28)：50-55.

[3] 谭光辉. 情感分析的叙述学理论和建立情感模态的新尝试[J]. 社会科学，2019(4)：167-176.

[4] 褚宏启. 核心素养的国际视野与中国立场——21世纪中国的国民素质提升与教育目标转型[J]. 教育研究，2016(11)：8-18.

[5] 李艺，钟柏昌. 谈"核心素养"[J]. 教育研究，2015(9)：17-23，63.

[6] 李颜如. 伦理学视域中核心素养的精神追求[J]. 江苏社会科学，2019(4)：46-51.

[7] 李润洲. 学科核心素养的培育：知识结构的视域[J]. 教育发展研究，2018(Z2)：43-49.

[8] 李润洲. 基于完整知识观的素养教学[J]. 中小学教师培训，2018(9)：33-37.

[9] [10] 张良. 核心素养的生成：以知识观重建为路径[J]. 教育研究，2019(9)：65-70.

[11] 李润洲. 教育本质研究的反思与重构[J]. 教育研究，2010(5)：11-16.

[12] 王卫华. 教育思辨研究与教育实证研究：从分野到共生[J]. 教育研究，2019(9)：139-148.

小　结

学位论文写得怎样，既取决于研究生在学位论文上所下功夫的大小，也受制于研究生修炼的内功如何。正所谓"汝果欲学诗，工夫在诗外"。倘若学位论文写作的内功修炼主要体现为将课程论文变身为期刊论文、增强学位论文写作的体系意识、实现学位论文与期刊论文的融创以及达成学术论文深度写作的三跃迁，那么研究生如何修炼自己的内功？

　　对于研究生而言，要想将平时的课程论文变身为期刊论文，至少要遵循追求思想创新、恪守表达规范、增强读者意识与坚守修改合意的策略。在学位论文写作中，应确立一种体系意识，尽力达成学位论文与期刊论文的融创。学位论文写作的体系意识具体表现为在构思时，澄清研究问题，预想竞争性观点；在写作时，界定核心概念，形成树状概念体系；在修改时，明确自己的知识贡献，搭建金字塔式对话结构。学位论文与期刊论文融创的内在机制主要表现为界定概念是学位论文与期刊论文融创的根基，综述文献是学位论文与期刊论文融创的切口，创新观点是学位论文与期刊论文融创的展开。因此，学位论文与期刊论文融创的达成则需界定概念，撰写概念性论文；综述文献，写作综述类论文；创新观点，建构命题式论文。

　　在课程论文变身为期刊论文和达成学位论文与期刊论文融创的过程中，研究生会逐渐实现学术论文写作的三跃迁：一是从事实描述走向学理阐释；二是从学理阐释走向新理论证；三是从新理论证走向辩证综合。最终，使学位论文写作不再是一件难事，而是一种值得过的新的生活方式。

/

结　语

/

学术论文写作的专业指导

/

按照常人的理解，学术论文写作是对研究的表达，需先研究，然后才能进行学术论文写作。这种看法对于自然科学研究而言，也许是真切的，因为研究没有结束，将无内容可写，也就无从下笔。但对于人文社会科学研究而言，研究与写作却常常交织、融合在一起，并不能进行截然的区分。因为学术论文写作是对某问题的探索与研究，此时，研究激发着写作，而写作则深化着研究，二者相辅相成、彼此成全。从此意义上说，导师遵循学术知识创生的规律对人文社会科学的研究生进行有理有据的学术论文写作训练，就不仅有助于提高研究生学术论文写作的技能，而且能提升其学术研究能力。

那么，导师如何对人文社会科学的研究生进行学术论文写作的专业指导？

/

一、从外在结构到内在结构的透视，为研究生学术论文写作揭示写理

任何事物皆是有结构的，学术论文也不例外。结构原是建筑学的一个概念，意指建筑物的内部构造及其整体布局。在写作界，人们常将"写作"隐喻为"造房子"，就意味着学术论文也有其自身的结构。按照结构的显隐，至少可以将学术论文的结构划分为外在结构与内在结构。从外在结构到内在结构的透视，则能为研究生学术论文写作揭示写理。犹如算术有算理那样，写作也有写理，而写理则贯通着学术论文的外在结构与内在结构，是对学术论文的外在结构与内在结构关系的洞察与把握。

从外在结构来看，一篇规范的学术论文由题目、摘要、关键词、正文与参考文献等构成。对于外在结构而言，明眼人一看即知，似乎无须深究。其实，对于初写学术论文的研究生而言，无论是题目的推敲、摘要的提炼、关键词的选取，还是正文的开头、本论与结尾的撰写，抑或是参考文献的选择与标注，大多似懂非懂、不明其理。比如，且不说题目是否简洁与新颖，题目至少要与论文内容相匹配，但研究生却常犯文题不一、题目与内容对不上号之错误。摘要是摘录论文的要点，是论文的观点与主旨的呈现，研究生却常将摘要写成了题目的重复与情感的表达，常常出现"头重脚轻式""王婆卖瓜式""评判式""目录式"的偏差。关键词本来是专用的名词术语，但常出现诸如"建构""研究""生成"等动词。正文的开头要简明地写清"为什么写"与"下文要写什么"，但研究生却往往写得偏离主题、啰里啰唆。正文的本论至少要"言之有物""言之有序"，但研究生却深陷理论术语的迷宫而"言之无物"，胡乱堆积文字而"言之无序"。至于参考文献的选择与标注，不是表现为"捡到篮子里就是菜"的随意，就是漏写、错写参考文献的必要信息。对于这些本不应出现却常出现的错误，经过正规的学术训练，大多数研究生都能有效避免与纠正。但学术论文写作并不能止步于学术论文像学术论文，而应达到学术论文是学术论文，因此，除了让研究生清楚学术论文写作的行文规范外，更应通过透视学术论文的内在结构，让研究生明了学术论文写作的运思之道。

从内在结构来看，学术论文至少由研究问题、观点与论证所构成。因为学术论文是对研究问题的回答，没有研究问题，也就没有学术论文。既然学术论文是对研究问题的回答，就得呈现自己的观点；而自己的观点要想被人理解与接受，则需展开论证。因此，研究问题、观点与论证就成了学术论文内在结构的构成要素。从学

术论文的外在结构与内在结构的关系来看，如果说题目揭示或蕴含着研究问题，摘要是论文的观点呈现，而正文是围绕研究问题对观点的论证，那么学术论文的内在结构就决定着其外在结构。从此意义上说，研究生学术论文的外在结构所呈现的种种偏误，皆是由其内在结构的偏差所造成的，具体表现为研究问题的平庸、观点的俗常与论证的混乱。研究问题的平庸是指所研究的问题类似有确切答案的考题，而真正的研究问题则是相对于某领域或学科而言的、当下人们解答得不够完善或还没有解答的问题。对人们解答得不够完善或还没有解答的问题的判断与选择，一方面需依赖于学术阅读，即通过学术阅读发现某理论所存在的内在矛盾或理论与理论之间的冲突；另一方面则需敏于发现实践问题，在一些习以为常的事物或现象中发现其不寻常之处，发现实践所面临的困境或缺陷。前者主要解决的是认识问题，相当于英语的 question，找到了答案，学术论文写作就有了自己的观点；后者主要解决的是行动问题，找到了排除行动障碍的方案，学术论文写作也就有了眉目。当然，知与行的问题并不是截然分开的，更多的时候，要想解决行的问题，需先解决知的问题，因此，对实践问题的解决大多是对认识问题与行动问题的双重解决。[1] 而围绕研究问题撰写学术论文，结果却没有写出学术论文来，那一定是研究问题本身出了问题。通常有两种情形：一是围绕某个主题罗列了一些已有的看法，而缺乏自己对该问题的见解与观点。此种情况实际上是无研究问题的表现。二是个人的困惑未能上升到公共疑问，即研究生的确是从问题出发进行写作的，但这个问题只具有个人意义，而对于某个领域来说，这个问题已不再是问题。因此，客观上研究生只是做了一次重复性的劳动，自然就不可能有所创新，写作也就称不上是真正的学术论文写作了。而一旦有了研究问题及其回答，那么对研究问题的回答就是摘要，而对研究问题回答的论证就是正文。因此，学术论文写作无非是对拟研究问题新解的对话展示。

作为对拟研究问题新解的对话展示，学术论文写作的运思之道在于廓清论文写作的语境要素，明确学术论文写作的创新之点，即明确论文写作的目的（为什么写）、内容（写什么）、方式（如何写）以及读者（写给谁）；锁定研究问题这个不动点，阐述论文写作的创新之处，即始终围绕研究问题这个不动点，运用各种事实或理论清楚、明白地表达、阐述自己的观点；用中心论点统领全文，彰显学术论文写作的创新所在，即论文的主旨犹如圆球的球心，而论文的各部分都向圆球的球心环拱着，从而形成一篇由中心论点统领的层次分明、论证严密的学术论文。

诚然，依据研究范式的差异，当下的学术论文写作大致有实证写作、思辨写作与叙事写作三种类型。虽然三种类型学术论文写作的表现、样式各异，诸如实证写作主要表现为问题提出、研究设计、研究结果与讨论和研究结论与建议，思辨写作主要表现为概念的辨析与演绎逻辑的推进，而叙事写作则主要呈现为一个个的主题故事；但是，从内在结构上看，无论何种类型的学术论文写作皆是由"问题＋观点＋论证"所构成的。这种"问题＋观点＋论证"的内在结构，在直线式推进的论文写作中，则需基于直线式推进的表达最终达成解决问题的目的，其语言表述，从形式上看，就是"提出问题""分析问题""解决问题"的展开，从内容上看，就主要表现为对"是什么""为什么""如何做"的回答。而一旦对学术论文进行了从外在结构到内在结构的透视，在一定意义上就为研究生学术论文写作提供了写理，让研究生不仅明了学术论文写作是什么样的，而且清楚学术论文各构成要素的功能及其相互关系。

二、从界定概念到综述文献的坚守，为研究生学术论文写作奠定根基

研究生学术论文写作之难并不体现在对如何写的写理的掌握上，确切地说，即使通过从外在结构到内在结构的透视，让研究生明白、掌握了学术论文写作的写理，但由知学术论文如何写到写学术论文之行，中间仍有很长一段路程要走。如果说学术论文写作是对拟研究问题的创新解答，那么研究生要想写好学术论文，首要的是做好概念界定和文献综述的基础性写作。因为研究问题总是表现为某事物（现象）的问题，不首先基于对某事物（现象）的认识给予概念界定，连自己要研究的对象是什么都没有搞清楚，那么其写作就只能是信口开河、不知所云。而做不好文献综述，就不能知道关于某事物（现象）的问题是否得到了回答，其回答是否还有待进一步探究与完善，其写作就往往蜕化为已有观点的重复。从此意义上说，从界定概念到综述文献的坚守，就为研究生学术论文写作奠定了根基。

任何学术论文皆是由字词句构成的，从逻辑学上说，构成学术论文的字词句就是概念与命题。学术论文写作的要义在于论证某个命题，而所有的命题皆是凭借概念进行推理的结果。因此，对于学术论文写作而言，界定概念具有根本性的作用。有人曾做过这样的设想：假如把伽利略的物理书烧掉而仅留下"运动"，那么人也可以把它重新写出来；假如把马克思的《资本论》烧掉而仅剩下"剩余价值"，那么人也可以把它重新写出来。同理，牛顿力学体系只要一个"力"，爱因斯坦理论只要一个"相对"，麦克斯韦电磁理论只要一个"场"，微积分只要一个"极限"，量子力学只要一个"量子"……只要人们还拥有上述概念，那么由这些概念所建构的命题体系就能

重新创生出来。诚如美国科学家费恩曼所言，"假如由于某种大灾难，所有的科学知识都丢失了，只有一句话可传给下一代，……我相信这句话是原子的假设（或者说原子的事实，无论你愿意怎样称呼都行）"[2]。

可以说，一个概念常常蕴含着一整套理论体系。在此意义上，对于学术论文写作来说，"成"在核心概念的界定，"败"也在核心概念的界定。因为所有推理、判断皆要使用、运用概念，而概念界定中的任何缺陷都可能导致推理、判断出现错误。因此，写好学术论文的首先条件，就是要成为自己概念化行为的主人，即在界定概念时直面所研究的事物或现象本身，运用自己的各种感觉、认知功能再次"扫描"研究对象，在深入而细致地感受、感知与体认多重维度的体验或意向性的过程及其结果之后，尽量完整地呈现对象的各种属性，识别和遴选出其中的重要属性或要素，以及围绕这些属性或要素形成一些具有解释性的观点，以实现概念界定的再概念化。

然而，有些研究生在学术论文写作中，不是想当然地将一些名称误认为概念，就是在界定概念时，简单列举别人已下的定义，或将各种概念定义混杂在一起，从而使学术论文写作从起点上就注定了平庸。当然，对自己界定的概念可能存在的潜在偏差、歪曲或滥用要保持足够的敏感与警醒，反思、追问自己所界定的概念是否准确、全面地反映了某事物或现象，其与研究问题是否密切相关，自己的观点是否扭曲了概念的含义等问题。就概念界定的具体方法而言，常见的有"种差＋属"的内涵式定义，运用归纳进行的外延式定义，通过描述被定义概念的发生过程或形成的特征来揭示被定义概念属性的发生式定义等。

界定了概念，只是明确了拟研究的对象，但此研究对象及其包含的问题是否值得被研究，还需通过综述文献才能回答。因为研究之所以被称为研究，皆在于对拟研究问题有一种创新的回答。而自己的研究是不是对未知问题的创新回答，则需通过综述文献来判断，看一看自己对该问题的回答是否超越了别人。因为对于人文社会科学而言，凡是值得探究的问题大多已被前人研究、思考过。从此意义上说，综述文献，与其说是为了寻找研究问题，不如说是为了在比较中建构新颖观点。其实，即使是自然科学的研究，综述文献的意义也不在于寻找研究问题，因为倘若事先不知道自己要研究什么，那么寻找、阅读哪些文献都是未知数，就根本谈不上综述文献；而在于通过查阅对拟研究问题的已有答案，来判断自己能否就该问题给予创新回答。

由于新与旧是相对而言的，因此，综述文献就是围绕拟研究的问题，看一看别人都回答了哪些问题，其回答是否还存在着有待完善的地方，自己能否超越已有的回答而建构出新颖观点。同时，也只有通过综述已有文献，在新旧比较中才能彰显自己研究的创新意义。从一定意义上说，综述文献至少要起到两方面的作用：一是"追根溯源，认祖归宗"，即将拟研究的问题融入已有研究中。此种意向的文献综述只能彰显拟研究问题本身的重要性，但不能显示出自己研究的价值。二是"仰仗别人，彰显自己"，即通过揭示已有文献所存在的缺陷或不足彰显自己研究的创新意义。可以说，综述文献的目的不仅在于基于已有研究成果所存在的缺陷，进一步澄清自己的研究问题；而且在于通过呈现已有研究对拟研究问题的回答，来映衬自己对同样问题的创新解决，以彰显自己研究的创新价值。

而建构新颖观点的思维路径至少有对立思维、换位思维与综合思维等。对立思维是从已知观点的反面进行逆向思考，即思考问题时，朝着与已有观点相反的方向或方面去发问。换位思维是转换思考的角度，从不同的角度进行思考。此种思维虽然没有改变思考的方向与目标，但思考的出发点或着眼点却发生了变化，从而摆脱惯性思维的影响与束缚而获得对某问题的新认识。综合思维是从多角度思考问题，而不是囿于某一角度。可以说，同样一个问题，当从不同的角度去思考时，就会得出不同的正确答案。

界定了概念，才能明确研究对象；综述了文献，才能澄清研究问题是否有价值。不过，由于国内许多学术期刊并没有对文献综述的明确要求，初写学术论文的研究生就误以为只要选定了某研究对象，然后围绕此研究对象进行书写，就能写出学术论文。其实，即使学术期刊对文献综述不做要求，研究生也要清楚自己写作的学术论文相比于已有相关成果而言，其贡献、创新在哪里，否则学术论文写作就有可能蜕化为已有知识的再现，即使有幸发表，从知识创新的角度来看，也没有什么价值。如果说凡是学术论文写作，就得从界定概念、综述文献做起，也只有先界定了概念、综述了文献，学术论文写作才会有明确的思路，知道自己到底要解决什么问题、给予怎样的回答；那么研究生一旦习得了界定概念、综述文献的能力，也就意味着奠定了学术论文写作的根基。

三、从选题构思到行文修改的展示，为研究生学术论文写作提供模板

从过程来看，学术论文写作既包括写之前的选题与构思，也包括写之后的行文与修改。无论上述的哪个环节出现了问题，都会影响学术论文写作的质量。如果说对学术论文写作的外在结构与内在结构的透视，让研究生明确了学术论文写作的写理，界定概念、综述文献，奠定了研究生学术论文写作的根基；那么从选题构思到

行文修改的展示，则为研究生学术论文写作提供了模板。其实，无论是学术论文写作的写理，还是界定概念、综述文献，皆需嵌入具体的学术论文写作中，研究生才能明了其所以然。而作为或多或少发表过学术论文的导师，应结合自身的学术论文写作经验，通过从选题构思到行文修改的展示，为研究生学术论文写作提供模板，以便让研究生"随模铸器"，模仿着进行学术论文写作，少走些弯路。

俗言道：说得好，不如做得好。在日常的教学中，为了切实提升研究生学术论文写作能力，笔者勇于写"下水"论文，并在论文讲解中，剖析论文的选题缘由，讲解论文写作的构思，展示论文写作的过程及其修改。例如，围绕"智慧教育建构研究"，按照概念界定、文献综述的次序，先展示了"智慧教育的三维解析"，阐述了自己对智慧教育的观点，即"从目的来看，智慧教育是培育人的智慧的教育；从过程来看，智慧教育是转识成智的教育；从方式来看，智慧教育是人的智慧与人工智能融生的教育"[3]。接着，对"智慧教育的相关内容"进行了文献综述，指出"当下，人们说着相同的智慧教育，却往往表达着相异的意义，因为相同的智慧教育至少存在着两种话语语境：一是教育学视阈的智慧教育，即基于知识与智慧分裂而倡导的智慧教育；二是教育技术学视阈的智慧教育，即以大数据分析、人工智能等信息技术为支撑的智慧教育……比较而言，在不同的语境中，同一智慧教育概念在价值旨趣上虽呈现出融合之趋势，但在智慧教育的媒介、路径与方式上却存在着差异……鉴于智慧教育研究的现状，其未来发展则需倡导多学科、跨学科的研究，多角度澄清转识成智的内在机制，关注学校教育的核心构成要素"[4]。

自然，之所以写这两篇论文，其直接原因在于笔者主持的国家社会科学基金教育学一般课题是"基于核心素养的智慧教育建构研究"，需回答"何谓智慧教育"以及有关智慧教育研究的现状是怎样的；但最终促成笔者写就此两篇论文，则是因为笔者不满于有些学者将智慧教育与智能教育相混淆，故主张"从目的来看，智慧教育是培育人的智慧的教育"，也吸纳了教育技术学对智慧教育的观点，认为"从方式来看，智慧教育是人的智慧与人工智能融生的教育"。而对"何谓智慧教育"的回答，又与对"有关智慧教育研究成果的文献综述"密切相关，是通过对有关智慧教育的已有研究成果的审视、辨析与评价而获得的认识。通过对"智慧教育"的概念界定和文献综述，笔者形成了自己对拟研究问题的阐释框架，指出智慧教育的未来研究则"需倡导多学科、跨学科的研究，多角度澄清转识成智的内在机制，关注学校教育的核心构成要素"，从而为智慧教育的建构研究提供了一种相对合理的内容结构。展开来说，既然"从目的来看，智慧教育是培育人的智慧的教育"，那么要想培育人的智慧，就应确立智慧教育视阈的人学观。既然"从过程来看，智慧教育是转识成智的教育"，那么就需要探讨"转识成智何以及如何可能"的问题。既然"从方式来看，智慧教育是人的智慧与人工智能融生的教育"，那么从智慧教育的视阈来看，学校教育的核心构成要素就应解构与重构。而通过对智慧教育有关成果的文献综述，则恰恰发现对上述问题的解答是当下有关智慧教育的研究的薄弱环节，研究上述问题能够体现出自己的研究贡献。由此可见，概念界定与文献综述对学术论文写作有奠基作用，且二者相互关联、彼此贯通。因为学术论文写作不是自说自话，而是在与已有研究成果的对话中，在思想中进行思考的活动。

通过界定概念与综述文献，既明确了研究对象及其问题，也澄清了自己研究的创新意义；接下来，笔者就系统地写作了《"具体人"及其教育意蕴》《生成的人及其教育意蕴》《完整的人及其教育意蕴》《转识成智：何以及如何可能——基于杜威实用知识观的回答》《转识成智：何以及如何可能——基于冯契智慧说的回答》《转识成智：何以及如何可能——基于怀特海智慧教育观的回答》等论文。在每篇论文的写作中，皆在综述文献、明确研究意义的基础上，先界定概念，然后明确所存在的问题，最后针对问题提出解决的策略。

比如，在《完整的人及其教育意蕴》中，笔者先通过文献综述阐明此论文的研究意义，写道："从我国的教育改革的政策话语到学者的学术构想，都将完整的人的培育作为教育的应有之义。就前者而言，从新课程改革'完整的人'的目标设定，到'全面发展的人'导向的核心素养教育，无不致力于'完整的人'的培育……就后者而言，有学者建构了一种完整的人的教育内容体系，包括信仰教育、人文素养教育、科学教育与公民教育。有学者基于'人是多维度关系的存在'，主张完整的人的培育应遵循关系性、批判性与整体性三原则。……就完整的人及其培育而言，在对完整的人的勾画上，已有的研究成果要么失之于宽泛或宏大，诸如'德智体全面发展的完整的人'；要么失之于单薄或简单，诸如完整的人是正确处理'人与自然、人与人、人与自身关系'的人，或完整的人是'身、心、灵和谐统一的人'。尤其是在有关完整的人培育路径的阐述上，大多将完整的人的培育寄希望于整个教育体系乃至社会的变革上，其实现似乎与个体人的教育行动无关，从而使完整的人的培育停留在理想蓝图的构想上。"此文献综述就表明了自己研究的意义。在此基础上，笔者展开了对"完整的人及其教育意蕴"的阐述，认为"完整的人是身体与精神合一的人，是情意知融生的人，也是全面发展的人……完整的人也时常遭遇着肢解，表现为学习的离身化、意情的边缘化和知识的碎片化。因此，完整的人的培育需要重构身体观念，践行具身学习；彰显情意功能，实践理解教学；整合课程知识，进行全人教育"[5]。从学术论文写作的写理上看，此论文遵循着"是什么"、"为什么"与"如何做"的逻辑，也呈现了"发现问题、分析问题与解决问题"的运思逻辑。

当然，在实际的学术论文写作中，无论是构思谋篇，还是遣词造句，皆不会一挥而就、立马成篇，而需经历一个反复修改的过程。其实，学术论文写作犹如创造一件精美的艺术品，需精雕细刻、精益求精。正如俗话所说，文章三分写，七分改；文章不是写出来的，而是改出来的。这就足见"修改"在学术论文写作中的重要作用。笔者也经常给研究生展示一些关键语句的修改。比如，在写《指向学科核心素养的教学变革》时，开始写的一个观点是"教学活动的人知共生：从人知疏离到人知融生"。初读从语感上就感到别扭、不妥，但一时又想不出更合适、贴切的词语。直到有一天偶读李白的《独坐敬亭山》，读到"相看两不厌"时，才受到启发，豁然开朗，心想：人与知识间的理想关系不就是"相看两不厌"的"互爱"吗？于是就将原先的"教学活动的人知共生"修改为"教学活动的人知互爱"。如此修改，既避免了"人知共生"与同句中"人知融生"的语义重复，也贴切地表达了自己的真义。

从一定意义上说，学术论文写作是将自己的研究发现奉献给世人，使之留存于世，这是一件极其高贵、神圣之事，容不得半点苟且与马虎。而研究生在课堂上展示的论文，按照所学的写理，在界定概念和综述文献的基础上，经过反复修改，大多也得以公开发表，就在一定程度上验证了从外在结构到内在结构的透视、从界定概念到综述文献的坚守和从选题构思到行文修改的展示对研究生学术论文写作的助力。而一旦处女作得以发表，那么研究生只要坚持写作，其学术论文写作就一定能慢慢走向坦途、步入佳境。

参考文献：

[1] 刘庆昌. 学术研究中的问题意识[J]. 山西大学学报（哲学社会科学版），2017（1）：卷首语.

[2] 费恩曼，莱顿，桑兹. 费恩曼物理学讲义：第一卷[M]. 郑永令，华宏鸣，吴子仪，等译. 上海：上海科学技术出版社，2005：2.

[3] 李润洲. 智慧教育的三维阐释[J]. 中国教育学刊，2020（10）：9-14.

[4] 李润洲. 智慧教育同名异义现象解析[J]. 徐州工程学院学报（社会科学版），2019（4）：87-94.

[5] 李润洲. 完整的人及其教育意蕴[J]. 教育研究，2022（4）：26-37.